普通高等教育"十一五"国家级规划教材

修订本

对外汉语教学实用语法

卢福波 著

Teaching Foreigners
Practical Chinese Grammar

北京语言大学出版社
BEIJING LANGUAGE AND CULTURE
UNIVERSITY PRESS

© 2016 北京语言大学出版社，社图号 11064

图书在版编目（CIP）数据

对外汉语教学实用语法 ／ 卢福波著 .--2 版（修订本）.-- 北京：北京语言大学出版社，2011.5（2023.3 重印）

ISBN 978-7-5619-3025-0

Ⅰ.①对…　Ⅱ.①卢…　Ⅲ.①汉语－语法－对外汉语教学－教材　Ⅳ.① H195.4

中国版本图书馆 CIP 数据核字（2011）第 092996 号

对外汉语教学实用语法　修订本
DUIWAI HANYU JIAOXUE SHIYONG YUFA　XIUDINGBEN

排版制作：北京创艺涵文化发展有限公司
责任印制：邝　天

出版发行：北京语言大学出版社
社　　址：北京市海淀区学院路 15 号，100083
网　　址：www.blcup.com
电子信箱：service@blcup.com
电　　话：编辑部　　8610-82303647/3592/3395
　　　　　国内发行　8610-82303650/3591/3648
　　　　　海外发行　8610-82303365/3080/3668
　　　　　北语书店　8610-82303653
　　　　　网购咨询　8610-82303908
印　　刷：北京中科印刷有限公司
版　　次：2011 年 5 月第 2 版　　印　　次：2023 年 3 月第 13 次印刷
开　　本：787 毫米 × 1092 毫米　1/16　印　　张：29
字　　数：414 千字
定　　价：85.00 元

PRINTED IN CHINA
凡有印装质量问题，本社负责调换。QQ：1367565611，电话：010-82303590。

修订说明

《对外汉语教学实用语法》一书自1996年由赵金铭先生推荐给北京语言大学出版社出版发行以来，已走过了14个年头。在这14年的时间里，本书得到了众多读者的喜爱与肯定，几乎每年都重印，这使我由衷感到写作本书付出的辛苦与代价是非常值得的。当然，我也深知书中存在一定的问题和不足，早想着手作大幅修订，但苦于没有时间，一直拖了下来。三年前，本书修订本的选题计划经北京语言大学出版社申请，成为"普通高等教育十一五国家级规划教材"项目，这迫使我下决心无论如何也要对原版书"大动干戈"。经过两年多来的辛苦伏案，现在终于可以交稿了。

写这本书的初衷，只是想给学汉语的外国学生提供一本实用的、能看懂的语法书，所以书中尽可能回避专业术语，尽可能使用浅显的语言，尽可能少作理论说明。没想到的是，这本书不仅受到外国学生的青睐，还受到很多中外汉语教师的青睐，也被更多对外汉语专业的研究生、本科生所青睐。这使我深深感到，以突出汉语作为第二语言的学习和教学为原则来编写语法书有多么重要。因此，在大幅修订本书时，我突出了以下方面：

1. 保留原版书突出针对性、实用性、在体例上没有面面俱到而是择要而选、一般问题从略、讲解浅显、讲练配合的基本风格与特色。

2. 针对汉语作为第二语言学习者存在的问题，增加了一定的必要知识的介绍；在不明显增加难度的情况下，增加了少量解释；在解释中增加了一些浅显、直观、易懂的公式和图示。

3. 根据知识难度及学习的先后顺序、相关及包含关系，作了一些顺序上的调整。

4. 为针对专项语法项学习的练习与强化，方便教师的教学和学生的学习，本书改动最大的部分是大多环节都采取了专项专练的设计安排，除此之外，每一课后面还安排了二至三项不等的本课内的整合性练习。每个单元作为一个大的相对独立的语法局域系统，配有单元综合练习，以加强知识的整合理解与运用。

5. 在原有练习模式的基础上，修订本又增加了一些具有综合和运用功能的动态练习模式——用话语创建情景、提供图片情景等，目的是给学习者创造合理得体使用所学知识的情境，使所学语法规则、规律在一个相对实际的运用环境中得到强化。

再次感谢各位读者对本书的厚爱，感谢出版社、各位专家、学者、教师同行对本书的关心、建议和帮助。

著者　再于南开园

原版序

　　自建国后第一部对外汉语教材问世，至今近四十年来，每部教材都以不同的形式或多或少地涉及现代汉语语法问题，何以如此？盖缘于对外汉语教学是对成年人的第二语言教学，而成年人学习语言的重要特点之一，就是善于类比。他们学会了一条语法规则，理解成一个语言模式，就会比附着造出各式各样的句子，这种套用的结果，时而对，时而错。错误的原因，纷繁复杂，有一条也许可以说，就是语法讲释还不太对路。

　　顺手翻检一下，几乎全部的对外汉语教材的语法体系，都是沿用为母语是汉语的人所讲的语法体系，无论是教学语法，还是理论语法，都很少或根本没有考虑第二语言习得者所遇到的种种问题，而这些问题是以汉语为母语的人所根本没有想到，或如人们所说是"习焉不察"的。加之有些教材的注释用了过多的语法概念和术语，不尚此道的中国人读起来尚且不易明了，倘再译成外文，方枘圆凿，龃龉之处也就在所难免，第二语言习得者读起来，便如堕五里雾中。

　　面对这种情况，对外汉语教学界一直呼吁，能有针对外国人学习汉语特点的语法教材。目前已出版而有代表性的，如：《实用现代汉语语法》(刘月华等著)、《实用汉语语法》(房玉清著)、《汉语语法难点释疑》(郑懿德等著)、《外国人实用汉语语法》(李德津等著)。这些著述都力求全面阐释汉语语法，体系庞大，篇幅浩繁，讲释详赡，巨细无遗。虽也结合外国人习得汉语中的错误，但在用法的说明上以及使用条件的规定上，尚嫌不足。学术界历来是前修未密，后出转精。在吸收时贤研究成果的基础上，南开大学汉语言文化学院卢福波女士集多年语法教学的经验，撰写了本书。这是一本很有特色又的确实用的书。它有新颖和明辨两大特点。

　　先说新颖。该书打破了一般语法教材的模式，它没有面面俱到，也并非点到为止。而是从外国人习得第二语言的实际出发，择要而选，另立顺序。这之中繁简取舍，颇费斟酌，这要看作者鉴裁眼光如何。比如，打乱传统语法先词法后句法的格局，将必要的语法点依难易程度、常用与否以及它们之间互相依存、互相制约的关系重新组合排列。开宗明义，先讲动词，讲其中的"是"字句、"在"字句、"有"字句。将连谓句、兼语句、存现句并入一课，也许考虑到这些内容外国学生学习起来并不十分困难，而介词、副词、助词则用了相当的篇幅，不仅详说用法，且摆出使用条件，特别是针对外国人可能出现的错误，讲明各种限制，将易错之处点出来。如讲完情态补语后，提请学生注意：

有情态补语的句子，全句的重心在补语部分，谓语动词、形容词前一般不再出现描写性状语和程度副词。

*他拼命地跑得很快。

*她很难过得流下了眼泪。

在讲解"正／在／正在+动"或"动+着"的使用时，指出：

说话人关心的是动作的进行与持续，而不关心什么时候结束及怎么样，所以要注意动词后边：

（1）不能加表示具体时间长度的词语。

*于静一直爱着他好几年。

（2）不能加表示动量的词语。

*他看看我一下。

（3）不能加表示动作结束的词语。

*他正记住着生词。

这之后，列出没有动作进行态和持续态的常见的非持续动词，以使学习者有所遵从。凡此种种，对母语为汉语的人，似乎是赘述，然而，对第二语言习得者却必不可少。

再说明辨。对第二语言习得者来说，在学习语法时，最难莫过于区分异同和区别正误。而该书正是在这两点上下了工夫。正如作者所说："本书在对比方面突出了两个方面：汉语内部相近语言现象的对比，语言用例的正反对比。"前者正是区分异同，后者则是区别正误。

比如讲到"左右"和"前后"的异同时，指出：

"左右"既可表时点，又可表时段，"前后"只表时点；"左右"表时点时，只能用于数量词后，不能用于名词后，"前后"可以用于名词后。如：

| 五点左右 | 五个小时左右 | *元旦左右 |
| 五点前后 | *五个小时前后 | 元旦前后 |

又比如在讲"很""太""真"时也区分了它们的异同，区别了正误：

*他最近工作很忙了。（该用"太"）

*我跟别的留学生进行了真有意思的交流。（该用"很"）

该书在对比中特别注重使用条件，如讲到某些副词的选择限制条件，指出了对词语的积极意义、消极意义进行选择：

根本不了解　　　　　　根本没同意

*根本了解　　　　　　　*根本同意

有点儿马虎　　　　　　有点儿糊涂

*有点儿仔细　　　　　　*有点儿清楚

总之，该书文字简练，叙述清楚，讲释语法规则力求条理化。虽未译成外文，第二语言习得者也可读懂。书中配有大量练习，练习项目的设计既有助于掌握所学语法规则，又针对学习者易出现的错误。这些错句是长期积累，广为搜集，得之不易的。

总之，这是一本有义理、有辞章、有事实的书，是一本有用的书。我深信，无论是从事对外汉语教学工作的同行，还是把汉语作为第二语言的习得者，都会从这部书中获益不少。

如果从语法的三个平面观来考察，书中涉及语义分析较少，更未关涉到语用条件的选择。然而，这些在外国人习得汉语入门之后，是不可回避的问题，应该从基础阶段起，逐步引向深入，这样才能使语言表述合理，表达正确。书中不足之处，瑕不掩瑜。还是那句话，这是一本十分有用的书。

赵金铭

使用说明

一、本书的适用范围

《对外汉语教学实用语法》一书是为汉语学习一年以上（汉语水平已达HSK四级或四级以上）的外国学生编写的汉语语法教材及参考书，也可作为对外汉语教师的参考用书。

二、本书的特点

（一）明确的针对性

本书完全针对外国学生汉语语法学习中存在的实际问题选设语法点；语言力求浅显明白，语法规则力求条理化，尽量减少概念讲解和理论说明，以期达到学生自己能较容易地读懂本书的目的。

精讲多练对于外国学生的汉语学习尤为重要。本书设计了大量针对性强、有助于巩固学生对语法点掌握和运用的练习，这是学生消化理解汉语语法规则的重要学习环节。

对比教学是对外汉语教学必须遵循的重要教学原则和方法。本书在对比方面突出了两个方面：汉语内部相近语言现象的对比、语言用例的正反对比。

（二）简明实用性

为突出针对性，本书在体例上打破以往语法教材的模式，没有面面俱到，而是择要而选，一般问题从略。从学生应用汉语的实际出发，不孤立地讲解词，而是词中有句、句中有词，从词、句子成分入手，兼顾短语、句子结构及语用特点。为使学生对现代汉语语法的特点及概况有整体认识，本书设有"概述"，供学生参考使用。

为满足学生语法知识的学习、巩固、提高和水平自测的需要，本书设有大量形式多样的课后练习、综合练习及汉语语法水平测试试题。题型及内容都将有助于学生参加并通过HSK汉语水平考试。为方便自学者，在《对外汉语教学实用语法　练习参考答案及要解》中配有本书练习题、测试题的参考答案。

本书在语法点的选设上、体例上都有所突破，难免有缺点、不足甚至错误，唯望广大读者不吝指教，以期将来进一步修改提高。

　　本书得到我院谢文庆、孙辉、王振昆、李赓扬、国赫彤、贾甫田、郭继懋等先生真挚而热情的帮助，不但帮助审读原稿，还提出很好的意见和建议，尤其谢文庆先生通审了原稿，提出了具体的修改意见。在此，谨向各位先生表示衷心感谢！

著者
于南开园

目　录

概　述

一、现代汉语语法的特点

（一）汉语形态变化不发达、不普遍

汉语中，类似形态变化的现象或许是存在的，但是很少。有的词类虽然具有某种类似形态变化的现象，但是这种变化规律不具有普遍性，而且通常也不是单纯形式上的变化，还会附带其他意义，这使得词类形式的改变没有那么简单。例如：

1．双音节动词的重叠方式一般是ABAB式，如：商量商量、照顾照顾；双音节形容词的重叠方式一般是AABB式，如：干干净净、舒舒服服。但是少数双音节形容词也有ABAB的重叠方式，如：雪白雪白、通红通红。即使承认这两种词类有ABAB或AABB这种形式上的区别，也不能用重叠方式作为一刀切的标准，因为不是所有的双音节动词和形容词都有这种重叠方式。像动词"过来""担心"，不能说成"过来过来""担心担心"；形容词"美丽""聪明"，也不能说成"美美丽丽""聪聪明明"。

不管是动词的重叠还是形容词的重叠，都不是单纯的词类形式区分标记，它们还带有各种重叠形式带来的语法意义。

2．在表数上，"们"可以表示复数，但不是简单的复数标记。因为汉语中如果名词前有了具体数量的修饰语，反倒不能再用"们"了。例如：*[1]五个工人们。显然，"们"的复数意义不那么单纯，它本身含有接近于概数的意义。此外，"们"的使用范围受到很大限制，只用于表有生命的人、动物类名词后。例如：他们都是我的朋友。/看来，猴子们在这里生活得很自在。而"*这条路上汽车们很挤"就不能说了。

3．汉语的动词在形态上不随人称、性、数、时的变化而变化。例如：

---

[1] 本书例句前加*号的表示此为错例。

是→我是学生。/你是学生。/我们是学生。/他们是学生。无论是第一、第二、第三人称，还是单数、复数，对"是"的形式都没有任何影响。

再如"看"，无论是"昨天看""正在看"还是"明天看"，不同的时间、动态对动词自身的形式不产生任何影响。

4．汉语的动词、代词等也不随其在句中功能的改变而发生形态上的变化。例如：研究→研究语言/研究正在进行/注重研究/研究的方向。"研究"无论在句中充当主语、谓语、宾语，还是修饰限制词语，都没有词形上的变化。

再如：我→我吃饭/他来看我/我朋友，无论充当主语、宾语还是修饰语，"我"都没有词形上的变化。

（二）汉语十分重视语序和虚词

汉语形态变化的不发达、不普遍形成了语序和虚词在汉语中特有的地位。

例如，"我喜欢他"与"他喜欢我"，"不很好"与"很不好"，"在沙发上坐"与"坐在沙发上"，每组句子或短语中选用的词完全一样，没有任何其他附加的语法标记，仅仅由于排列顺序不同而表达完全不同的意思。

再如，"看书"与"看的书"，"吃饭"与"吃了饭""吃着饭"，"我把他摔倒了"与"我被他摔倒了"，用不用虚词或用什么虚词，意思会随之发生重大改变。

（三）汉语某些构式和用法相似、单一

汉语语法在某些方面有易学的特点，这是因为它的一些构式、用法有时候是相似的或者单一的。如，语素与语素构成词，有联合、偏正、动宾、补充、主谓等结构类型，词与词构成短语、词与短语构成句子，也同样有这些结构类型。所以把一个层级的各种结构类型、语法意义、语法关系弄清楚了，几乎可以贯通各个层级。

再如，汉语所有类型的修饰限定语（定语、状语）一律位于中心语之前，补充语一律位于中心语之后，只要把这种关系搞清楚，就非常容易进行成分分析和构句。

又如，汉语的表数系列非常单一，只要掌握了基本系数词，无论是基数、序数、月份、星期，只要添加很有限的东西，就基本上都解决了。

（四）其他特点

1．繁多的量词　汉语中不同的事物往往配有不同的量词，因此量词数量巨大。如：一匹马/一头牛/一张桌子/一把椅子/一支笔，等等。

2．庞杂的补语　补语常常具体表现由动作引发的结果或改变，这样谓语动词后就可能连接各种各样的补语。如：打开书/看不清楚/好极了/笑得很开心/走下来/来一趟/放在床上，等等。

3．主谓谓语句的构句与表达形式　汉语具有话题优先型语言的特点。话题是说话的出发点，一般位于句首。除了这个话题成分外，如果陈述部分还是一个主谓的结构关系，就会构成一个较复杂的主谓谓语结构式及与传达信息相关的复杂表达形式。例如：他身体很棒。/玛丽汉语不错啊。/屋子我收拾好了。/治这种病李大夫最拿手。

4．复杂语气的表达　汉语中有一类词叫"语气词"，借助它能够准确、得体地表达各种各样复杂的情感态度、话语语气。例如：吃吗？/吃吧。/吃啊！/吃呗。/吃嘛。/吃呢。

5．音节的韵律　汉语单、双音节词语组合时，除了意义上的搭配外，还受到音节韵律的制约和影响。如，"进行学习"可以说，"进行学"却不行；"植树"可以说，"种植树"不能说；"昂贵的代价"可以说，"贵的代价"不能说；"美丽富饶的宝岛""又富又美的宝岛"可以说，"美、富的宝岛"一般不能说，等等。

二、现代汉语语法概述

（一）语法单位

汉语语法单位包括语素、词、短语[1]、句子四级单位。

1. 语素

汉语语素绝大多数是单音节的，一个语素写出来就是一个汉字，如"民、桌、子、学、就、的"等；也有少数是多音节的，如"玻璃、葡萄、巧克力"等。语素是汉语里最小的音义结合体，也是最小的语法单位——构词单位。

2. 词

汉语的词大多是单音节或双音节的，如"大、听、才、医生、应该、永远、悠闲"等；也有少数是三音节或三音节以上的，如"图书馆、现代化、现实主义"等。从数量上看，双音节词最多。词是汉语里最小的能够独立运用的语言单位。如：

　　A：小王在吗？　　　　A：谁来了？

　　B：在。　　　　　　　B：老师。

"在""老师"可以单独回答问题，都是词。

　　　春天的校园　　　被他打了　　　在房间睡觉

"的""被""在"可以单独进入句子，自由地与其他词组合，表示一定的语法意义，也都是词。

3. 短语

词和词按一定的规则，组合成的更高一层级的构句单位就是短语。例如：

　　　我们学校　打电话　非常喜欢　卖票的　往前走　对我

在汉语中，词和短语都是构句的备用单位。

---

[1] 为了最大限度地减少术语的使用，本书将"词组""短语""结构"等词语组合形式一概用"短语"表示。

4．句子

句子是能够独立表达完整意思的语言单位。句子要有语调，在书面上，句调用句号、问号、叹号等表示。在语言运用中，句子是最小的语言使用单位。如：

①A：最近身体怎么样？

　　B：不错。

②注意！

③在朋友们的帮助下，我克服了一个又一个困难。

（二）词类

本书将汉语里的词按语法功能分为以下14类：

● 名词、动词、形容词、数词、量词、区别词、副词、代词、叹词、拟声词（以上属实词）

● 助词、介词、连词、语气词（以上属虚词）

1．名词：表示人、事物、时间和处所等名称的词。

中国　　思想　　人　　秋天　　刚才　　中间

2．动词：表示人或事物动作、行为、心理活动、存在、发展、变化和消失的词。

坐　　有　　研究　　喜欢　　过来　　能够

3．形容词：表示人或事物性质、状态的词。

高　　难　　优秀　　雪白　　冰凉　　乱哄哄

4．数词：表示数目、次序的词。

零/〇　　八　　七十　　一万　　第一　　零点七

5．量词：表示人、事物、动作行为和时间的单位的词。

个　　双　　群　　次　　遍　　公斤　　小时

6．区别词：区别事物属性、类别的词。

正/副　　主要/次要　　高档/中档/低档　　野生　　多功能

7．副词：用以说明动作、性状的范围、时间、程度、否定、语气、情态等的词。

都　　正在　　很　　再　　没有　　简直　　亲自

8．代词：具有指别、替代作用的词。

他们　　自己　　这　　怎样　　这么　　哪儿

9．叹词：表示感叹、呼唤、应答的词。

啊　唉　嗯　哼　咦　喂　哎呀

10．拟声词：用语音来模拟事物或自然界声音的词。

哈哈　　叮当当　　呼呼　　潺潺　　哗哗　　啪

11．介词：用在名词、代词或名词性短语的前面，合起来表示方向、对象等的词。主要与名词性词语构成介词短语，用以修饰、补充谓语中心语。

在　　向　　跟　　把　　对　　按照　　随着

12．连词：连接词、短语或分句的词。

和　　或者　　然后　　如果　　虽然　　因为

13．助词：附着在词或短语后表示某种语法意义的词。

的　　得　　了　　着　　过　　吗　　似的

14．语气词：表达陈述、疑问、祈使、感叹及各种复杂感情态度的词。

吗　啊　吧　呢　了　的　嘛

（三）短语类型

短语类型可以从结构和功能两个角度来划分。

1．从结构上划分

● 实词与实词构成的短语有：

（1）主谓短语：前后两部分表示被陈述与陈述的关系。

生活美好　　我们去　　今天星期日　　他北京人

（2）述宾短语：前后两部分表示支配与被支配或关涉与被关涉的关系。

参观工厂　　写文章　　当医生　　是朋友

（3）偏正短语：前后两部分是修饰限制与被修饰限制的关系。

　　　明媚的春光　　一份礼品　　认真听　　不做

（4）述补短语：前后两部分是补充说明与被补充说明的关系。

　　　打中　　好得很　　住下来　　读一遍　　听不懂

（5）联合短语：各部分之间有并列、递进、选择等关系。

　　　吃、住、行　　伟大而高尚　　骑车还是步行

（6）同位短语：前后两部分之间有复指关系。

　　　我们大家　　首都北京　　书法这种艺术

（7）量词短语：由数词或指示代词加上量词组成。

　　　一个　　这种　　五斤　　两次　　这回

（8）方位短语：由名词性或动词性词语加上方位词组成，表示处所、范围或时间等。

　　　房间里　　朋友之间　　五十左右　　下课后

● 实词与虚词构成的短语有：

（9）介词短语：由介词附着在名词或名词性词语前构成。

　　　对他　　往南　　从那时　　关于这个问题

（10）"的"字短语：由"的"附加在词或短语后构成，其作用相当于名词。

　　　买的　　人家的　　有用的　　戴眼镜的

（11）"所"字短语：由"所"附加在动词前构成，其作用相当于名词。

　　　所有　　所想　　所关心　　所了解

（12）比况短语：由"似的""一般""一样"等助词附加在词或短语后构成，其作用相当于形容词。

　　　飞似的　　母亲般的　　大海一样

另外还有一类短语是固定短语：指成语、惯用语和部分专有名称等。

　　　胸有成竹　　大海捞针　　走后门　　人民大会堂

2. 从功能上划分

（1）名词性短语：包括名词做中心语的偏正短语、数量短语、方位短语、"的"字短语、"所"字短语等。

　　　实在人　　两张　　饭后　　红的　　　所得

（2）动词性短语：包括述宾短语、动词做中心语的偏正短语和述补短语等。

　　　干工作　　检查身体　　慢慢地跑　　写得很清楚

（3）形容词性短语：包括形容词做中心语的偏正短语和述补短语等。

　　　特别忙　　方便得很　　聪明可爱

（四）句子成分

句子成分是句子的组成部分。涉及八个概念：

● 主语　　　● 谓语　　　● 述语　　　● 宾语
● 中心语　　● 定语　　　● 状语　　　● 补语

1. 主语、谓语和述语、宾语

主语是陈述的对象；谓语是对主语的陈述。（画 ＿＿＿ 部分为主语，画 ＿＿＿ 部分为谓语）

　　①我们的目的‖已经达到了。

　　②他‖是个中学生。

谓语中如果有宾语，就可以分出述语和宾语两个成分。述语一般是动词或动词性短语，宾语是动作支配、关涉的对象。（画 ～～～ 部分是宾语）

　　③下午，我们去看 电影。

　　④他刚打了一个电话。

2. 中心语和定语、状语、补语

被修饰限制的成分叫中心语，起修饰限制作用的成分叫附加成分，包括定语和状语。

定语是名词性中心语前面的附加成分；状语是动词、形容词等谓词性中心语前面的附加成分。定语、状语都是修饰语。汉语中修饰语一律位于中心语之前。即：

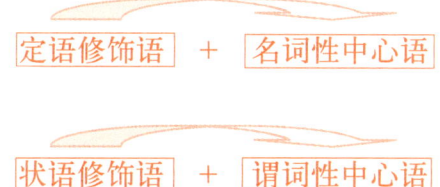

例如：（加（ ）部分为定语，加［ ］部分为状语）

（一位）（多日不见的）（老）朋友

[认真地] [对我] 说

补语是动词、形容词等谓词性中心语后面的连带成分。即：

例如：（加 ＜ ＞ 部分为补语）

写得<很漂亮>

3．汉语句子结构的基本框架

汉语单句的基本结构模式是：

汉语单句的六大基本成分是：主语、谓语、宾语、定语、状语、补语。

$$
单句的六大基本成分
\begin{cases}
主要成分——主语（\underline{\quad\quad}）、谓语（\underline{\quad\quad}）\\
连带成分——宾语（\underline{\quad\quad}）、补语（＜　＞）\\
附加成分——定语（（　　））、状语（［　］）
\end{cases}
$$

例如：

[昨天]（一向不起眼儿的）张伟 ‖ [倒] 做 <成> 了（一件）（大）事。

（五）句子的分类

句子可以从不同角度、按不同标准进行分类。

1．按句子的语气功能可以分成：陈述句、疑问句、祈使句、感叹句。

（1）陈述句：叙述事情或对事物加以说明、描写的句子。

　　　春天，燕子从南方飞回北方。　　北京是中国的首都。

（2）疑问句：提出问题的句子。

　　　现在几点了？　　难道连你也不去了？

（3）祈使句：表示请求、命令、劝阻或禁止的句子。

　　　帮我一下。　　快跑!　　请大家保持肃静!

（4）感叹句：表达强烈感情的句子。

　　　这里的风景多美啊!　　真不讲理!

2．按句子的局部特征可以分成：双宾语句、主谓谓语句、存现句、"把"字句、"被"字句、"连"字句、"比"字句、"是"字句、"有"字句，等等。

3．按句子的结构模式（包括复句的逻辑关系）可分为以下主要类别（见下页）：

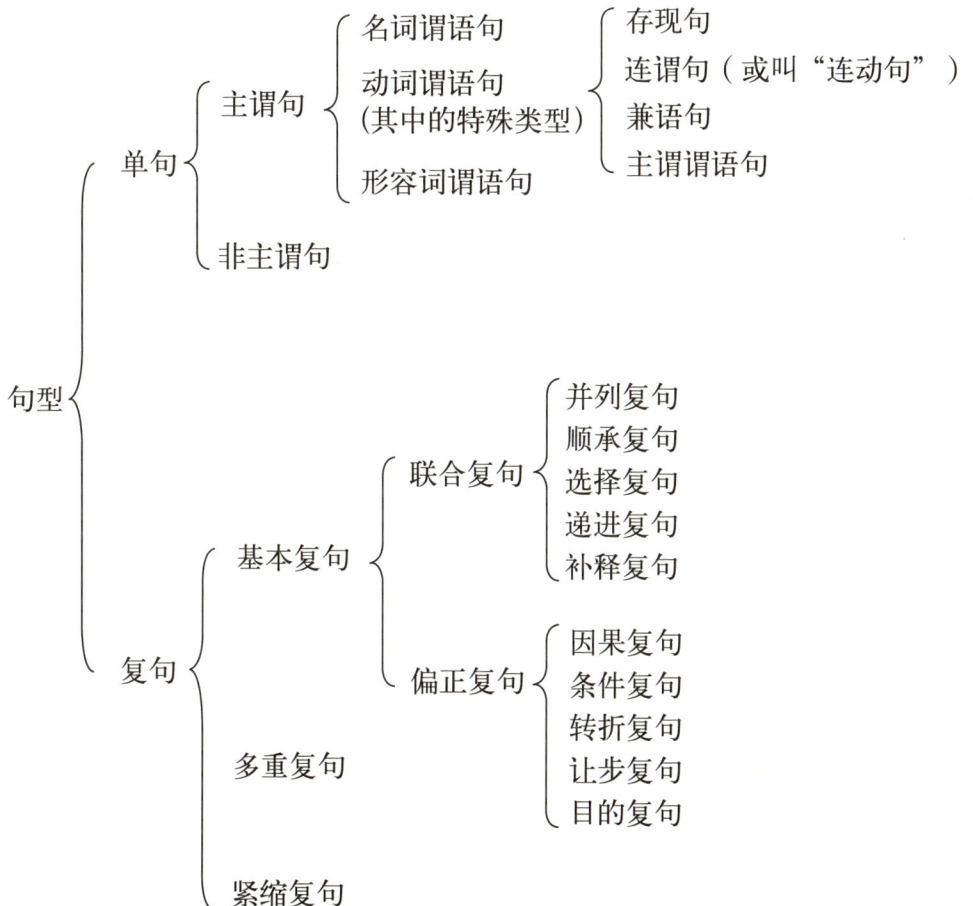

句型
├─ 单句
│   ├─ 主谓句
│   │   ├─ 名词谓语句
│   │   ├─ 动词谓语句（其中的特殊类型）
│   │   │   ├─ 存现句
│   │   │   ├─ 连谓句（或叫"连动句"）
│   │   │   ├─ 兼语句
│   │   │   └─ 主谓谓语句
│   │   └─ 形容词谓语句
│   └─ 非主谓句
└─ 复句
    ├─ 基本复句
    │   ├─ 联合复句
    │   │   ├─ 并列复句
    │   │   ├─ 顺承复句
    │   │   ├─ 选择复句
    │   │   ├─ 递进复句
    │   │   └─ 补释复句
    │   └─ 偏正复句
    │   ├─ 因果复句
    │   ├─ 条件复句
    │   ├─ 转折复句
    │   ├─ 让步复句
    │   └─ 目的复句
    ├─ 多重复句
    └─ 紧缩复句

第一单元
名词及相关语句

名词	名词是表示人、事物、时间、处所等名称的词。

第一课　名词及名词的功能

一、名词词缀

1．带有词缀标志的名词

一小部分名词有词缀标志，看到这些标志就可以断定它们的词性是名词。

词缀跟词根构成名词时，主要位于词根后。即：

词根 ＋ 词缀 ⟶ 名词

个别放在词根前。即：

词缀 ＋ 词根 ⟶ 名词

根据词缀所处的位置，词缀分为"前缀"和"后缀"。

2．典型的名词词缀（没有具体意义）

（1）前缀

阿～：阿姨　阿爸　阿妹

老～：老师　老婆　老板　老虎　老鼠

（2）后缀

～子：鼻子　绳子　筷子　剪子　梳子　呆子　胖子

～头：木头　馒头　石头　看头　想头　苦头　甜头

～儿：花儿　棍儿　鸟儿　画儿　盖儿　空儿　亮儿

～者：　　　　　　读者　旁观者　弱者　老者

3．准词缀：不十分典型的词缀（与词根本义有一定联系）。例如：

~家：作家　专家　发明家	~士：战士　护士　女士
~师：教师　医师　设计师	~法：看法　用法　做法
~员：职员　学员　服务员	~手：歌手　助手　能手
~度：高度　温度　准确度	~长：厂长　班长　列车长
~学：哲学　文学　人类学	~性：人性　理性　社会性

　　　~主义：现实主义　集体主义　个人主义

4．名词词缀的作用

（1）改变词性。

　　　剪（动词）—剪子（名词）　　　尖（形容词）—尖儿（名词）

　　　上（动词）—上头（方位词）　　　苦（形容词）—苦头（名词）

（2）改变意义。

　　　头（人、动物的头部）—头儿（头目）

　　　腿（人、动物的下肢）—腿儿（桌椅等物体的支撑部分）

（3）增加感情色彩。

　　　~儿—— 一般用于较小巧的事物，多带有喜爱的感情色彩。

　　　~子—— 一般用于稍大的事物，大多不带喜爱的感情色彩。

　　　棍儿—棍子　　　老头儿—老头子　　　小胖儿—大胖子

（4）区别使用范围。

　　　鼻（用于专门领域）— 鼻子（日常通用）

● 练习一　比较下列词语有词缀和没有词缀的差别

亮—亮儿	胖—胖子	想—想头
小鱼—小鱼儿	哥—阿哥	椅—椅子
腿—腿儿	火—火儿	学—学法

● **练习二**　注意下列每组词语中带点的部分，比较一下词语的意义差别

花儿—幼儿	老师—老人	木头—抬头
女性—理性	歌手—双手	桌子—男子

5. 区别一组表人的词缀：~者　~员　~士

~者——用在动语素或形语素后，构成名词，表示此范围内任意的人。

读——→读者　劳动——→劳动者　老——→老者　强——→强者

~员——表示专职领域内、范围内或单位内成员。

技术员　　会员　　服务员　　售票员　　管理员

比较　管理者—— 承担管理工作的人。

管理员—— 一种工作类别，指某领域内专职管理的成员。

~士——有一定的能力、技术、学问、修养或受到一定程度尊敬的人。

战士　　护士　　女士　　绅士　　大力士

● **练习三**　选择词缀"~者/~员/~士"填空

（1）她是我们阅览室的图书管理_____。

（2）李医生是我们院的医学博_____。

（3）这几位患_____需要马上用药。

（4）列车_____微笑着为乘客服务。

（5）这三位运动_____是十米跳水项目的胜利_____。

（6）我姐姐是妇产医院一名优秀的助产_____。

● **练习四**　给下列词语加上适当的词缀，使之变成名词

盖____	夹____	讲____	劳动____
强____	学____	念____	打字____
甜____	记____	看____	受害____
画____	新____	湿____	探险____
盼____	呆____	教____	重要____

练习五 根据句义，选择所给词，再加上适当的词缀填空

> 包　　空（kòng）　　想　　领导　　参赛　　小狗
>
> 小伙　　专　　吃　　饺　　小猫　　老头　　创造

（1）她养的_____、_____都十分可爱。

（2）_____应该全心全意地为人民服务。

（3）这次马拉松赛，_____达上万人。

（4）我有事找你，能抽_____来一趟吗？

（5）人家姑娘都不怕，你一个大_____还怕什么呀？

（6）王平的爷爷可真是个好_____哇！

（7）我们请了一位眼科_____给你看病。

（8）我们都喜欢吃这儿的_____和_____。

（9）年轻人不仅要有知识、有能力，还必须富有_____。

（10）A：没想到你做的菜还挺有_____的。

　　　　B：就是为了给你留个_____，我才拿出看家本事。

二、名词的主要语法特点和用法

1．名词可以接受数量短语的修饰，构成 数＋量＋名 形式，但是名词一般不能直接跟数词结合。

> 三名专家　　两张桌子　一壶茶　一群牛　　一套公寓
>
> *三十学生　　*两河　　　*一鞋　*一酒瓶　　*五楼房

2．表数的"~们"的用法

汉语中，"~们"可以加在名语素或名词后，表示复数。

> 人—人们　　先生—先生们　　小朋友—小朋友们

但要注意两点：

（1）"~们"只能用于指人，除"它们"外，不能指物。

17

　　　　他们　　　　　学生们　　　　老人们
　　　*楼房们　　　*树林们　　　*书本们

　　（2）"~们"本身已含有众数意义，所以，有"~们"的名词语前不能再有数量短语或表数词语。

　　　　*五个伙伴们　　　*数百名孩子们　　　*许多先生们

　　3. 名词一般不能接受副词的修饰。

　　　　*不专家　*也昨天　*很友谊　*再想法
　　　①*你去，也孩子去。
　　　②*他去了，却他妈妈一点儿不知道。

　　4. 名词在句中主要做主语、宾语和定语。

　　　工具都准备好了。　买两张车票。　我来说说（词典）的用法。
　　（主语）　　　　　　　　（宾语）　　　　（定语）（宾语）

　　名词一般不单独做谓语（单独做谓语有条件限制）；除个别类，名词较少做状语；名词不做补语。

　　　③*你宴会了吗？
　　　④*孩子们礼貌客人。

　　要注意，不要把一些抽象性的名词与动词、形容词混淆。

　　　友谊　　礼貌　　措施　　兴趣　　乐趣
　　　精力　　愿望　　经验　　食欲　　生命
　　　⑤*我愿望更多地了解他们的想法和习惯。
　　　　（我希望更多地了解他们的想法和习惯。）
　　　⑥*我很兴趣中国的社会情况。
　　　　（我对中国的社会情况很感兴趣。）

　　5. 时间名词可以做状语，有时也可以做谓语。

　　　现在　　过去　　将来　　今天　　去年
　　　白天　　晚上　　清早　　下午　　最近

18

⑦他最近没有外出任务。（状语）

⑧春节前，我们将举行一次联欢活动。（状语）

⑨今天星期一。（谓语）

另外，表示节气、籍贯等的名词也可以做谓语。

⑩后天冬至。

⑪老李上海人。

表示身份、专业、职业等的名词，有时在对举的情况下也可以做谓语。

⑫他物理专业，我计算机专业；他电工，我电脑维修。

练习六　根据句义，在横线上填上适当的名词或名词性短语

（1）我们一定要解决好_____的生活_____。

（2）_____我一个人待在屋子里看_____。

（3）_____首先要养成良好的学习_____。

（4）他的_____感动了每一个_____。

（5）明天_____。

（6）_____给人们带来了_____。

（7）大家把自己的_____都说一说。

（8）他_____，我_____。

（9）飘飘洒洒的_____把我们带进了美丽的银色_____。

（10）三双_____　　　　（11）一条_____

（12）一头的_____　　　　（13）一桌子_____

（14）两场_____　　　　（15）一大片_____

练习七　判断正误，错误的请改正

（1）他不专家，我要请专家。　　　　　　（　　　）

（2）鲁迅，浙江绍兴人，生于1881年。　　（　　　）

（3）教了好几遍，还我不会，也她不急。　　　（　　）

（4）这一年中，我经验了很多事情。　　　　　（　　）

（5）我很乐趣旅游。　　　　　　　　　　　　（　　）

（6）展览馆里人们真多，差不多有好几百人们。（　　）

（7）我去书店买了一地图、两杂志今天。　　　（　　）

（8）她待我们很热情、很友谊。　　　　　　　（　　）

（9）晚上我再电话你吧。　　　　　　　　　　（　　）

（10）她拉着大夫的手说："请您再生命他一次吧！"（　　）

（11）整个旅途中，我一直很食欲。　　　　　　（　　）

（12）一问他们路，他们就会很热情地把你送到你愿望去

　　　的地方。　　　　　　　　　　　　　　（　　）

第二课　方位词语　"的"字短语

一、方位词和方位短语

　　方位词是表示方向、位置的词。方位词的主要作用是与别的词一起构成方位短语，表示时间、处所、范围等。

　　单音节方位词叫单纯方位词。单纯方位词与"边""面""头""以""之"等合起来构成合成方位词。

　　1．常用方位词

	~边	~面	~头	以~	之~
上	上边	上面	上头	以上	之上
下	下边	下面	下头	以下	之下
前	前边	前面	前头	以前	之前
后	后边	后面	后头	以后	之后
里	里边	里面	里头		
外	外边	外面	外头	以外	之外
左	左边	左面			
右	右边	右面			

　　方位词还有"旁、旁边、中、中间、中央、当中、之间、以内、之内"等。

　　此外，方位词还有表方向的"东／西／南／北"及它们跟"以""之""边""面""头"等合起来构成的合成词。

2．方位词的主要用法和作用

（1）单纯方位词单用能力很差，一般要与别的词或短语组合起来使用。

> 楼里　　门旁　　结婚前　　毕业后　　东半球
>
> ①＊宿舍楼周围环境很好，前是一个宽阔的广场，后是一个宁静的小花园。
>
> ②＊你上里坐一会儿，我在外走走。

（2）合成方位词可以单用。

> ③前边有一个很大的商场，我们去那儿看看。

（3）方位词常与别的词一起构成方位短语，表示时间、处所、范围等。

● 表时间：　名词/动词性词语 ＋ 方位词　──→ 方位短语

> 会后　　出发前　　施工中　　工作以后

"上/下/前/后"也可以放在表时间的词语前表示某时间，其他方位词不行。

> 上周　　下个月　　前一天　　下世纪初
>
> ④＊我父母不主张以前结婚住在一起。

● 表处所：　名词性词语 ＋ 方位词　──→ 方位短语

> 门前　　桥下　　河旁　　心里　　两楼之间

（4）普通名词表处所时，要加方位词构成方位短语。

> ⑤我的护照在书包里。（＊我的护照在书包。）
>
> ⑥桌子上有一个很漂亮的花瓶。
>
> 　（＊桌子有一个很漂亮的花瓶。）

（5）国名、地名本身就是区域名称，不能再与"里"组合。

> ⑦A：他现在在哪儿？
>
> 　B：＊在中国里。
>
> ⑧＊天津里的自行车实在太多了。

练习一　用适当的方位词跟下列词语一起组成方位短语

窗 _____	桌子 _____	汽车 _____
墙 _____	操场 _____	飞机 _____
楼 _____	大桥 _____	朋友 _____
心 _____	思想 _____	过程 _____
空（kōng）_____	吃饭 _____	两棵树 _____
年 _____	天亮 _____	星期 _____

练习二　用适当的方位词填空

（1）沙发 _____ 睡着一只小猫。

（2）窗 _____ 是一片盛开的月季花。

（3）飞机从头顶 _____ 飞过。

（4）课 _____，我们经常参加各种各样的活动。

（5）_____ 半年，我打算安下心来写论文。

（6）手机 _____ 还留着这条重要的短信。

（7）几分钟 _____ 我还看到他了。

（8）他身 _____ 那位老奶奶就是他的奶奶。

（9）_____ 传来一阵动听的歌声。

（10）教室 _____ 是阅览室，_____ 是计算机房，很方便。

3．方位词对比分析

（1）"~上"与"~里"

"上"表示没有边界限定的物体表面（上面、下面、侧面均可）；"里"表示四周有一定边界围住的空间。

嘴里	柜里	大厅里	书包里	院子里
脸上	墙上	马路上	广场上	水面上

23

⑨他站在门里跟我说话。（门的界限，物体有围域）

⑩门上贴了很多有意思的画儿。（门的表面，没有界限）

（2）"～里"与"～中"

"～里"表示的是有围域的、具体的空间；"～中"表示的通常是不具体或不真实的空间，是没有显性围域或围域不清楚、带有一定想象的空间，常可用于较抽象的事物或有书面语色彩的语境。

　　兜里　　屋里　　水里　　　箱子里　　肚子里　　杯子里

　　空中　　画中　　朋友中　　关系中　　幸福中　　意料中

表示在动态的过程之中，用"～中"表示。

　　想象中　　过程中　　营业中　　进行中　　治疗中

⑪他永远活在我心里。（把心看成一个有围域的空间）

⑫在我心目中，他永远是我的哥哥。

（较抽象，书面语色彩较浓）

（3）"～上"与"～下"

"上"所指的范围大，物体之上、上端均为上，物体表面也为上；"下"则限于物体之下有空间的部分或位置在低处的。

　　山上　　树上　　头上　　操场上　　电线上

　　山下　　树下　　桥下　　桌子下　　月光下

由"上"的表面义可引申出"方面、范围"的意思：

表方面：经济上　　生活上　　人品上

　　　　在穿上很讲究，在吃上不讲究。

表范围：报上　　课堂上　　大会上　　教育上

练习三　从"里、中、上、下"中选择方位词填空

（1）照片 _____ 的两位老人可能就是他的父母。

（2）山脚 _____ 是一片绿油油的庄稼。

（3）这项工程现在还在设计 ＿＿＿＿＿＿ 。

（4）会场 ＿＿＿＿＿＿ 已经坐满了人。

（5）在我的印象 ＿＿＿＿＿＿ ，他是一个言语不多的人。

（6）学的知识要会用，不能只停留在书本 ＿＿＿＿＿＿ 。

（7）脚 ＿＿＿＿＿＿ 是细细的白沙，那么柔软。

（8）她在穿 ＿＿＿＿＿＿ 很讲究。

（9）这件事早已在意料之 ＿＿＿＿＿＿ 。

（10）我的相机 ＿＿＿＿＿＿ 出现这样感人的一幕：一对老夫妻手拉着手走进夕阳的余晖 ＿＿＿＿＿＿ 。

练习四　改病句

（1）他身上面没带钱。

（2）在生活人际往来很重要。

（3）中国的产品在国际的销路不错。

（4）第一排最中那位男老师就是我们班的老师。

（5）这张纸里什么字也没写。

（6）代沟无论在过去里还是现在里都是大问题。

（7）银行就在旁边商店。

（8）他在朋友里很有人缘儿。

（9）自行车、行人都在草地下走。

（10）世界里有多少动物濒临灭绝！

（11）我从报纸找到这条招聘广告。

（12）她总是躺在床看书。

（13）我家有五口人，可是他们都在韩国里。

（14）街里骑自行车的人很多。

（15）历史里有很多这样感人的故事。

（16）春节前面没有休息日了。

（17）明天以后下班你在办公室等我一下，好吗？

（18）麦克昨晚在歌厅玩儿到很晚，今天在上课里睡着了。

练习五　用方位短语构句，说说下面图中人和物体的方位。(最少说六个句子)

练习六　用方位短语构句，说说教室里或你房间里人和物体的方位

二、"的"字短语

　　助词"的"附在别的词或短语后，就构成一个新的短语"的"字短语，可以用来指称人或事物，其作用相当于一个名词。

名词＋"的"：　　人的　朋友的　大米的　鸡肉的　　纯棉的

代词＋"的"：　　我的　你们的　大家的　自己的　　别人的

动词＋"的"：　　吃的　用的　　卖的　　不喜欢的　仿造的

形容词＋"的"：　蓝的　真的　　便宜的　干净的　　老实的

但是，"的"字短语跟一个具体的名词不同，它已将具体的人或事物类化，进入到高一层级的语义场中。比如，这里有一些红色的苹果，有一些绿色的苹果，我们要将它们分别装箱，就可以说：红的装这里，绿的装那里。这时"红的"就成为一种新的类，用来指称一个个具体的红色苹果。

因为"的"字短语的作用相当于一个名词，所以在句中主要出现在主语或宾语的位置上。

⑬ 你不喜欢<u>的</u>不要送给别人。（做主语）

⑭ 我说<u>的</u>都是真<u>的</u>。

（做主语）（做宾语）

⑮ （这苹果）红<u>的</u>甜，绿<u>的</u>酸。

（做主语）（做主语）

"的"字短语是话语简约化的结果，所指事物并没有说出来。即：

我说<u>的</u>（话）都是真<u>的</u>（话）。

（这苹果）红<u>的</u>（苹果）甜，绿<u>的</u>（苹果）酸。

所以，使用"的"字短语一定要注意所指人和事物清楚明确。

练习七　在下列句中 "的"字短语下画线

（1）你喜欢吃辣的吗？

（2）男的在那边，女的在这边。

（3）红的、黄的、白的……花坛里盛开的鲜花美极了。

（4）最可贵的是，她学会了关注别人的需要。

（5）上边的那件是你的，我的是三个X的。

练习八　用方位短语和"的"字短语构句，说说下面两幅图中的人和事物。（分别最少用上五次）

第一单元综合练习

一、填空。

1．根据句义，选择适当的词缀填空：

老　者　员　儿　士

子　性　头　家　主义

（1）我只是一个小职 _____ ，他才是大 _____ 板呢！

（2）李四光是一位著名的地质学 _____ 。

（3）这个小伙 _____ 真是好样的！

（4）这些作品是现实 _____ 与浪漫 _____ 相结合的好作品。

（5）读 _____ 要自觉服从图书管理 _____ 的管理。

（6）表演 _____ 是一位 _____ 汉，技艺高超精湛，引来围观 _____ 阵阵掌声。

（7）他真是一个铁打的汉 _____ ，一身的硬骨 _____ 。

（8）他的意见很有代表 _____ 。

（9）我尝到了广交朋友的甜 _____ 。

2．填方位词：

（1）两个楼 _____ 是一个停车场。

（2）门 _____ 停了几辆汽车。

（3）马路 _____ 有几家商店。

（4）让他们到 _____ 去，我们在 _____ 慢慢走。

（5）大厅 _____ 放着一棵圣诞树。

（6）山脚 _____ 有一条小河。

（7）这些人 _____ ，有谁能帮你的忙？

（8）他心 _____ 有些想不通。

29

3．填名词或名词性短语：

（1）_____ 经过大家的努力，产品 _____ 已有所提高。

（2）_____ 既整洁又干净。

（3）这里新建的 _____ 一排一排的。

（4）_____ 很客气地向我提出了三点 _____ 。

（5）我是个 _____ ，做菜的 _____ 还不行。

（6）北京站到了，_____ 纷纷走下 _____ ，涌出 _____ 。

（7）这条 _____ 上，下班时间 _____ 最多。

（8）这个小男 _____ 告诉我，他长大了一定要当个 _____ 。

二、说一说下面每一组的两个词有什么不同。

看一看头	画一画儿
盖一盖儿	空一空儿
读一读者	说一说法
设计一设计师	发明一发明家

三、用方位短语和"的"字短语讲述下图。（分别最少用上三次）

四、改病句。

（1）听说她喜欢看只爱情小说。

（2）他们的话题我很兴趣。

（3）这些行李先搬到门，一会儿车来了好装车。

（4）他在古代小说研究里很有名。

（5）除了阿里以外，别的同学们都去旅行了。

（6）她把蛋糕放在桌子。

（7）我还有几个朋友们要来这儿学习。

（8）以北长城不如以南长城发展得快。

（9）孩子们欢快地从山跑下来。

（10）大家要从思想里认清这一点。

（11）休息室在旁边阅览室。

（12）厂长很有能力，在群众里有威信。

（13）教室的房顶下挂着好几个大吊扇。

（14）后吃饭结束，我坐公共汽车回到公寓。

（15）回国以后，我一定要把中国里的事讲给家里人听。

动词及相关语句

动词	动词是表示人或事物动作、行为、心理活动或存在、发展、变化、消失的词。

表动作行为动词：吃、看、笑、劳动、散步、学习、研究

表心理活动动词：爱、想、喜欢、讨厌、羡慕、感动、希望

表存现消失动词：在、有、存在、发展、变化、减少、消失

判断动词：是、叫、姓、等于

能愿动词：能、会、可以、应该、愿意、要、肯

趋向动词：来、去、上、进、过、开、回去、起来

第三课 "是"字句
"在"字句
"有"字句

一、"是"字句

"是"字句是由判断动词"是"做谓语构成的句子，主要表示判断，说明事物等于或属于什么。基本结构：

$$NP_1 + "是"（+修饰限制语）+ NP_2$$

例如：

①我是新来的那个日本留学生。

②他是一位伟大的科学家。

③那本词典是我的。

④他来中国的目的是学习汉语，了解中国。

1. "是"字句的主语和宾语在意义上和结构上的关系

（1）意义上表示"等于"时，结构上主语和宾语的位置可以互换。例如：

⑤我是李明。—— 李明是我。

⑥八月十五是中秋节。—— 中秋节是八月十五。

表示"等于"意义的还有一种相互解释的关系：

⑦他来中国的目的是学习汉语、了解中国。

—— 学习汉语、了解中国是他来中国的目的。

注意 语法结构上可以互换不等于交际活动中可以随便排序。交际活动中要根据话题和要传达的新信息来排序。即：

话题 + "是" + 要传达的新信息

---

[1] NP代表名词短语。

⑧ 这部小说的作者是巴金。（说话人要告诉听话人的新信息
　　是 "巴金"）

⑨ 巴金是这部小说的作者。（说话人要告诉听话人的新信息
　　是"这部小说的作者"）

（2）意义上表示"属于"时，NP_1要小于NP_2，即前者是后者中的一员
或一部分。在结构上，主语（前者）和宾语（后者）的位置不能互换，除
非是一对一的关系。例如：

⑩ 我是这个公司的职员。——→ ＊这个公司的职员是我。

⑪ 那本词典是我的。　——→ ＊我的是那本词典。

⑫ 他是伟大的科学家。　——→ ＊伟大的科学家是他。

（3）"是"连接的"等于"或"属于"关系的前后名词语一定要具有
同类性，否则不能用。

⑬ 竹子是中国文人比较喜欢的一种植物。

"竹子"与"植物"具有同类性，所以可以用"是"连接。

⑭ ＊这些书、报、杂志都是图书馆。

"书、报、杂志"是读物，"图书馆"是场所、单位，不具有同类性。

⑮ ＊他用的那双筷子是竹子。

"筷子"是工具，"竹子"是植物、材料，不具有同类性。

"是"可以判断不同的类属关系，如领属、材料、类别、性质等，但
当"是"后面的名词与前面的名词不具有同类性时，要将后一名词后加
"的"构成"的"字短语，使它与前一名词形成类属关系。例如：

⑯ 这些书、报、杂志都是图书馆的。（领属，属于图书馆所
　　有的（书、报、杂志））

⑰ 他用的那双筷子是竹子的。（材质，属于竹子这种材质的
　　（筷子））

2．"是"可以表示对一种存在的判断。基本结构：

$$NP_{1\,处所} + "是"（+数量等修饰语）+ NP_{2\,人或事物}$$

例如：

⑱ <u>图书馆旁边</u>是一片小树林。

⑲ <u>火车站前</u>是一个宽阔的广场。

⑳ <u>这里</u>，到处是人。

表示判断存在的"是"做谓语时，主语必须是表示方位或处所意义的词语。如果是普通表人或事物的名词，需构成"名词+方位词/处所代词"结构，使之具有处所意义。

㉑ <u>头</u><u>上</u>是湛蓝的天空，<u>脚</u><u>下</u>是浩瀚的大海。

（处所：头＋上；脚＋下）

㉒ <u>眼角</u><u>那儿</u>是一颗痣。（处所：眼角＋那儿）

因为这类"是"字句表示处所中存在着什么，所以主语跟宾语不能换位。

＊一个宽阔的广场是火车站前。

＊人到处是这里。

＊痣是眼角那儿。

3．除解释性关系外，"是"连接的词语应具有名词性，如名词、方位短语、"的"字短语等。

㉓ 今天是开学的第一天。

㉔ 我们是参观工厂的，他们是参观农村的。

＊我们是参观工厂，他们是参观农村。

㉕ 这个苹果是不甜的。

＊这个苹果是不甜。

练习一　下列哪些句子的主语和宾语可以互换?

（1）鲁迅就是周树人。　　　　　　　　　　　　　　　（　　　）

（2）李四光是中国有名的地质学家。　　　　　　　　　（　　　）

（3）王老师的书房里都是书。　　　　　　　（　　）

（4）我不是这个公司的经理。　　　　　　　（　　）

（5）这套房子是三室一厅。　　　　　　　　（　　）

（6）她现在的最大心愿是去中国留学。　　　（　　）

（7）这支笔是用来画画儿的。　　　　　　　（　　）

（8）这辆车以前是他的。　　　　　　　　　（　　）

（9）五月初五端午节是中国民间的传统节日。（　　）

4．"是"只表示判断，不表示动作，后面不能加"了""着""过"等动态助词。如果表示过去的时间，可在"是"前的某个位置上加上表示时间意义的词语。例如：

㉖ 这所房子以前是他的。

＊这所房子以前是了他的。

㉗ 那时，他只是个农民。

㉘ 十年前，这里曾经是一片沼泽。

＊十年前，这里曾经是过一片沼泽。

但是，"是"字句的判断如果是用来表示人或事物现在（或说话时）出现了某种新情况、发生了某种新变化时，句尾则需加语气助词"了"。例如：

㉙ 把钥匙拿去吧，这个房间是你的了。（原来不是你的，现在变成是你的了）

㉚ 从此，你不再是我的朋友了。（原来是朋友，现在变成不是朋友）

5．"是"字句的否定形式

"是"字句只能用"不"否定，不能用"没"或者"没有"否定。

㉛ 我说的那个人不是他。

＊我说的那个人没是他。

6.“是”字句的疑问形式

“是”句与其他动词谓语句一样，通常具有以下三种疑问形式：

　　a. 句尾加“吗”：　　是……吗？（这个房间是你的吗？）

　　b. 肯定+否定：　　　是不是……？（他是不是参加会议的代表？）

　　c. 肯定+宾语+否定：是……不（是）？

　　　　　　　　　　　　（车站旁边那个楼是邮电局不（是）？）

用b式、c式已表示疑问，所以句后一定不能再加表示疑问语气的“吗”：

　　　　* 他是不是参加会议的代表吗？

　　　　* 那把伞是你的不是吗？

练习二　用“是”或“是”附加其他成分与所给的词语一起组成完整的句子

（1）他　　中国代表团　　团长

（2）旅游　　学习　　也

（3）小花园　　宿舍

（4）美德　　谦虚

（5）不　　鱼类　　鲸

（6）中国古代的四大发明　　造纸术、印刷术、火药和指南针

（7）刚修好　　这条公路

（8）阴天　　明天

（9）一组——考英语　　二组——考汉语

（10）他组装的　　自行车　　坏

练习三　改病句

（1）这条街是不是王府井大街吗？

（2）一个小花园是湖边。

（3）这个商店里的服装都高级。

（4）他是你的朋友不是吗？

（5）刚才看病的那个医生没是他。

（6）这些书是都儿童读物。

（7）这个公司是维修汽车。

（8）昨天晚上来的那位客人是了他。

（9）这个娱乐中心是孩子们。

（10）过去，这个工厂是过他们公司。

二、表存在的"在"字句、"有"字句

1．"在"字句

（1）表示存在意义的"在"必然涉及存在的人、事物和处所，基本结构：

$$NP_{1\text{人或事物}} \quad + \quad 在 \quad + \quad NP_{2\text{处所词语}}$$

例如：

㉜他在学校。

㉝词典在书架上。

㉞操场在宿舍北边。

"在"后的处所如果是听话人已知的，为了表达简洁，可以省略。例如：

㉟我上午给你打过一次电话，你没在（公司）。

㊱A：张老师在（家）吗？

B：在（家），请进！

（2）"在"后的处所词语通常有两种情况：

a. 名词本身就表示处所，如：车站、工厂、银行、饭店、教室、阅览室、体育馆、公园、餐厅、楼下、门口。

这类名词可以直接放在"在"的后面。例如：

㊲A：小王呢？

B：小王在阅览室呢。

㊳A：明天你在家吗？

B：在（家）。

b. 如果只是表示人或事物的普通名词，不能直接用来表示处所，放在"在"后面时应加上方位词或指示代词"这儿""那儿"：

名词 ＋ 方位词/指示代词（"这儿/那儿"）

例如：

| 河边 | 门前 | 桌子上 | 书包里 | 沙发旁边 |
| 老师那儿 | 书柜那儿 | 我这儿 | 床这儿 | |

词典在书柜里。　　　　　　＊词典在书柜。

沙发在桌子旁边。　　　　　＊沙发在桌子。

信在小王那儿。　　　　　　＊信在小王。

合成方位词，如"旁边""后面"等，可以单独用来表示处所，可以直接放在"在"的后面。例如：

大门在东面。　　　他们在前边。

（3）"在"只表示存在，不表示动作，后面不能加"了""着""过"等动态助词。要想表示过去，可在动词前的某个位置上加上表时间意义的词语。例如：

㊴ 昨天上午，我在图书馆。

＊昨天上午，我在了图书馆。

㊵ 他刚才还在家呢。

＊他刚才还在着家呢。

（4）"在"的否定形式是"不"，有时也可以用"没"。如果某物的位置是固定不变的，一般用"不"；如果位置是可变的，可根据实际情况选择"不"或"没"。

㊶ 那座山不在南边，在西边。

＊那座山没在南边，在西边。

㊷ 我上午没在家。

㊸ 他现在不在中国。

练习四 用所给的词语加动词"在"构成完整的句子

（1）钥匙　　抽屉里

（2）书柜顶上　　大花瓶

（3）图书馆　　不　　南面　　北面

（4）广场中央　　纪念碑

（5）刚才　　经理　　办公室

（6）我心中　　她　　永远

（7）没　　楼下　　小王的自行车

（8）柜子里　　都　　全部文件

练习五　改病句

（1）邮局没在商店那儿。

（2）李明在不在家吗？

（3）小卖部在小花园。

（4）王刚三年前在东京了。

（5）那片大草坪就在大桥。

（6）他现在正在着房间里。

（7）餐厅在一楼里。

（8）我在出租车，马上就到了。

（9）他明天可能没在公司，听说要出差。

2. "有"字句

"有"字句由"有"做谓语构成。动词"有"的基本意义主要有三项：一是存在，二是领有，三是具有。

（1）表存在

"有"和"在"都可以表示存在，由于它们的话题和传递的新信息不同，所构成的结构形式也不相同。

"有"字句的处所、时间通常是确指的，存在的人或事物通常是不定的。基本结构：

处所词/时间词＋"有"（＋修饰限制语）＋名词性词语

例如：

㊹教室里有很多学生。

㊺唐代有位著名诗人，叫李白。

　　"在"字句前的名词性词语一般是确指的；"有"后的名词性词语往往不是确指的，所以"有"后的名词性词语前常有数量结构。反过来，"有"前的处所、时间通常是确指的、已知的，一般没有数量定语；"在"后的处所通常是未知的新信息。试比较：

　　　　词典在书架上。—— 书架上有几本词典。
　　　　（确指）　　　　　　（不确指）

　　　　人在屋里。　 —— 屋里有两个人。
　　　　（确指）　　　　　　　　（不确指）

　　"在"字句、"有"字句传递的信息不同，提问形式当然也不同：

　　"在"字句：　A：小狗呢？

　　　　　　　　B_1：小狗在镜子里。

　　　　　　　　B_2：*镜子里有一只小狗。

　　"有"字句：　A：抽屉里有几本书？

　　　　　　　　B_1：抽屉里有两本书。

　　　　　　　　B_2：*两本书在抽屉里。

练习六　请将练习四的各题换用动词"有"构成完整的句子

练习七　用"有""是""在"做谓语，说说下面两幅图中有什么以及人和物体的位置

43

练习八 用"有""是""在"做谓语，说说你的教室或房间里的布置和情况

（2）表领有

基本结构：

名词性词语＋"有"（＋修饰限制语）＋名词性词语

做主语的名词性词语多是有生命的，或是单位、组织类名词。这类句子可以表示曾经拥有或拥有的情况发生了变化，所以"有"后可以接"了"或"过"。

㊻ 人人都有两只手。

㊼ 我们公司有很多员工。

㊽ 她又有男朋友了。

㊾ 他曾经有过一个幸福的家庭。

㊿ 过去，她曾经有过这种经历。

"有"前有副词"又"时，"有"后一般都要加"了"。

她又有男朋友了。　　我又有机会了。

＊她又有男朋友。　　＊我又有机会。

（3）表具有

a."有"还可以表示某种新情况发生或出现，这时"有"后常常附有表示变化意义的"了"。"有"的宾语常常是表示发展、改变类的动词。基本结构：

名词性词语＋"有（了）"＋动词性/名词性词语

例如：

(51) 最近，他的汉语有了明显的进步。

(52) 近几年，人们的物质生活又有了很大的改善。

b."有"还可以表示某人或事物具有某种属性。这时"有"的宾语多为抽象名词，"'有'＋宾语"可以接受程度副词的修饰，整体表示主语的属性。

(53) 这次社会实践很有意义。

(54) 这个青年特别有头脑。

(55) 小王很有领导才能。

（4）"有"字句的否定式和疑问式

"有"只能接受"没"的否定，不能接受"不"的否定。对提问进行否定回答时，应该用"没有"，不能单独用"没"。否定后，不是在特定的场合下（反驳、对比、强调等），宾语前一般不用不确指的数量词。例如：

(56) 我没有时间，不能陪你上街了。

(57) A：你有中国朋友吗？　　　A：你有中国朋友吗？
　B：没有。　　　　　　　　B：＊没。/＊不有。

(58) 我没有自行车。
＊我没有一辆自行车。

练习九　左边一列词语中哪些加"有"后可以和右边一列中的词语搭配？哪些搭配后，"有"前可以加"很"，"有"后可以加"了"？（每项只能用一次）

俱乐部里	礼貌
我跟他	四节课
这孩子	理想
人民的生活水平	一座桥
这台机器	学问
他对这个问题	很多人
每天上午	很大提高
李教授	毛病
河上	认识
这些年轻人	来往

练习十　选择"是""在""有"填空

（1）这座立交桥 ＿＿＿＿＿ 三层。

（2）他不 ＿＿＿＿＿ 一个坚强的人。

（3）我没 ＿＿＿＿＿ 机会去上海了。

（4）小华没 ＿＿＿＿＿ 院子里。

（5）这家公司在经济上很 ＿＿＿＿＿ 实力。

（6）他 ＿＿＿＿＿ 访华代表团的团长。

（7）他可能正 ＿＿＿＿＿ 开往上海的火车上。

（8）近年来，中国在经济上 ＿＿＿＿＿ 重大发展。

（9）小河对面那所房子就 ＿＿＿＿＿ 我家。

（10）他 ＿＿＿＿＿ 过这种教训，不会再犯错了。

练习十一　用"有"做谓语改写下列句子

例：　他的自行车是绿色的。

　　⟶　他有一辆绿色的自行车。

（1）她女儿一岁半。

（2）这里的游乐场很大。

（3）学校的图书馆是六层楼。

（4）门前的杨树很高大。

（5）小女孩儿在礼貌方面很好。

（6）两国经济上互助发展。

（7）他组织能力很强。

（8）他的汉语又获得了进步。

练习十二　改病句

（1）星期天你有时间没有吗？

（2）明天下午有上课吗？

（3）门前在一个大草坪。

（4）这种录音机一般商店不有卖的。

（5）一个图书馆里很有图书和报刊杂志。

（6）今年太忙了，我没有一个机会去上海了。

（7）听说今天夜里有下雨。

（8）他对这个问题又新的认识。

（9）他的报告对你们很帮助吧？

（10）A：这个星期有参观吗？

　　　　B：没。

（11）屋里一个人也没在。

（12）这台电视又有毛病。

（13）那个汽车公司是他爸爸。

（14）中国近代有著名文学家叫巴金。

（15）A：你现在有没有一个中国朋友？

　　　　B：我没有一个中国朋友。

（16）我的书柜里各种各样的图书，你去看看吧。

第四课　动词　离合动词

一、动词

动词在句子里主要做谓语。动词有以下语法特点：

1. 动词可以接受副词的修饰。

正在打电话　　都看完了　　马上去

果然来了　　再写一遍　　准参加

表示心理活动的动词和部分能愿动词可以接受程度副词的修饰，其他动词不行。

很生气　　非常担心　　特别爱

十分喜欢　　相当愿意　　多么希望

2. 多数动词后边可以带"了""着""过"，从语法上表示动作的时间、状态。

①他昨天给妈妈写了一封信。（动作完成）

②他正在给妈妈写着信，突然电话响了。（动作进行）

③他前几天给妈妈写过信。（动作经历）

3. 多数动词可以带宾语。

④我正在看小说。　　（看 —— 小说）

⑤他很关心我。　　（关心 —— 我）

⑥小王明天去北京。　　（去 —— 北京）

● 有些动词既能带名词性宾语，也能带谓词性（即动词/形容词性）宾语。这些动词如：

48

看   听   看见   听见   喜欢   考虑   研究

例如:

⑦ 我看见我的朋友了。（名词性宾语）

⑧ 我看见我的朋友走过来了。（动词性宾语）

● 有些动词只能带动词、形容词或谓词性短语、小句类宾语。这类动词如：

开始   进行   主张   希望   盼望

打算   觉得   感到   以为   认为

例如:

进行 学习   感到 舒服   觉得 痛快

盼望 他来   打算 去北京   以为 你不来了

4. 有一部分动词是不能带宾语的。这类动词如：

跑   歇   休息   着想   出发   劳动   工作   生活

醒   笑   着陆   生长   胜利   失败   活动   服务

例如:

替他着想   *着想他   从门口出发   *出发门口

5. 对动词可以用"肯定形式+否定形式"的方式提问。

⑨ 你去不去图书馆？

⑩ 他吃没吃饭？

双音节动词还可以用"A不（没）AB"形式提问。

⑪ 这件礼物你喜不喜欢？

⑫ 能参加这次活动，你高不高兴？

⑬ 你习没习惯这里的生活？

肯定、否定并列的方式已经表示疑问，所以句子后边不要再加表示疑问语气的"吗"。

*你吃不吃早饭吗？

练习一 将下面两列可以搭配的词语用线连接起来

（1）参加　　　　　　舒服

讨厌　　　　　　体育活动

看　　　　　　　问题

进行　　　　　　网球

知道　　　　　　电影

讨论　　　　　　他

认为　　　　　　可以

开始　　　　　　那件事

打　　　　　　　讨论

感到　　　　　　上课

（2）非常　　　　　　写完了

都　　　　　　　打电话

马上　　　　　　感动

最　　　　　　　听着音乐

正　　　　　　　想念父母

练习二 用适当的动词和下列各句所给的词语组成完整的句子

（1）我　　　汉语作业

（2）姐姐　　　听广播了

（3）他　　　没　　　自行车

（4）下星期　　　他　　　去上海

（5）孩子们　　　非常　　　这个玩具

（6）大家　　　我的意见

（7）小妹　　十分　　　文学

（8）山本　　　来中国学习汉语

（9）他　　　很　　　这些孩子的成长

（10）每天晚上　　　我们　　都　　　音乐

练习三　　选用贴切的动词，准确表述下列各图中人物的动作

1　　　　　　2　　　　　　3　　　　　　4

5　　　　　　6　　　　　　7　　　　　　8

二、离合动词

汉语中有一部分动词比较特殊，它既可以像词一样，语素与语素紧密

结合在一起使用，又可以有限制地扩展，在语素间加进其他成分，形成一个组合。例如：

⑭我们昨天下午见面了。　　　　　我们昨天下午见了一面。

⑮领导要跟我谈话。　　　　　　　领导要跟我谈一次话。

这种词通常被统称为离合词。在合用情况下，看做词；在分离情况下，看做短语。在离合词中，动词占绝大多数。学习这类动词，最重要的是认识它的结构。这类动词绝大多数在结构上是动宾关系。即：

见面：见什么呢？——见面。（"见"与"面"有动宾关系）

帮忙：帮什么呢？——帮忙。（"帮"与"忙"有动宾关系）

由于离合词的动、宾两个语素间关系不够紧密，动语素已经有了一个支配对象，通常整个词不能再带宾语，因此这类动词大都是不及物动词。

⑯*他毕业南开大学。　　　　　　他毕业于南开大学。

⑰*我去机场送行朋友。　　　　　我去机场为朋友送行。

⑱*他现在已经很累了，你帮忙他吧。

　　他现在已经很累了，你帮帮他吧。

⑲*飞机着陆了北京国际机场。

　　飞机在北京国际机场着陆了。

这类动词常用的还有：

见面　生气　请客　送礼　跑步　散步　游泳　吃苦　洗澡

理发　求婚　结婚　考试　打架　补课　旷课　拜年　遭罪

这类动词在动、宾间可插入的成分是很受限制的，一般情况如下：

动　＋　（……　　　　　　　　　……）　＋　名

时态：了/着/过　　　（数+）名量：（一）个

起……来　　　　　代词：谁/什么/他的

动量（数+量）：下/次

时量（时段）：（一）会儿/分钟/小时/天

结果：完/好

例如：　　　谈了 一会儿话　　　　理个发
　　　　　　失过 一次火　　　　　见什么面
　　　　　　行起礼来　　　　　　帮他的忙
　　　　　　美完容

练习四　用合适的动词填空

（1）周末我们要 _____ 一个联欢会。

（2）你要好好 _____ 奶奶。

（3）一班 _____ 明天早晨五点半 _____ 。

（4）你不能只 _____ 自己，应多为大家 _____ 。

（5）主任下午 _____ 跟我 _____ 。

（6）这件事你就不用 _____ 了，我跟李力 _____ 一下再决定吧。

练习五　用括号中所给动词的适当形式和所给词语组成句子

（1）（聊天儿）　昨天晚上　　我和朋友　　一晚上

（2）（送行）　　我　　去机场　　朋友回国

（3）（散步）　　我们　　去小花园　　一会儿　　吧

（4）（游泳）　　这周　　你们　　在游泳馆　　几次

（5）（离婚）　　他　　和这个女人　　一次

（6）（遭罪）　　他　　一个人　　打工　　学习　　很多

练习六　改病句

（1）这个周末我们要进行一个舞会。

（2）他们打算一次上海的旅游。

（3）现在，我希望两种职业。

（4）小王很病了，我想去看看他。

（5）他们非常知道应该怎样生活。

（6）我还不太知道中国，我想多多知道它。

（7）他是学国际经济的，毕业南开大学。

（8）明天我们公司老板要谈话我。

（9）在中国，我旅游过很多地方。

（10）下午，我们出发校门口。

（11）大家集合门前，一会儿出发。

（12）我理发完就过去找你。

（13）飞机中午着陆北京国际机场。

（14）同学们今天一天一共考试了六个小时，累坏了。

第五课　动词重叠式

一、动词重叠的方式

动词重叠是汉语动词中带有一定普遍意义的语法现象，只要条件合适，大部分动词都可以重叠。

动词重叠的主要方式：

- 单音节动词：AA　　　读读　　　走走　　　坐坐　　　逛逛
- 双音节动词：ABAB　练习练习　休息休息　　研究研究
- 离合动词：　AAB　　见见面　　聊聊天儿　　洗洗澡
- 其他变式：
  - 动词中间加"了"：A了A　　　听了听　　做了做　　洗了洗
  　　　　　　　　　　AB了AB　学习了学习　　研究了研究
  - 动词中间加"一"：A一A　　　想一想　　唱一唱　　逛一逛

（双音节动词不能在中间加"一"重叠，如：*学习一学习/*研究一研究）

动词重叠后，单音节动词重叠部分读轻声，双音节动词的后一个音节读轻声。

坐坐（zuòzuo）　　　　　　讲讲（jiǎngjiang）

讨论讨论（tǎolun tǎolun）　　安排安排（ānpai ānpai）

二、动词重叠的意义

1. 重叠动词表示的语法意义主要是模糊的短时意义。尝试性动作一定是短时的，所以也常用重叠式表示。

（1）表短时意义，也常与表早、快的副词"就"配合。

①师傅看看表叫道："哟，三点了！"

②有没有声音，听听就知道了。

（2）"A了A""AB了AB"用于已经发生的动作，一般表示短时的意义。

③他想了想说："还是你去吧。"

④这个计划我们研究了研究，觉得还可以。

（3）重叠动词因有短时意义，常用来表示尝试动作，动词后可以加助词"看"。

⑤修不好了？来，我修修看。

⑥商量商量看，去哪儿更好。

2．模糊的短时可以是轻微的动作，也可以是无定量的动作，所以动词重叠式用在祈使句中有缓和语气的作用。

⑦我的钥匙不见了，你帮我找找。

⑧王大夫，您休息休息吧。

⑨你再给我看一看，句子里还有错儿没有。

上述例句如果不用动词的重叠形式，语气就会显得生硬，甚至含有命令意味，用于请求别人为你做事时显得不太合适。又如：

⑩？这段话他不懂，你给他解释！

⑪？那本书有意思吗？给我看！

3．无定量的短时也可表示随意的动作，所以动词重叠式又引申出轻松、随意的意义，常用于列举性陈述或说明。

⑫办完事，买买东西，回去收拾收拾行李就准备走了。

⑬我每天早上都来这里跑跑步、做做操。

练习一 下列句中动词重叠后表达哪一种意义？

A. 短时　　　　　　　B. 尝试

C. 缓和语气　　　　　D. 轻松随意

（1）桌子上太乱了，来，帮我整理整理。　　　　　　（　　）

（2）他笑了笑说："没关系。"　　　　　　　　　　　（　　）

（3）晚上，听听音乐，聊聊天儿，挺有意思的。　　　（　　）

（4）我想请您帮我看看我写的这篇文章。　　　　　　（　　）

（5）这首歌好听吗？我听听。　　　　　　　　　　　（　　）

（6）他看看表，知道火车已经开了。　　　　　　　　（　　）

（7）洗洗衣服、收拾收拾房间，一忙就是一天。　　　（　　）

（8）你在这儿等一下，我去去就来。　　　　　　　　（　　）

（9）这个菜怎么样，尝尝不就知道了吗？　　　　　　（　　）

三、动词重叠式跟原型动词在意义、用法上的差异

1. 表"时"意义的影响

动词重叠式已有表时模糊、短时意义，不能再与其他表"时"意义的方式结合，跟原型动词相比，受到以下制约：

（1）不能再接"了/着/过"等动态助词。

⑭＊上午她洗洗了/过几件衣服。

"了"可以放在重叠动词的中间构成重叠变式，但不能放在重叠动词的后面。

⑮他尝了尝菜，感觉不错。

＊他尝尝了菜，感觉不错。

（2）不能用于正在进行或两个以上同时进行的动作。

⑯＊我正在休息休息，他来了。

⑰＊她一边指指图片，一边给我讲解讲解。

57

（3）汉语的补语实际上跟时间有一定联系，是动作过程中的一个节点，所以动词重叠后通常不再接补语，包括表结果、动量、时段、趋向、情态的补语和介词短语等。

  ⑱＊我们在那里又等了等半个小时。

  ⑲＊等我看看明白了，再讲给你听。

（4）定语的作用只是修饰、限定，而不是表时态和情态，所以动词重叠式一般不用于定语。

  ⑳＊刚才试试的那件衣服还可以。

  ㉑＊学学骑自行车的时候，不要急。

2．语体及功能

（1）动词重叠式主要用于口语。由于它表示的时间比较模糊，一般不用于时间限定明确的应用文体中。

（2）功能上主要用于表示祈使（缓和语气，如请求、建议等）或意愿，可添加"吧"类语气词或"再"类副词。表短时意义时，可用于叙述；表轻松、随意之义时，可用于表示持续状态或习惯性、规律性动作，也可用于描述。

  ㉒大家讨论讨论吧。

  ㉓我想再检查检查。

  ㉔他每天吃完晚饭后都会来这里遛达遛达，运动运动。

练习二　改病句

（1）你最好听听清楚了再回答。

（2）她一边哭哭，一边说说。

（3）他又一次看看了小敏，转身走了。

（4）孩子们立刻认真地做做起来。

（5）大家正在讨论讨论那个问题。

（6）他正是我要找找的那个人。

（7）三年前，我们在一起学习学习过。

（8）请大家把这份报告认真看看一遍，然后谈你的意见。

（9）你觉得我穿穿这件衣服合适吗？

（10）她现在遇到了困难，我们帮忙帮忙她吧。

（11）我每星期一次收拾收拾房间。

（12）周末见面见面朋友，跟朋友一起喝酒喝酒，聊天儿聊天儿，
觉得特别有意思。

练习三　用下列动词的重叠形式造句

（1）帮帮：

（2）看了看：

（3）找一找：

（4）研究研究：

练习四　根据提供的情景，选择合适的动词形式完成交际活动

（1）小王最近心情不好，甲向乙提议一起去劝小王。

（2）小李拿了很多东西，开不了门，喊屋里的小张帮他开门。

（3）玛丽有一张VCD盘，很好看，杰克想借回去看。

（4）她下午去商场随便地转，没买什么东西。

（5）小丽的房间很乱，妈妈让小丽自己整理房间。

（6）他打算周末做这些事：跟朋友打网球，聊天儿，看电视，等等。

第二单元综合练习

一、下列句中的动词重叠式表示哪一种意义？

A．短时　　B．尝试　　C．缓和语气　　D．轻松随意

（1）你在这里坐坐，他马上就来。　　　　　　　　　　（　　）

（2）我一个人忙不过来，你来帮帮我吧。　　　　　　　（　　）

（3）老人们在这里散散步，锻炼锻炼身体，感到心情很愉快。（　　）

（4）你来做做看，也许做得更好呢。　　　　　　　　　（　　）

（5）经理点了点头说："当然可以。"　　　　　　　　　（　　）

二、用适当的动词填空。

（1）李白 ＿＿＿＿＿＿＿ 中国唐代最著名的诗人之一。

（2）车间里，一个工人也没 ＿＿＿＿＿＿＿ 。

（3）照相机不 ＿＿＿＿＿＿＿ 我这儿，可能 ＿＿＿＿＿＿＿ 小王那儿。

（4）中国在卫星发射方面又 ＿＿＿＿＿＿＿ 了重大突破。

（5）她遇到了麻烦，非常 ＿＿＿＿＿＿＿ 我帮助她。

（6）快把这个好消息告诉他，让他 ＿＿＿＿＿＿＿ 。

（7）这些年轻人都很 ＿＿＿＿＿＿＿ 理想，很 ＿＿＿＿＿＿＿ 才华。

（8）星期天，＿＿＿＿＿＿＿网球，＿＿＿＿＿＿＿音乐，＿＿＿＿＿＿＿书，很自在的。

（9）那辆车怎么还 ＿＿＿＿＿＿＿ 楼下？

（10）那个商店里 ＿＿＿＿＿＿＿ 几件很精美的工艺品。

（11）这几位客人都 ＿＿＿＿＿＿＿ 刚刚才下飞机的。

（12）听说王力 ＿＿＿＿＿＿＿ 了，＿＿＿＿＿＿＿课后，我们去 ＿＿＿＿＿＿＿ 他吧。

三、用括号中的动词和所给词语造句。

（1）（是）　这　学习　计划

＿＿＿＿＿＿＿＿＿＿＿＿＿＿＿＿＿＿＿＿＿＿＿＿＿＿＿＿＿＿＿＿＿＿＿＿

（2）（在）　8路汽车站　　火车站

_____

（3）（有）　小伙子　　才干

_____

（4）（走走）　我们　　外面

_____

（5）（爱好）　她　　集邮

_____

（6）（希望）　中国　　汉语

_____

（7）（参观）　现代化　　工厂

_____

（8）（着想）　别人

_____

四、用下列词语组成句子。

（1）工作　　在电视台　　我

_____

（2）去工厂　　参观　　经常　　我们

_____

（3）担心　　十分　　妈妈　　他

_____

（4）去南方　　旅游　　我和朋友们

_____

（5）一年　　我　　相处了　　和小王

_____

（6）结婚　　哥哥　　和女朋友　　就要……了

_____

（7）同学们　　一齐　　敬礼　　向这位救人英雄

_____

（8）我们　　和中国学生　　一下午　　交流了

_____

五、改病句。

（1）过去他是过经理，现在只是了一般的职员。

（2）中国跟许多国家都很有经济合作关系。

（3）这份旅游计划是他起草。

（4）他正好在着房间，你去找他吧。

（5）他怎么到现在还不有打算？

（6）我希望网球的比赛。

（7）这几位学者以前都在过美国学习。

（8）一片绿色的草坪是立交桥下。

（9）最好把这个房间收拾收拾整齐了再用。

（10）晚上，大家在湖边说了说，笑了笑，唱了唱，一直到很晚。

（11）时间不够了，他只好边吃吃饭，边复习复习。

（12）他非常决心实现自己的理想。

（13）那个展览他去看看过，好像不太好。

（14）下午，他要去机场送行朋友。

（15）这里的职员都很强的能力。

（16）屋子有几个陌生人。

（17）他还太小，你帮忙他吧。

（18）歌曲的名字叫《忘他》，在中国较有名的流行歌曲。

六、用合适的动词说明或描述下面两幅图。

第三单元
数词、量词及数量短语

数词	数词是表示数目和次序的词。
量词	量词是表示人、事物、动作行为和时间的单位的词。

第六课　数词及概数表示法

一、数词

数词分为基数、序数两大类。

1. 基数：基数表示数目的多少。如"一、二、三"等。基数包括整数、分数、小数、倍数等。

（1）整数

整数分为系数词和位数词。

　　系数词：零／〇　一　二　三　四　五　六　七　八　九　十　两

　　位数词：个　十　百　千　万　亿

读数方法：将系数词、位数词结合起来，系数词在前，位数词在后。

　　　　3　4　6　8　7　5　9　2　1
　　　　↓　↓　↓　↓　↓　↓　↓　↓　↓
　　　　亿 千 百 十 万 千 百 十（个）

　　读作：三亿四千六百八十七万五千九百二十一

读数时注意以下几点：

1）个位的位数不读。

2）系数"一"跟位数"百、千、万、亿"结合时要读出来。如：一千、一万。

位于百位后的十位系数为"一"时，要读出来；只有十位数时，"一"不读。

　　　212——→二百一十二（＊二百十二）　　16——→十六

64

3）一个数列中间有空位时，不管空几位，都读一个"零"。例如：

250026009 ——→ 两亿五千〇二万六千〇九

* 两亿五千〇〇二万六千〇〇九

4）数目在"万"以上，以"万"为单位，"万"要读出来；"万"后均为空位，无论空几位，都略去不读。例如：

2504900 ——→ 二百五十万四千九百　430000 ——→ 四十三万

5）年号、号码（电话号码、房间号、车牌号、护照号、卡号等）习惯上只读系数，不读位数，所有的"0"都要读出来。号码中的"1"习惯上读成"yāo"。如：

2010年 ——→ 二〇一〇年　　　　　2000年 ——→ 二〇〇〇年

35016888 ——→ 三五〇yāo六八八八　1315房间 ——→ yāo三yāo五房间

60009 ——→ 六〇〇〇九

622-313-85000 ——→ 六二二 三yāo三 八五〇〇〇

练习一　读出或写出下列数字

（1）读数字：

1）236　　4518　　25806　　3600000　　90075002

2）房间号：101　　628　　1812

证件号：1055　　37099　　E3598

汽车号：AC5060　　HB9618

卡　号：46557910　　2102751923011048

电话号码：23500074　　13672123366

（2）写数字：

五百七十＿＿＿＿＿＿　二十三万四千＿＿＿＿＿＿　一千〇九十＿＿＿＿＿＿

三万二千〇一＿＿＿＿＿＿　三千二百一十二万〇九＿＿＿＿＿＿

一亿四千六百五十六万三千二百一十七＿＿＿＿＿＿＿＿＿

6）"二"和"两"

"二"和"两"表示的数目一样，都是"2"，但用法不同。

● 单用的量词前用"两"：两把伞　两个人　两瓶酒　两次

● 十位的数目，无论位前位后都用"二"：

二十二棵　　六十二台　　＊两十两棵　　＊六十两台

● 表示序数用"二"：第二　二班　二楼　二月

● 中国传统度量衡单位前多用"二"：二尺　二两　二斤　二里

● 国际通用度量衡单位前一般"二""两"皆可：

二米/两米　　二公斤/两公斤

● 以"2"开头的"千""万""亿"数，通常用"两"。如：

2587　⟶　两千五百八十七

26734　⟶　两万六千七百三十四

练习二　用"二"或"两"填空

＿＿＿两	＿＿＿米多	＿＿＿分之一	二十＿＿＿个班
＿＿＿斤	＿＿＿个人	三＿＿＿个人	＿＿＿篇文章
＿＿＿倍	＿＿＿千人	＿＿＿条裤子	十＿＿＿支笔

（2）分数、小数、倍数

1）分数

通常用　数(分母)+"分之"+数(分子)　表示。如：

二分之一（1/2）　　三分之二（2/3）　　五分之四（4/5）

十分之一（1/10）　　百分之一（1/100）　　千分之一（1/1000）

● "半"：表示二分之一的数，即"一半"。用法如下：

不用量词时，用"一半"。如：苹果她只吃了一半。

用量词，没有整数时，用在量词前，即："半"+量　。如：

半个　　半斤

用量词，有整数时，用在量词后，即：数+量+"半"。如：

　　　一个半　　　三斤半

● **练习三　用"半"表示下面的数**

（1）买了二分之一个西瓜。

（2）四个人吃了1.5斤饺子。

（3）同学们大约来了二分之一。

（4）这种布买2.5米就够了。

（5）麻烦你帮我买二分之一份饺子。

（6）A：那本小说你看了多少了？

　　　B：看了二分之一了。

2）小数

小数中的"."读作"点"。

读法：（系数+位数）+ "点" + 系数（不读位数）

　　　0.5 ⟶ ○点五　　　246.7308 ⟶ 二百四十六点七三○八

3）倍数

在数词后加上"倍"，即：数+倍。如：5倍。

注意　"是～倍"表示包括原有数，"增加了～倍"不包括原有数。

如：

　　　　原有五本书，又买来十五本书，增加了三倍；现有的
书是原有书的四倍。

大于或增加，多用倍数表示；小于或减少，多用分数表示。例如：

　　　①去年产值3万元，今年增加两倍。

　　　②上个月产量是3万吨，这个月减产三分之一。

练习四　读出或写出下列数字

（1）读数字：

2/3　　5%　　1/1000　　30%　　95%

2.5　　3.1416　　0.096　　3.007　　365.0203

（2）写数字：

四分之一　　百分之三十三　　○点五五　　七十八点六○六

_____　　_____　　_____　　_____

2. 序数

序数表示次序的先后。

基本表示法： "第" +数 。如：第一、第十、第二次、第五周。

还有不少情况下，表示序数不用"第"。主要有：

年代：一九九一年、二○一○年……

月份：一月、二月……十二月

日期：一号、二号……三十一号；阴历初一……初十

等级：一等、二等……；一级、二级、三级……

亲属排行：大哥、二哥……；大伯、二伯……；二姨、三姨……
小姨

楼房层数：一层、二层……；一楼、二楼……

组织机构：三年级一班、二班……；三组、四组……；一厂、
二厂……

车辆班次：头班车、末班车；8路、15路……；301次、79次……；
A52班次……

二、概数表示法

生活中，在很多情况下，人们表示数字不需要那么准确，这时候就需要用概数表示法来表示一个大概的数目。汉语的概数表示法主要有以下三种类型：

1．数字连用

（1）相邻的两个数字连用，即：

一 二 三 四 五 六……九 十 十一

构成：一两（个）/ 两三（个）/ 三四（个）/ 四五（个）/ 五六（个）……

"九"和"十"、"十"和"十一"不能相连，是因为"十"在此处既表位又表数，会造成混乱。 "百""千"等也同样不能与其前后数字相连表概数。

"十"以上的数表概数时共用一个十位，然后将个位的两数相连。即：

十一二（个）/ 十二三（个）/ 十三四（个）……十八九（个）

连用的若是以0结尾的数，十位、百位、千位等都可以。即：

一二十（个）/ 二三十（个）/ 三四十（个）……八九十（个）

一二百（个）/ 二三百（个）   一两千（个）/ 两三千（个）

一两万（个）/ 两三万（个）   一两亿（个）/ 两三亿（个）

相连的两个数字一般是从小到大排列，从大到小的排列仅限于"三两（个）"，含"少"的意义。如：

③我三两天就回来。（表示时间很短）

（2）不相邻的两个数连用

仅限于"三五"和"百八十"，即：

三五天   百八十人

练习五　　**用数字连用的概数表示法表示下列数字**

（1）120张～130张　　（2）17本～18本　　（3）300 度～400 度

（4）3个月～5个月　　（5）450里～460里　　（6）2000 块～3000 块

（7）1万字～2万字　　（8）80斤～100斤　　（9）1周～2周

（10）220米～230米　　（11）38岁～39岁　　（12）2200人～2300人

2. 数（量）词后加上表示概数的词语

表示概数的词语常用的有"来/多/把/左右/前后/上下/以上/以下"等。

（1）"来"和"多"

意义 "来"表示接近前面的那个数；"多"表示多于前面的那个数。

如：

　　30来人（表示的数大约在29至32、33之间）

　　30多人（表示的数大约在33以上到39以内）

用法 "来"和"多"用法相同，均可用于两种情况：

A类：

● 数字：用于1～10的范围内。

● 量词：用于表示连续量的单位。

连续量的单位如 ⎰ 时间：年—月—星期—天；小时—分—秒
　　　　　　　　⎱ 钱：元—角—分
　　　　　　　　　度量衡单位：公斤/斤/两；米/尺/寸；公里/里……

● 基本结构：　数＋量＋"来/多"＋名词

　　五块来钱　　二斤来重　　三尺多布　　一个多小时

　　*五来块钱　　*二来斤重　　*三多尺布　　*一多个小时

● 概数意义：量词前是确数，"来/多"表示下一级度量单位是概数，即：

　　五块来/多钱（"五"是确数，下一级单位"毛"对应的是概数。表示"五块一两毛""五块六七毛"等意思）

B类：

● 数字：用于以"0"结尾的任何数。如：20、100、150、3000。

● 量词：用于各种单位量。

● 基本结构：　数＋"来/多"＋量（＋名词）

　　十来场（报告）　　100来个人　　（去了）50多次　　五千多棵树

　　*十场来（报告）　　*100个来人　　*（去了）50次多　　*五千棵多树

● 概数意义："来/多"前是概数。如：

50来/多次（"50"是概数，表示"五十一二次"或"五十五六次"
等）

注意 数词为"10"时，"来/多"既可位于量词前，也可位于量词后，表示的概数意义分别如上。又如：

十斤来/多肉（十是确数，"斤"的下一级单位"两"是概数。表示
"十斤二三两"或"十斤七八两"等）

十来/多斤肉（"十"是概数，表示"十一二斤"或"十五六斤"等）

● **练习六 用数量词的概数表示法（如"来/多"）表示下列数字**

（1）买了大约三斤二两、三斤三两苹果

（2）大约有4.6或4.7里的路程

（3）用了约一个小时59分或两个小时零几分的时间

（4）出去转了一个月零20～25天的时间

（5）这条河约有三米二十或三米三十的深度

（6）一次就买了56或57本书

（7）在这里住了十年到十一年的样子

（8）论文写了有1.1～1.2万字

（9）今天花了310～320块钱

（10）来参加会议的有156～158人的样子

（2）"把"

"把"只用在位数词"百""千""万"和个别量词之后，句子中不用系数词"一"，但表示的数目是"一"。例如：

百把人（一百来人）　　个把月（一个来月）

个把人（一两个人）　　块把钱（一块来钱或一两块钱）

（3）"左右/上下/前后"

意义 接近于某数，可以比某数略少或略多。

用法　数 ＋ 量 ＋ "左右/前后/上下"

● 左右

表示：～（左） 数 ～（右）　　如：4、5 6 7、8 ⟶ 6个左右

例如：15岁左右（大概在14、15、16岁的样子）

　　　一斤左右（大概在八九两、一斤、一斤一二两的样子）

● 上下　跟"左右"所表示的概数意义差不多。

● 前后　只用于表示时间。即：

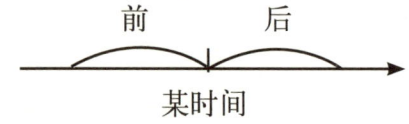

前　　　后

某时间

表示的大概时间是时点性的，该时点不限于数字。例如：

　　　六点半前后（大概在六点二十来分到六点四十来分的样子）

　　　二十号前后（大概在19、20、21号的样子）

　　　元旦前后（大概在12月30、31号到1月2号或3号的样子）

● "左右/前后/上下"使用上的主要区别

"左右"比起"上下"来，使用更广泛、更普遍，时间和数量词语后面都能用。"上下"主要用在年纪、重量、温度等方面。例如：

　　　八十岁上下　　　　　75公斤上下

"前后"则只用于时间。在表时间上，跟"左右"的区别主要在于：

"左右"既可表时点，又可表时段；"前后"只表时点。

"左右"表时点时，只用于数量词后，不用于名词后；"前后"可用于表时间的词语后。例如：星期三前后、春节前后。

　　　时点：五点左右　　　　五点前后

　　　时段：五个小时左右　＊五个小时前后

　　　名词：＊元旦左右　　　元旦前后

3．"几""两"活用表示概数

● 几　本来是疑问代词，用来询问数目，通常是"九"以内的数。活用时它不再表示疑问，只表示不确定的数目。例如：

　　　　① 院子里有几个孩子。

　　　　② 寒假期间，我想去看几位朋友。

"几"表示的概数较小，有时会用它来表示少。

　　　　③ 刚学了几句英语，就想做翻译，真是笑话！

　　　　④ A：你的知识真渊博，一定读了不少书。

　　　　　 B：哪里哪里，没读几本。

● 两　本来是指数字"2"，活用以后，表示比较小的不确定数目。

　　　　⑤ 这两天，小王有点儿不舒服。

　　　　⑥ 看了这么半天，才买了这么两本。

　　　　⑦ 上课时间都过了，才来了这么两个人。

● **练习七**　用概数表示法表示下列数字（表示方法尽量不重复）

6斤～7斤	20本～30本	113棵～116棵
3天～5天	80人～100人	98台～102台
36个～39个	30天～32天	9号～11号
10张～14张	3小时零两分钟	18个月～23个月
99岁～102岁	101辆（车）	40天多一点儿

● **练习八**　判断所给选项哪个与加"·"词语意思一致

（1）你怎么就写了这么几个字？　　　　　　　　　（　　　）

　　　A．九个以内　　 B．很少很少　　 C．一二十个

（2）别着急，他三两天就回来了。　　　　　　　　（　　　）

　　　A．短时间内　　 B．两天或三天　　 C．较长一段时间

（3）六十岁以上的人就不要去参加劳动了。　　　　（　　）

　　　A．六十多岁　　　B．不到六十岁　　　C．六十岁

（4）借这个机会我给大家说两句。　　　　　　　　（　　）

　　　A．两句　　　　　B．少量的话　　　　C．两句以上

（5）你等等，再有个把小时就完了。　　　　　　　（　　）

　　　A．一个小时左右　　　B．不到一个小时　　　C．几个小时

（6）等一会儿再开车，还少十来个人呢！　　　　　（　　）

　　　A．十个人　　　B．九到十二个人　　　C．十六七个人

练习九　用概数表示法改写下面的句子

（1）他用两个月零几天终于完成了毕业设计。

（2）录入这个文件大约需要80～90分钟。

（3）妈妈买回来一只3斤2～3两的鸡，准备炖汤。

（4）这次出差可能需要7～8天。

（5）图书馆进了1500至1600册图书。

（6）该汽车销售公司这一周卖了差不多160至180辆汽车。

（7）看上去，她大约在26岁至27岁之间。

（8）他的年龄也许到50岁了，也许接近50岁。

练习十　改病句

（1）这个池塘去年打捞养殖鱼一万斤，今年只有五千斤，减产一
倍。

（2）王力用了一月的时间去南方旅游了一圈。

（3）大娘，您今年几岁了？

（4）明明病了，有三两天没来上学了。

（5）图书馆上个月进图书300册，这个月进了900册，这个月比上
个月多进了三倍。

（6）春节左右，他想回老家一趟。

（7）我有十个来中外朋友。

（8）他每月工资有五千块多钱。

（9）我已经在这里学习八个左右月了。

（10）我两个朋友的年龄都是20多左右岁。

（11）这个城市很小，只有22多万人。

（12）她找了十三、十四多天才找到。

（13）我已经攒了七万、八万块钱了，可以买汽车了。

（14）这个礼堂可以坐两千左右人。

（15）他一个左右月就回来了。

（16）他一共用了两个小时半的时间。

第七课　量词

量词是表示人、事物或动作数量以及时间等单位的词。量词分为名量词、动量词两大类。

一、名量词

汉语的数词一般不能直接与名词连用，中间要有量词。

　　*一衣服　　　　*三房间　　　　*两心

　　一件衣服　　　　三个房间　　　　两颗心

数量短语一般位于被修饰、限定的名词性中心语前面。即：

数 ＋ 量 ＋ 名词性中心语

一　　　张　　　　报纸

（一）专用名量词

专用名量词包括个体量词、集合量词、度量词、不定量词等。

1．个体量词：用于个体的人或事物。

这类名量词的形成跟人们对相关事物形状、属性、方式等认识有关，因此搭配通常是限定的，即不能随意配用。例如：

　　*一匹刀　　　*一条山　　　*一把床

　　一把刀　　　一座山　　　一张床

● 汉语物与量之间的选择搭配通常是有一定理据的。

以"条"为例。"条"原指树的小枝，具有细长、柔软、动感等特点。因此"条"抽象为量词，对搭配的相关事物同样要求具有上述相似特点。如：一条绳子/领带/毛巾/围脖；一条马路/河；一条鱼；一条缝儿；

一条消息/新闻/法律（具有汉字的条状排列的特点），等等。

● 部分量词与事物间选择搭配上的联系举例：

<u>量词</u>　　　<u>事物特点</u>　　　　　　　　　　　　　<u>例</u>

条——长条物、可弯曲　　　　　　　一条毛巾/领带/蛇/路/河

张——有用的平面物或展开物　　　　一张床/桌子/纸/照片/嘴

把——有把、柄，靠抓握等使用的器具　一把刀/勺子/椅子/扇子/伞/壶

根——有类似根部的细长物（多为生物）一根草/棍子/竹子/黄瓜/头发

颗——颗粒物（多有价值、有特定功用）一颗心/珍珠/宝石/星/子弹

粒——小颗粒物　　　　　　　　　　一粒种子/沙子/米/花生

滴——液体滴落物　　　　　　　　　一滴眼泪/水/汗/酒/油

本——装订成册物　　　　　　　　　一本书/词典/本子/杂志/地图

棵——植物　　　　　　　　　　　　一棵树/草/花/白菜

座——高大而固定物　　　　　　　　一座山/桥/楼房/塑像/水库

支——直硬细长的非生物　　　　　　一支钢笔/笛子/蜡烛/香/枪

片——① 类似切割或形成的平而薄的东西：一片面包/牛肉/药片/树叶

　　　② 成片的事物：一片草坪/树林/楼房

　　　③ 用于景色、气象、声音、语言、心意等：一片真情/欢歌笑语

● "个"使用范围最广，对于形象上没有显著特点的事物，都可以用"个"。

　　　　一个人　　　一个炒菜　　　一个工厂
　　　　一个相机　　　一个想法　　　一个习惯

但也不能一律用"个"，如果一律用"个"，既不符合汉语习惯，也失去了所称谓的事物的色彩或形象。例如：

少色彩：一个学生　　　一个老师　　　一个记者
　　　　（一名学生）　（一位老师）　（一名记者）
少形象：＊一个刀　　　＊一个眼泪　　　＊一个词典
　　　　（一把刀）　　（一滴眼泪）　　（一本词典）

77

练习一　用适当的个体量词填空

两 _____ 椅子	一 _____ 帽子	几 _____ 花儿
三 _____ 论文	一 _____ 屋子	两 _____ 信
一 _____ 绸布	两 _____ 钻石	一 _____ 针
几 _____ 药丸	一 _____ 围巾	两 _____ 剪子

2. 集合量词

这类名量词的形成跟人们对相关事物的数、属性、类型等的认识有关，用于由两个或两个以上个体组成的人或事物。

量词	事物特点	例
双——两个的；相同的；相配合的		一双手/袜子/筷子
副——两个或两方；相联系的		一副对联/眼镜/象棋
对——两个的；相对称的		一对夫妻/鸽子/花瓶
套——两个或两个以上的；配套的		一套房子/家具/邮票
群——多个的人或动物		一群人/孩子/马
批——大宗的、成批次的人或物		一批货/书/学生
伙——量不算大的人群，多有贬义		一伙人/歹徒/流氓

练习二　用适当的集合量词填空

一 ____ 教材	一 ____ 学生	两 ____ 西服
几 ____ 筷子	一 ____ 信封	一 ____ 货物
一 ____ 眼镜	一 ____ 流氓	几 ____ 拖鞋
一 ____ 恋人	两 ____ 手套	三 ____ 桌椅

3. 度量词：度量词是度量衡的计算单位。

　　　表长度：分　寸　尺　丈　里　厘米　分米　米　公里

　　　表容量：毫升　升　公升

表重量：钱　两　斤　克　公斤　吨

表面积：分　亩　公顷　平方寸　平方尺　平方米

表体积：立方厘米　立方分米　立方米

4．不定量词：不定量词表示不定的量。

不定量词有两个：些　　点儿

● 不定量词跟数词结合时，只能跟"一"结合。如：

　　　一些　　一点儿　（＊两些　　＊两点儿）

也可以不跟数词结合。如：

　　　来了些人　　买点儿苹果

● "些"表示的数量比"点儿"大。"些"前可以加"好"表示数量多；"些"后的量词多省去不用。如：

　　　有好些事要做。　　　他有好些书。

此外，还要注意"一点儿"和"有点儿"在句中位置上的差别。"有点儿"是副词，出现在谓词性词语前，"一点儿"是数量词语，多出现在谓词性词语后或修饰名词性词语。例如：

　　　①这件衣服有点儿大。（＊这件衣服一点儿大。）
　　　②这件衣服大了一点儿。（＊这件衣服大了有点儿。）
　　　③周围一点儿声音也没有。

练习三　用适当的度量词或不定量词填空

几 _____ 苹果　　两 _____ 布　　身高一 _____ 六

十 _____ 路　　几 _____ 地　　十 _____ 的屋子

二 _____ 饺子　　　　　　　二十 _____ 汽油

他给我们出了好 _____ 主意。　　少吃一 _____ 吧。

练习四　用"一点儿"或"有点儿"填空

（1）这家饭店贵了 _____，我们去别家吧。

（2）再喝 _____ 茶，怎么样？

（3）他最近不知怎么了，_____ 不开心。

（4）这件衣服大了 _____，换件小 _____ 的吧。

（5）我 _____ 糊涂了，不知道该怎么办了。

（6）帮人帮到底，你再帮 _____ 忙吧。

练习五　选择适当的量词填空

（1）几 _____ 老先生正在研究这个专题。

　　　A．个　　　　　　B．位　　　　　C．群

（2）草原上一 _____ 马奔驰而来。

　　　A．帮　　　　　　B．伙　　　　　C．群

（3）今天客人这么多，刚走了一 _____，又来了一 _____。

　　　A．帮　　　　　　B．批　　　　　C．群

（4）有好 _____ 问题他自己也解决不了。

　　　A．系列　　　　　B．点儿　　　　C．些

（5）那是她刚买来的两 _____ 新手套。

　　　A．副　　　　　　B．对　　　　　C．双

（6）她妈妈住院了，她每天至少要往医院跑两 _____。

　　　A．下　　　　　　B．趟　　　　　C．遍

（7）那 _____ 饭店的几个拿手菜很有特色。

　　　A．座　　　　　　B．所　　　　　C．家

（8）这 _____ 邮票一共五张。

　　　A．套　　　　　　B．副　　　　　C．张

（9）我 _____ 累了，咱们稍稍休息 _____ 吧。

　　　A．一点儿　　　B．一会儿　　　C．有点儿

（10）这本教材有 _____ 难，换本容易 _____ 的吧。

　　　A．好些　　　　　B．点儿　　　　C．些

（二）借用名量词

借用名量词指被借用来临时称量人或事物的名词性词语。例如：

碗—— 一碗米饭　　　　瓶子—— 一瓶子水

身—— 一身西装　　　　桌子—— 一桌子饭菜

腿—— 一腿泥　　　　　屋子—— 一屋子烟

由上可见，名量词借用的基本规律是把装载物体看做被称量事物的临时单位。

有些名词与"一"连用后，它的后面还可以加"的"，以加强描写性。例如：

流了一地（的）水　　　　出了一脸（的）汗

灌了一肚子（的）啤酒　　摆了一桌子（的）照片

看了一假期（的）书　　　唱了一路（的）歌

这里的"一"不表示数目，而是表示满、遍、整个的意思，有描写作用。

练习六　用适当的借用名量词填空

三_____牛奶	一_____客人	一_____泪水
一_____东西	两_____书	一_____新衣服
一_____汗	一_____画儿	五_____糕点
一_____黑发	两_____酒席	贴了一_____照片

二、动量词

动量词表示动作单位的量，主要位于动词后。即：

动作/状态 （+数词）＋ 动量词

读　　　一　　　遍

*一次去　　*一顿批评

（一）专用动量词

常用的专用动量词主要有：次、回、趟、遍、下、顿、阵、场、番。

● 次—— 表示反复的动作量，可以不顾及其完整性和时间性。

　　　　那个展览我去看过三次，但有的部分还没看到。

● 遍—— 表示由开始到结束的完整动作过程。

　　　　这个电影我已经看过两遍了。（从头至尾的完整过程）

● 下
　　a. 指一次性动作，时间短，动作强度也相对轻，不受数的限制。
　　　　才打了她一下，她就受不了了。／钟摆了几下就停了。
　　b. 表时间短，带轻松、缓和的语气，数词仅限用"一"。
　　　　帮一下忙吧。／我们商量一下再给你答复。

● 趟——用于有来往的或运行的动作量，大多跟用脚走或车船等运行
　　　　有关。对动词的类属有一定限制，一般为移动性类动词，如
　　　　"来、去、走、跑、送、进、搬、运"等。

● 顿
　　a.指一次吃饭过程的量，主要用于"吃／喝"类动词，要有一
　　　定的量。
　　　　吃了一顿大餐　　美美地喝了一顿　　饱餐一顿
　　　＊尝了一顿——"尝"的量和"顿"的量相矛盾
　　b.借一次吃的量转指一定量的斥骂等，主要用于"打／骂／斥
　　　责／批评"类动词。
　　　　被老师批评了一顿　　挨了一顿臭骂　　发了一顿脾气

● 阵
　　a.延续不很长一段时间的动作，一般读作"阵儿"。
　　　　哭一阵，笑一阵　　玩儿了一阵牌
　　b.阵发的或骤发的，动作经过不太长时间的一个段落。
　　　　刮了一阵大风　　下了一阵大雨　　响了一阵雷

● 场（chǎng）——用于有场次或有场地的文娱、体育、报告、会议等
　　　　活动。
　　　　赛了三场足球　　表演了十来场　　作了两场报告

● 番——计量有反复过程的动作，一般该动作涉及的事情表现为不易
　　　 的、经过努力的，所以"番"表现为有一定时间的过程。

　　　　 研究了一番　　　 考察一番　　　 劝说了一番

注意　表人宾语通常放在动量词前面。即：

　　　　④ 老板训了他一顿。（＊老板训了一顿他。）

　　　　⑤ 我们要好好考察他一番。（＊我们要好好考察一番他。）

练习七　用适当的专用动量词填空

　　下了 _____ 雨　　　　参观了一 _____　　　　刮一 _____ 大风

　　去了一 _____　　　　吃了 _____ 西餐　　　　批评了一 _____

　　听过三 _____　　　　打了一 _____　　　　仔细检查一 _____

　　讨论一 _____　　　　演了三 _____　　　　帮我抬一 _____

练习八　将下列句子换成带有动作量的表达形式

（1）儿子每天去医院为母亲送饭。

（2）王师傅把机器全部进行了检查。

（3）奶奶劝了她好长时间。

（4）昨夜雨下得那么大。

（5）我们下午分别跟二班、四班进行了篮球赛。

（6）忽然凉风吹来，人顿时清爽许多。

（二）借用动量词

把动作行为所凭借的工具或人体部位等临时借用为表示动作行为量的量词是借用动量词。

打了一针（用针打）　咬了一口（用口咬）　看了一眼（用眼看）

画了一笔（用笔画）　砍了一刀（用刀砍）　打了一巴掌（用巴掌打）

练习九　用适当的借用动量词填空

瞅了一_____	踢了两_____	吐了一_____
切了一_____	射了一_____	剪了一_____
砍了几_____	舀了两_____	打了两_____

练习十　根据句义，用借用量词改写下面的句子

例：肚子里装满了水。 —→ 喝了一肚子水。

（1）他从上到下穿的全是新衣服。

（2）地上到处洒满了水。

（3）把暖水瓶装满了水。

（4）桌子上摆满了礼品。

（5）缸子里养了很多金鱼。

（6）书包里塞满了东西。

（7）用花盆种了一棵花。

（8）用斧头砍了两下木头。

（9）用拳头打了三下。

（10）剪了两下就剪出一个窗花来。

练习十一 改病句

（1）他肚子疼，吃了几个药，一点儿好了。

（2）这所立交桥共有三个层。

（3）他们之间发生了有些矛盾。

（4）A：去了多少人？

B：去了三辆车啊。

（5）对这些人生大事，我一些明白了。

（6）他打了一手我。

（7）这些一册风景照是朋友送给我的。

（8）这座旅游公司有二十五六大客车。

（9）他们每个学期写两个篇文章。

（10）通过这两个失败，我真正懂得了实践的重要。

（11）这些照片有的张照得好，有的张照得不好。

（12）听朋友说，那片电影很有意思。

（13）为这事，妈妈还狠狠地说了一下我。

（14）他已经三次来中国了。

（15）很快我们俩就成了个好朋友。

（16）天气一点儿冷，所以她又加了一条毛衣。

练习十二　根据图画内容，用适当的量名组合或动量组合进行表述

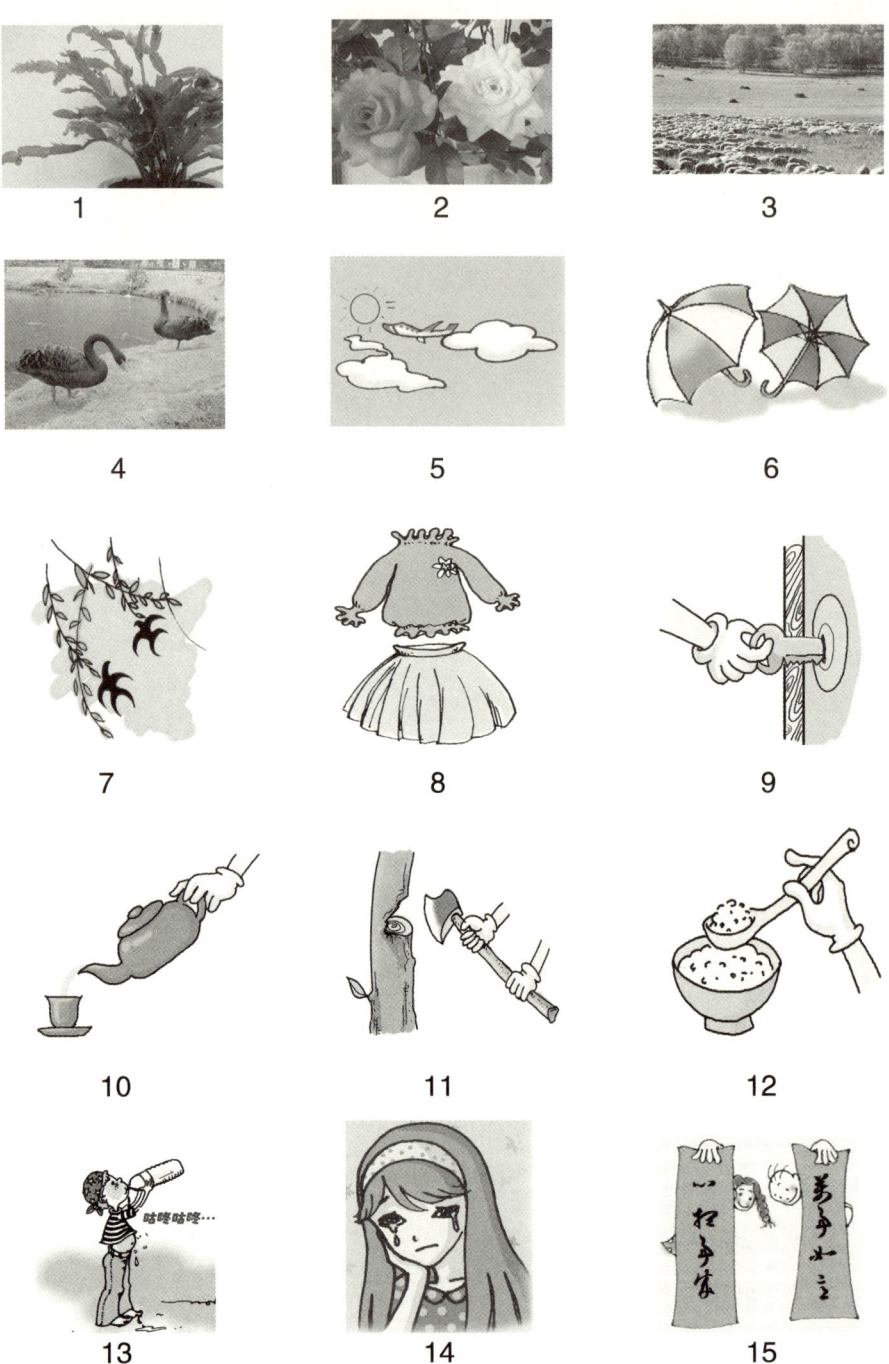

第八课　量词短语
　　　　数量词重叠
　　　　时间表示法

一、量词短语

量词短语包括数量短语和指量短语。

1．数词和量词结合在一起构成的短语叫数量短语。

　　两把（钥匙）　　一家（商店）　　一些（礼品）　　（走）一趟

数词为"一"时，有时为了不突出"一"的数而省掉或故意不说。

　　买张车票　　穿了套西装　　看场电影　　上了趟街
　　来，大家喝杯热水暖暖身子。（故意不说）

2．构成"数词＋量词＋表人名词"结构式时，后边不能再加表复数的"们"。

　　五位老师　　　＊五位老师们
　　十几个孩子　　＊十几个孩子们

3．量词或数量短语前还可以加指示代词"这""那""哪"，构成指量短语。

　　这所（房子）　　那群（人）　　哪一次（看到的）

4．数量短语中间一般不能插入别的成分。例如：

　　一座大桥　　　＊一大座桥
　　一匹高马　　　＊一高匹马
　　那所高房子　　＊那高所房子

87

但是，在下面几种情况下，如果表意需要，数量短语之间可以插入其他成分。

（1）个体量词后的名词表示的事物是可以再分割的，可插入"大""小"这两个形容词。

<u>一大块面包</u>　　<u>两小片牛肉</u>　　<u>三大张纸</u>

（2）有些超过"二"的集合量词也可受"大""小"等词的修饰。

<u>一大群人</u>　　　<u>一小批货</u>　　　<u>一长排椅子</u>

（3）借用量词尤其借用的是器皿类名词，可以接受"大""小"等形容词修饰，但是如果数词"一"表示的是"满""遍"等意义，就不能再受这类形容词的修饰了。

<u>三大碗汤</u>　　　<u>一满杯酒</u>　　　<u>一小包衣服</u>

练习一　　选择形容词填入下列短语中（不必填的可以不填）

大　　小　　满　　长　　平		
一＿＿＿＿把伞		一＿＿＿＿群工人
两＿＿＿＿把土		一＿＿＿＿家商店
三＿＿＿＿间屋子		一＿＿＿＿块月饼
两＿＿＿＿杯咖啡		一＿＿＿＿勺盐
一＿＿＿＿头汗		一＿＿＿＿片草地

二、数量短语重叠

1. 量词一般都可以重叠，重叠后，根据它在句中充当的成分而表达不同的意义。

①过春节的时候，家家户户都放鞭炮。

（做主语，表"每一"）

②这几年粮食年年都是大丰收。（做状语，表"每一"）

③ 天气突变，刮起了阵阵狂风。（做定语，表示"多"）

④ 会场里掌声阵阵。（做谓语，表示"多"）

⑤ 红队步步紧逼，绿队毫不示弱。

（做状语，表示"~接着~地"）

2．数量短语重叠

（1）表示"多"，重在描写，主要做定语。如：

⑥ 一支一支的救援队伍奔向灾区。

⑦ 空中闪烁着一团团五彩缤纷的焰火。

（2）表示"~接着~地"，主要做状语，描写动作的方式或表示量多。

⑧ 他仔细地一笔一笔地画着。（*他仔细地一笔地画着。）

⑨ 她一遍一遍地嘱咐我，生怕我忘了。

（*她一遍地嘱咐我，生怕我忘了。）

量词或数量短语一旦重叠，其意义和用法也将改变。重叠后意义上都表示众数或多；用法上，都有描写性，做修饰语时都位于中心语前。

需要特别注意：表示一般叙述的动量短语与表示描写的动量重叠短语的结构分布不同：

动作 ＋ 动量短语　　　动量重叠短语 ＋ 动作

听　　一遍　　　　　一遍遍　　听

练习二　说说下列句中重叠的数量词语表示哪一种意义

A. 多　　B. 每一　　C. ~接着~地

（1）夏天，大雨一场一场地下个不停。　　　（　　）

（2）孩子们个个聪明可爱。　　　　　　　　（　　）

（3）八月前后，湖里盛开着一片片荷花，美丽极了。（　　）

（4）他天天早上跑步。　　　　　　　　　　（　　）

（5）她耐心地一勺一勺地给病人喂着饭。　　（　　）

（6）一次次的回忆，一次次的激动，那段时光令我永生

难忘。　　　　　　　　　　　　　　　（　　）

练习三　选择量词或量词的重叠形式填空

（1）他一 _____ 认真地检查着机器的各个部件。

　　　A．遍　　　　　　B．遍遍　　　　　　C．次

（2）一 _____ 往事浮现在他眼前。

　　　A．遍遍　　　　　B．个个　　　　　　C．件件

（3）台下响起一 _____ 雷鸣般的掌声。

　　　A．场场　　　　　B．阵阵　　　　　　C．顿顿

（4）这家的几个孩子，_____ 都很有出息。

　　　A．个个　　　　　B．一个　　　　　　C．一位

（5）这个部门 _____ 完成生产任务。

　　　A．一年　　　　　B．年年　　　　　　C．每年

（6）天气一 _____ 暖和起来了。

　　　A．天　　　　　　B．次次　　　　　　C．天天

练习四　用适当的量词和数量形式填空

（1）他 _____ 往医院跑，为妈妈的病费了不少心。

（2）他刚刚还去了 _____ 医院呢。

（3）今天下午又传来 _____ 坏消息。

（4）_____ 坏消息传来，几乎把他压垮。

（5）饭要 _____ 地吃，事要 _____ 地做。

（6）你说的话虽然 _____ 在理，可是也得让我能够接受才好啊。

（7）面试不一定都是 _____ 地进行，有时也可能是小组面试。

（8）我看到山下 _____ 金灿灿的庄稼和 _____ 四通八达的道
　　路，心里有说不出的高兴。

三、时间表示法

1. 有些名词可以直接跟数词连用，相当于量词。如：

年　　星期　　天　　夜　　小时　　分（钟）　　秒

除"星期""小时"前可加量词"个"外，其他一律不能加量词。如：

*三个年　　*五个天　　*一个夜　　*十个秒

2. 时点表示法

点钟　　点　　刻　　分　　秒　　（吃饭）时

早上　　中午　　傍晚　　晚上　　半夜　　凌晨

~号　　星期~　　~月　　（去/今/明）年

（昨/今/明）天　　（上个/这个/下个）星期/月

以前　　以后　　（课）前/后　　（三天等）之前/之后

● 表示动作状态的时点一般放在谓语前。即：

时点　+　谓语

五点/晚上　学习

● 提问方式：什么时候？/什么时间？/几点？如：

A：现在什么时候了？　　　　A：什么时间了？

B：已经半夜了。　　　　　　B：下午三点半了。

3. 时段表示法

小时　　钟头　　刻钟　　分钟　　秒钟

数（量）词+上午/晚上/夜/天/星期/学期/……

● 表示动作状态的时段一般放在谓语后。即：

谓语　+　时段

学习　半小时/一下午

注意　宾语类型不同，时段所处位置也不同：

谓语　+　时段　+　事物宾语

看了　一晚上　书

91

谓语 ＋ 表人/处所宾语 ＋ 时段

照顾　　　　她　　　一个多月了

去　　　　日本　　　三年了

● 提问方式：多长时间？多少时间？　如：

A：你来这儿多长时间了？　A：从这儿到火车站需要多少时间？

B：半年了。　　　　　　　B：三十分钟。

注意 需要特别注意以下几点：

（1）"数词＋月（月份）"与"数量词＋月"的区别

前者表示某一月份，是时点，如：一月　五月　十月

后者表示一段时间，是时段，如：一个月　三个月

（2）"小时"与"钟头"的区别

"小时"是名词兼量词，所以可以说"一小时"，也可以说"一个小时"；"钟头"只是名词，所以只能说"一个钟头"，不能说"一钟头"。

（3）表示时间单位时"半"的使用

一个半小时（时段）（注意："半"放在数量后、单位名词前）

＊一半小时　　＊一小时半

两点半（时点）（注意："半"放在"点"这个单位词后）

＊一半点

（4）表示不长的时间段，可以用"一会儿"，不用"一点儿"。

（5）"前后"与"左右"在表时点与时段上的区别，见第六课的概数表示法部分。

练习五　比较下面左右两列中数量短语的意义区别

（1）25号——25天

（2）十二个月 —— 十二月

（3）淋了一身水 —— 买了一身西服

（4）一小块蛋糕 —— 一块小蛋糕

（5）灯亮了一夜 —— 一个明亮的夜晚

（6）订了两桌菜 —— 摆了一桌子菜

练习六　选择填空

（1）他在船上待了 _____ 。

　　A．两天一夜　　B．两个天一个夜　　C．两白天一夜晚

（2）我写了 _____ ，才把这封信写完。

　　A．两半小时　　B．两个半小时　　C．两小时半

（3）_____ ，我们找个时间聚一聚，好不好？

　　A．春节左右　　B．前后春节　　C．春节前后

（4）A：起草这份计划你用了多长时间？

　　B：_____ 。

　　A．半夜　　　　B．半个晚上　　　C．半个夜

（5）他 _____ ，我很感动。

　　A．帮忙了我一天　　B．帮忙了一天我　　C．帮了我一天的忙

练习七　将句中的时间词语改成时段表达方式，重新组织句子

　　例：　　从八点到九点他听广播了。

　　——▶ 他听了一个小时的广播。

（1）他从三月开始搞这个设计，到九月中旬才搞完。

（2）她吃完午饭就写作文，一直写到傍晚前后。

（3）从星期一到星期六他都没在公司。

（4）她每天早上从六点到七点三十分练打太极拳。

（5）他们从晚上一直热闹到第二天早上。

（6）他1990年初来中国学习，到1995年8月回国。

练习八　改病句

（1）一年有四季节。

（2）五六个朋友们晚上要来给我过生日。

（3）他给朋友写了一小封信。

（4）下午，我三钟头听了讲座。

（5）他在美国学习了十月。

（6）我用一小时半写了一个作文。

（7）他下午看了两半点电影。

（8）你每天晚上多长时间睡觉？

（9）这里记录着他天天的日程。

（10）几十个孩子们手举着鲜花朝他跑来。

（11）一年以来，我觉得这天过得最愉快。

（12）每当提交作业的前天，我都开夜车。

（13）听说那系的学生都非常厉害。

（14）她休息了一点儿，感觉好多了。

（15）他今天上网了一下午。

（16）看着孩子们一张可爱的小脸，我的爱涌上心头。

（17）每次作诗，他都是一字地认真地推敲着。

（18）为了抢救伤病员，大夫连续几个夜不休息。

第三单元综合练习

一、填空。

1. 用"二"或"两"填空：

____ 千 ____ 百 ____ 十人   ____ 段话

____ 十 ____ 万   ____ 斤鱼

____ 万 ____ 千吨   ____ 把扇子

____ 倍   ____ 公里

____ 分之一   ____ 张床

2. 用量词或时量短语填空（不能重复使用）：

三 ____ 椅子   一 ____ 沙子

两 ____ 毛衣   一 ____ 西服

二十 ____ 路   一 ____ 老人

一 ____ 汗   听了一 ____ 录音

睡了一 ____   借了两 ____

去了两 ____   一 ____ 流氓围了上来。

一 ____ 高大的楼房整齐地排列着。

广场两侧种着一 ____ 整齐的树木。

二、判断变色词语的意义。

（1）他在资料室里看了一晚上书。

     A. 某个晚上   B. 整个晚上

（2）怎么就来了这么几个学生？

     A. 很少很少   B. 九个以内

（3）她买了一大筐苹果。

     A. 一筐大苹果   B. 装苹果的筐大

95

（4）你等等，我三两分钟就完。

        A. 两到三分钟   B. 时间极短

（5）这次出差大约得个把月。

        A. 一个月左右   B. 一个月

（6）他激动得没说上两句话就说不下去了。

        A. 两句话   B. 少量的话

三、根据句义，在横线上填上表示动量的数量短语。

（1）我想坐下来休息 _____ 。

（2）他侧过脸来，看了我 _____ 。

（3）小王把昨天的事又讲了 _____ 。

（4）下了 _____ 大雨，天又放晴了。

（5）几个人仔细研究了 _____ ，觉得可以做。

（6）我亲眼看见他朝野兔放了 _____ ，野兔死了。

四、根据要求，重新组织短语或句子。

1. 用概数表示法表示下列数字（表示方法不能重复）：

    例：一百～二百个 ⟶ 一二百个

    19岁～20岁 ⟶_____   3天～5天 ⟶_____

    21个～22个人 ⟶_____   99台 ⟶_____

    300～400斤 ⟶_____   两小时零五分 ⟶_____

    9月～11月 ⟶_____   4万～5万 ⟶_____

2. 根据意思，用借用量词组成数量短语重新表述：

    例：地上流得到处是水 ⟶ 流了一地水

（1）教室里坐满了学生   ⟶_____

（2）用小包装苹果   ⟶_____

（3）假期全部用来写论文了 ⟶_____

（4）用眼睛看了他几下 ────→ _____

（5）抽烟抽得嘴里全是烟味 ────→ _____

（6）用板子拍了他两下 ────→ _____

3．用时段表示法表示句中的时间词语：

　　例：　　从下午一点到两点他睡午觉了。

　　　────→ 他睡了一个小时的午觉。

（1）早上上班后到晚上下班前他全待在实验室里。

_____

（2）他屋里的灯从晚上一直亮到早上。

_____

（3）她每天下午两点半到四点听广播。

_____

（4）他从四月到十月在美国学习。

_____

（5）红红整个下午都在看漫画。

_____

（6）他上周的星期一入院，到这周的星期六才出院。

_____

五、改病句。

（1）她每月工资五千左右块钱。

（2）湖的南边是一大座山。

（3）那座旅馆服务很好。

（4）学汉语的人由原来的一百人多上升到四百人多，增加了四倍。

（5）我兴致勃勃地参观了两钟头。

（6）这所教学楼共有六个层。

（7）新年左右，他将有一遍旅游的机会。

（8）老师一顿说了我。

（9）他一共选了十门来课。

（10）这家大学有两多万人。

（11）会场里响起一场场欢呼声。

（12）他昨天夜里只睡觉了三个小时或四个小时。

（13）这是他一次来中国。

（14）每天早上，这里都有一二百老人们做气功。

（15）我买了五面工艺扇子。

（16）你打算多长时间在中国留学？

（17）来这里三月以后，我渐渐习惯了这里的生活。

（18）现在她一点儿累了，想坐在这里休息一次。

形容词、区别词及相关语句

形容词	形容词是表示人、事物、动作、行为的性质、状态的词。
区别词	区别词是表示事物属性，有区别事物作用的词。

第九课　形容词及相关语句

一、形容词的主要句法特点和类别

1. 形容词主要做定语（见下一课）和谓语。形容词时有以下语法特点：

（1）形容词可以直接做谓语，不需用判断动词"是"连接。例如：

①中国地域辽阔，物产丰富。

＊中国地域是辽阔，物产是丰富。

②这件衣服样子很新。

＊这件衣服样子是很新。

（2）做定语是形容词的主要功能，但有少数形容词不能单独做定语，有的不能做定语。这些形容词如：

多　　少　　全　　对　　准　　迟　　准时　　迅速

例如：

③这里设备很全。　　＊这里有全设备。

④他的回答对了。　　＊他做了一个对回答。

注意 形容词"多"不能单独修饰名词，需要加上适当的程度副词才可以修饰名词。

⑤我的朋友很多。／我有很多朋友。

＊我有多朋友。

（3）形容词在表性质、状态时不能带宾语。

＊合适了衣服　　＊干净了房间　　＊很饱了肚子

但有些词是形容词兼动词。作为动词时，后面可以带宾语。如：

<u>端正</u>了态度　　　<u>繁荣</u>了经济　　　<u>方便</u>了群众

这时，这类词都含有"使~"的意义，如上例表示"使态度端正""使经济繁荣""使群众方便"的意思。这时就不再受程度副词修饰了。

＊很<u>端正</u>了态度　　　＊非常<u>方便</u>了群众

2．形容词还可以做状语和补语。

做状语：<u>快</u>写　　<u>轻</u>拿<u>轻</u>放　　<u>热情</u>地服务　　<u>清楚</u>地写下

做补语：吃<u>胖</u>了　扫<u>干净</u>　　做得很<u>认真</u>　　长得很<u>结实</u>

3．形容词的主要类别

根据词的意义作用和语法特点，形容词主要分为两类：性质形容词和状态形容词。

练习一　判断句子正误，错误的请改正

（1）孩子年纪虽然是小，书法却写得是很好。　　　　（　　）

（2）那个穿西服的小伙子真精神！　　　　（　　）

（3）服务员非常热情我们。　　　　（　　）

（4）他是个准时的人。　　　　（　　）

（5）小女孩儿长得很可爱。　　　　（　　）

（6）他的父亲有多钱。　　　　（　　）

（7）大卫学了就用，非常巩固了学到的汉语。　　　　（　　）

（8）文化中心的建立极大地丰富了我们的文化生活。　　　　（　　）

二、性质形容词及其语法特点

1．性质形容词是形容词中的主体。例如：

大　高　长　好　差　快　晚　多

干净　漂亮　优秀　伟大　正确　认真　热烈　严肃

2. 在性质形容词中，有一部分形容词是可以通过测量得到的，如是长还是短，一量就知道，所以这类形容词一般都能带确定数量。如：高五公分。我们把这类形容词叫做量度形容词。量度形容词大多是单音节的，而且是积极、消极配对的。

积极：大   长   远   高   重   厚   深
消极：小   短   近   矮   轻   薄   浅

3. 绝大多数性质形容词可以接受程度副词的修饰。

很远   太美（了）   非常聪明   十分清楚
极坏   挺可爱（的）   特别愉快   相当成功

汉语形容词自身没有"级"的词形变化，要想表示不同程度，只能用添加不同程度的副词的方法来表示。例如"大"：

不太大→有点儿大→比较大→挺大（的）→很大→非常大→极大

4. 性质形容词单独做谓语或补语时，通常暗含对比。

⑥ 这孩子人小志气大。（"小"和"大"形成对比）

⑦ 外边凉快，咱们去外边吧。

（"外边凉快"与"里边热"形成对比）

⑧ 他说得好，我们还是让他说吧。

（"他"与"我们"形成对比）

汉语比较句是有标记的明比，所以形容词也是单独做谓语的。

⑨ 那间屋子比这间小。

如果不表示对比，形容词做谓语时通常采用"很+形容词"结构。"很"轻读，不凸显程度深。

⑩ 星期日商店里的人很多。

⑪ 他最近很忙。

如果要凸显程度深，可以有意识地重读"很"。

⑫ 冬天这里很冷。

5．性质形容词主要表示事物性质，所以否定式一般用"不"，不用"没"。

⑬ 这本教材不难。（＊没难）

⑭ 他回答得不清楚。（＊没清楚）

如果否定某种状态发生变化，就应该用"没"，形容词前常用副词"还"，或在句末用语气词"呢"配合。

⑮ 我还没饱，想再吃点儿。

⑯ 天没亮呢，再等一会儿吧。

6．形容词的肯定式与否定式并列使用可以表示疑问。

……多不多？　　……累不累？　　……暖和不暖和？

如果是双音节形容词，可以只重复第一个音节：

……漂不漂亮？　　……聪不聪明？　　……热不热闹？

因为肯定式与否定式并列已经表示疑问，所以不能再添加"吗"。

＊……累不累吗？　　＊……热不热闹吗？

练习二　说出下列句中形容词谓语句暗含的意思

（1）外边风大，咱们还是到屋里去吧。

（2）我们班王芳唱歌好，让她去参加比赛吧。

（3）湖那边景色美，咱们去那边拍照吧。

（4）这间屋子大，就用它做会议室，怎么样？

（5）这本教材难，就用它吧。

（6）早上空气清新，出来运动运动特别舒服。

练习三　判断句子正误，错误的请改正

（1）你今天玩儿得开不开心吗？　　　　　　　（　　）

（2）我的手机声音清楚，用我的吧。　　　　　　（　　）

（3）他脑子并没聪明，就因为学习刻苦成绩才好的。　（　　）

103

（4）他的病还没好，还需要好好休息休息。　　　　（　　）

（5）屋子有点儿乱，收拾收拾吧。　　　　　　　　（　　）

（6）A：南开大学经济学院怎么样？

　　　B：南开大学经济学院有名。　　　　　　　　（　　）

三、状态形容词及其语法特点

（一）状态形容词一般由性质形容词变化而来，主要有以下几种类型：

1. 由两个语素构成，后一个语素是形语素，前一个语素主要是名语素，个别有动语素等，含有某种比喻义或描写义，来加深形语素的状态。例如：

雪白　——　像雪那样白

冰凉　——　像冰那样凉

滚烫　——　像翻滚的水（开水）那样烫

又如：笔直　滚圆　瓦蓝　漆黑　血红　碧绿　金黄　煞白

这类词以表颜色的居多。

重叠时采用词的重叠形式，用来描写事物时通常加"的"，构成"ABAB的"式。

冰凉冰凉的（水）　　（头）滚烫滚烫的　　（洗得）雪白雪白的

2. 形语素+重叠词缀

绿油油　亮晶晶　热乎乎　慢悠悠　香喷喷　乱哄哄

3. 重叠语素构形

茫茫　　　朗朗　　　皑皑　　　累累

兢兢业业　羞羞答答　慢慢悠悠　密密麻麻

这类词不常见，它们本身就是重叠构形，不重叠时是不能单独用来构句的。例如，不能说"大海很茫""果实累""他兢业"等。

4. 还有一些口语中比较俗的重叠用法，例如：

冰冰凉　　　　稀里糊涂　　　　花里胡哨

酸里吧唧　　　　老实巴交　　　　可怜巴巴

5. 形容词的重叠形式

性质形容词中有一部分词能够根据表达的需要进行重叠，重叠后大多加 "de" 用来描写事物、动作状态，所以属于状态形容词。主要有以下几种重叠方式：

（1）单音节形容词——AA式

大大（的）　　　长长（的）　　　轻轻（地）　　　慢慢（地）

（2）双音节性质形容词——AABB式

老老实实（的）　　　整整齐齐（的）

清清楚楚（地）　　　明明白白（地）

（3）双音节状态形容词——ABAB式

雪白雪白（的）　　　滚圆滚圆（的）

笔直笔直（地）　　　笔挺笔挺（地）

（4）性质形容词加词缀 "里"——A里AB式

糊里糊涂（的）　　　土里土气（的）

啰里啰唆（地）　　　傻里傻气（地）

"A里AB" 重叠式含有厌恶、轻蔑的意味，只有部分含有贬义的形容词可以进行这种重叠。

妖气 —— 妖里妖气　　　漂亮 —— * 漂里漂亮

可以进行这种重叠的形容词为数很少，常见的还有：

马虎　慌张　麻烦　小气　流气　娇气　古怪　拉杂　邋遢

形容词中只有一部分词能够构成重叠式，除偏向书面语的形容词大多不能重叠外，形容词能不能重叠使用还会受到语素意义、语素关系、情感色彩和约定俗成的影响，所以学习形容词时要逐个关注是否可以重叠使用。例如：

大大的眼睛　　　　　　　　?小小的眼睛

慢慢地整理着　　　　　　　*快快地整理着

整齐——整整齐齐　　　　　漂亮——漂漂亮亮

整洁——*整整洁洁　　　　　美丽——*美美丽丽

麻烦——麻麻烦烦　　　　　新鲜——*新新鲜鲜

方便——*方方便便　　　　　严肃——*严严肃肃

有些可重叠为"AABB"式的性质形容词，在表意需要的情况下，还可以重叠为"ABAB"的动词形式，此时该形容词具有"使……"的意义，属于动词用法。

⑰假日里，校园里清清静静的。（AABB，描写校园里的样子）

⑱别吵了，让我清静清静吧。（ABAB，让"我"清静一下）

练习四　写出下列形容词的重叠形式

白 _____	长 _____	低 _____
焦黄 _____	大方 _____	热闹 _____
糊涂 _____	冰凉 _____	流气 _____
暖和 _____	痛快 _____	漆黑 _____
小气 _____	整齐 _____	滚烫 _____
安静 _____	血红 _____	快乐 _____

练习五　带·的词可以有"AABB"和"ABAB"两种重叠方式，请根据下列句子的意思，将它们变成适当的重叠形式，并说明它们的意思

（1）她们亲热地挽起了手。

（2）让她们母女好好亲热。

（3）他们在这里快乐地生活着。

（4）今晚去参加舞会吧，让心情快乐。

（5）你别老难过，也该痛快了。

（6）他痛快地答应了。

（7）教室里打扫得干净。

（8）来，洗个澡，好好干净。

（9）走，买件像样的衣服去，咱也漂亮。

（10）孩子们被打扮得漂亮。

（二）状态形容词的主要功能和语法特点

1．状态形容词主要用来描摹事物的样子、动作的样态，所以一般不用否定形式，尤其不用"不"否定，个别假设情况例外。

　　*不雪白　　　*不绿油油的　　*不大大的

　　*不马马虎虎的　　*不笔直笔直的

2．状态形容词在构词上都有强化描写的要素或形式，如含有某种比喻义的语素、重叠的形式等，所以不再受程度副词的修饰。

　　*很雪白的　　　　*挺红彤彤的

　　*非常兢兢业业　　*有点儿马里马虎的

　　*特别高高的　　　*十分漂漂亮亮的

3．性质形容词可以接"了/着/过"表示某种情状的出现、持续或曾经拥有。

　　　苹果已经红了。/屋里的灯还亮着。/她以前胖过，现在瘦了。
而状态形容词只是描写一种客观存在的样态，所以不与"了/着/过"结合。

　　　*教室干干净净了。　　*他以前瘦瘦过，现在胖胖了。

4．汉语不管是暗比还是有标记的比较句，都是用来比较属性的，状态形容词是用来描写外在样子的，所以不能用于比较。

外面风大，我们到屋里吧。　　*外面风大大的，我们到屋里吧。

他比我站得直。　　　　　　＊他比我站得笔直笔直的。

这里没有我家舒服。　　　　＊这里没有我家舒舒服服的。

练习六　下列词语中哪些不能用"很""不"修饰？

温暖	漆黑	暖洋洋	冷淡	通红通红的	充实
累	结实	慌里慌张	滚圆	大大方方	亮亮的

练习七　改病句

（1）听了这话，他很高高兴兴地回去了。

（2）虽然她是年轻，但是她很有生活经验。

（3）这三个地方的风景都是很美丽。

（4）你们的业余生活丰富不丰富吗？

（5）我们看问题要更实际、更深沉一些。

（6）她马上动手，把屋子打扫得很干净干净。

（7）我觉得她说话的声音好听。

（8）他瞪着十分血红的眼睛，毫不让步。

（9）中国人民非常友好我国人民。

（10）这本教材合适你的程度，就选它吧。

（11）我感觉他们的生活不幸幸福福的。

（12）这两天身体没舒服，吃饭总觉得没香。

（13）她是努力、用功，所以成绩也是突出。

（14）他花钱比我很小里小气的。

（15）城市很整洁，马路宽，笔直。

（16）他以前总是马马虎虎了，现在不了。

（17）他经过一段时间的疗养，终于健康了身体。

（18）她最近心情没好，我们大家给她过个生日，让她高高兴兴
　　　好吗？

练习八　用形容词描写下列各图

第十课　形容词修饰的功能与条件

　　形容词最主要的功能是修饰功能，在句子中主要做定语，也可以做状语。

　　形容词与中心语——名词性或谓词性词语结合时，常常有一定的条件。

一、形容词做定语及其限制条件

　　1. 大多数形容词可以用来修饰名词性词语，也就是说可以做定语。

　　　　白衬衫　旧家具　伟大的人民　美好的愿望　绿油油的草坪

　　形容词做定语时，注意跟中心语意义上的搭配要贴切。

　　　　老朋友　　　　　　　　　　＊旧朋友
　　　　苗条的/修长的身材　　　　＊瘦/胖（的）身材
　　　　美满的生活/家庭　　　　　＊美满的鲜花/饭菜

　　2. 单音节形容词做定语一般不加"的"。

　　　　绿树　厚书　大个子　新地址　好工作　坏消息　热馒头

　　3. 双音节形容词做定语一般要加"的"。

　　　　心爱的儿子　美好的夜晚　牢固的关系　宽阔的天安门广场

　　极少数侧重表现事物内在属性的双音节形容词做定语时，不加"的"。

　　　　① 这是一段值得他骄傲的光荣历史。
　　　　② 这个班十年来一直是我校的先进集体。

4. 状态形容词做定语要加"的"；形容词短语做定语要加"的"。

　　雪白的墙　　高高的个子　　绿油油的麦苗　　认认真真的样子

　　不太开心的样子　　认真而严肃的态度　　又大又圆的西瓜

　　*雪白墙　*绿油油麦苗　*不太开心样子　*又大又圆西瓜

注意　形容词"多"与程度副词一起构成短语修饰名词时，一般不加"的"。

　　③救灾组织运来很多毛毯，分给当地灾民。

练习一　**根据中心语，在横线上填上合适的形容词修饰语（注意"的"的正确使用）**

（1）_____校园　（2）_____大海　（3）_____样子

（4）_____习惯　（5）_____感觉　（6）_____生活

（7）_____空气　（8）_____人们　（9）_____月亮

练习二　**根据形容词，在横线上填上适当的中心语（注意"的"的正确使用）**

（1）老 _____　　（2）脏 _____

（3）好 _____　　（4）大 _____

（5）红红_____　　（6）高高_____

（7）清新_____　　（8）晴朗_____

（9）安静_____　　（10）紧张_____

（11）宝贵_____　　（12）非常美好_____

练习三　改病句

（1）他是一个勤奋学生。

（2）我相信他，他总是有多主意。

（3）妈妈给我买了一件红的衬衫，让我本命年穿。

111

（4）我有充实的理由选择他。

（5）我设计了一件非常漂亮晚礼服。

（6）金灿灿麦田预示着又是一个丰收年。

练习四　用形容词做定语描写下面两幅图中的景象

二、形容词做状语及其限制条件

1. 单音节形容词做状语

（1）单音节形容词能做状语的很少。如：

多　少　早　晚　快　慢　难　轻　细　新

（2）单音节形容词跟中心语搭配时，选择性很强，多数只选择单音节动词，不用"地"。

多吃　早来　快跑　大干　轻放　高喊

＊慢地走　　＊早地来　　＊高地喊

④多干实事，少说空话。

⑤这些都是玻璃制品，一定要轻拿轻放。

（3）加强描写时，有的可用"程度副词＋形容词"或重叠形式，但是各类词会受到较多的不同限制，学习时需加以注意。例如：

很慢地站起来　　＊很慢站起来　　慢慢地站起来

很快地站起来　　很快站起来　＊快快地站起来

很早来到学校　　早早来到学校

很晚来到学校　　＊晚晚来到学校

2．双音节形容词或性质形容词的重叠式在描写动作或变化时，用不用"地"相对比较自由，根据描写性强弱决定，但是如果形容词的意义指向动作者或事物，一般需要用"地"。非描写的祈使句通常不加"地"。例如：

⑥大家把教室彻底（地）打扫了一遍。

（动作为"彻底打扫"）

⑦她把信细细（地）读了一遍。

（动作为"细细读"）

⑧被帮助的姑娘激动地流下了热泪。

（动作者"姑娘"激动）

＊被帮助的姑娘激动流下了热泪。

⑨解说员耐心地讲解着。（动作者"解说员"耐心）

⑩请你耐心讲解。（祈使句）

3．双音节形容词如果构成"程度副词＋形容词"短语做状语，一般加"地"。

⑪A组成员非常迅速地答道……

113

＊A组成员非常迅速答道……

4．描写性强的带词缀的状态形容词做状语一般都要用"地"。

⑫老太太一个人孤零零地生活着。

⑬他傻里吧唧地站在那里，一句话也不说。

练习五　将左右两列可以搭配的词语用线连接起来（注意"地"的正确使用）

圆圆	学
清清楚楚	到一会儿
随便	画了一个句号
容易	说道
晚	答应了
痛快	听见
冷冰冰	躺在那里
舒舒服服	写点儿

练习六　根据中心语，在横线上填上合适的形容词修饰语（注意"地"的正确使用）

（1）＿＿＿＿听　　（2）＿＿＿＿看见　　（3）＿＿＿＿追

（4）＿＿＿＿处理　（5）＿＿＿＿懂得　　（6）＿＿＿＿生活着

（7）＿＿＿＿答道　（8）＿＿＿＿交谈　　（9）＿＿＿＿驾驶着

练习七　根据形容词，在横线上填上适当的中心语（注意"地"的正确使用）

（1）多＿＿＿＿　　（2）热烈＿＿＿＿　　（3）慢悠悠＿＿＿＿＿

（4）早＿＿＿＿　　（5）容易＿＿＿＿　　（6）简单＿＿＿＿＿

（7）难＿＿＿＿　　（8）客气＿＿＿＿　　（9）稀里糊涂＿＿＿＿＿

练习八　改病句

（1）宣传人员非常形象演示着。

（2）她快说了一句："我不同意"。

（3）他还在傻乎乎暗自高兴呢。

（4）小张清楚听到，老师确实是这样说的。

（5）现在我忙，没有多时间给你写信。

（6）在大家的帮助下，我快习惯了这里的生活。

（7）屋子里乱哄哄。

（8）他可能来晚几天。

（9）春风轻吹着。

（10）听到这个消息，她伤心哭了起来。

（11）日本人的口味是"东浓西淡"，东京人爱吃浓，京都人爱吃淡。

（12）虽然工作中有多困难，但是我们一定会克服的。

（13）她大大方方介绍着公司里的情况。

（14）这个小伙子高高个子，方方脸，粗粗眉毛，大大眼睛，英俊。

第十一课　形容词与比较句

汉语比较句是用来比较性状的，比较句中的谓语部分——谓语、补语等主要由性质形容词充当，状态形容词是不能进入的。非比较性程度副词修饰性质形容词后，形成的短语也具有了一定的描写性，因此也不能进入比较句的谓语部分。例如：

　　① 这床毛毯比那床厚。
　　②＊这床毛毯比那床厚厚的。
　　③＊这床毛毯没有那床很厚。

本课选讲的比较句有："比"字句及其否定式"没有"句；"不比"句；"不如"句；"A跟B一样"句。句中谓语表义核心部分——谓语、补语等由形容词、形容词短语或动词短语充当。

一、"比"字句及其否定式"没有"句

1．"比"字句基本结构　　（A+）"比" + B + 形容词/谓词短语

"比"是介词，引进比较的人或事物B，形容词或谓词短语表示比较的结果。

　　④ 他比我高。
　　⑤ 我比你跑得快。

"'比'+B+形容词"短语也可以充当谓语部分中的补语。

　　⑥ 杰克汉语说得比我们流利。

2．"比"字句扩展结构：

（A+）"比" + B + 形容词/谓词短语+数量词语

116

　　如果想表示比较结果的性状有多少差别，可以在形容词或谓词短语后加上表示数量差别的词语。主要有"……多了、……得多、……（差）远了、……一点儿/一些（或具体数量）"等。

　　　　⑦ 他的房间比我的<u>大 多了/得多</u>。（用表示多的概数形式）

　　　　⑧ 他的房间比我的<u>大 一点儿/一些</u>。（用表示少的概数形式）

　　　　⑨ 他的房间比我的<u>大 五平方米</u>。（用确切数字表示）

　　3."比"字句构句注意事项

　　（1）语序："'比'+B"的介词短语要放在形容词或谓词短语之前。

　　　　⑩ 这个商店的东西比那个商店贵。

　　　　＊这个商店的东西贵比那个商店。

　　　　⑪ 妹妹比姐姐爱学习。

　　　　＊妹妹爱学习比姐姐。

　　（2）非比较性程度副词不能修饰形容词或谓词短语。

　　　　⑫ ＊今天比昨天很暖和。

　　表示比较性程度副词的"更"或其他副词"还"则可以。

　　　　⑬ 今天比昨天更/还暖和。

　　如果想表示比较性状的差别，应在形容词或谓词短语后加上表示数量差别的词语。

　　　　⑭ 今天比昨天暖和多了/一点儿。

　　　　＊今天比昨天一点儿暖和。

　　　　⑮ 她比我会说多了。

　　　　＊她比我很多会说。

　　（3）在不引起误解的情况下，B项与A项相同部分的内容可以省掉。

　　　　⑯ 他的房间比我的（房间）大。

　　　　＊他的比我的房间大。

　　（4）动词如果涉及宾语的话，不能在宾语后直接用"'比'+B+形容词"。

⑰ ＊他骑自行车比我快多了。

这时可以有两种处理方式：

● 将宾语提前作为次话题：他自行车骑得比我快多了。

● 将动宾短语作为次话题：他骑自行车骑得比我快多了。

（5）"（A）'比'+B+形容词/谓词短语"的否定形式是"没有"，不是"不比"。

基本结构：　（A+）"没有"＋ B ＋ 形容词/谓词短语

⑱ 这件衣服比那件漂亮，那件衣服没有这件漂亮。

用"没有"构成否定式时需要注意：

由于"没有"构成的否定式是以B项为基准的，所以表示比较结果的形容词通常是具有积极色彩、如意倾向的形容词。即：

大—＊小　多—＊少　长—＊短　聪明—＊笨　干净—＊脏

高—＊矮　快—＊慢　深—＊浅　漂亮—＊丑　大方—＊小气

例如：

⑲ 哥哥还没有弟弟高。　　　＊弟弟还没有哥哥矮。

⑳ 女儿长得没有妈妈漂亮。　＊妈妈长得没有女儿丑。

● **练习一**　**根据提供的条件，将下列各句改写成"比"字句和它的否定式"没有"句**

（1）词典厚，课本薄。

（2）笔记本电脑5000元，台式电脑3000元。

（3）老张很忙，小李不太忙。

（4）老张晚上12点多睡觉，小李晚上10点多睡觉。

（5）我喜欢看电影，我男朋友不太喜欢看电影。

（6）上周平均气温32度，这周平均气温26度。

（7）他每月挣7000元，我每月挣3000元。

（8）英玉来中国半年了，敬一来中国快两年了。

练习二　改病句

（1）我朋友比我很想家。

（2）他做得很好比我。

（3）这棵树没有那棵树细。

（4）我的表比你的表一点儿快。

（5）游泳池的这边浅比那边。

（6）我说汉语没有他差。

（7）这条连衣裙比那条没有漂亮。

练习三　用"比"字句及其否定式"没有"句说一说下面几张图

你看，这水很浅，能过。

……

二、"不比"句

1. "不比"句否定什么

"不比"句的否定主要是对话语前提条件的否定，通常否定的是对方、某人此前的某种认识或人们普遍存在的某种认识。例如：

①哟！你看，专卖店的东西不比商场的便宜呀。

（此句否定此前人们普遍认为专卖店的东西便宜、商场的贵）

②他汉语说得不比别人差啊。

（此句否定此前某人或一些人认为他的汉语比别人差）

2. 基本结构：

（A+）"不比"+B+形容词/谓词短语（+"多少/哪儿去"）

③他的英语水平不比我低哪儿去。

注意　否定词不能放在形容词前。

＊这件衣服比那件不漂亮。

3. "不比"句与"没有"句的区别

（1）表义上

"不比"句不是为了表达A与B的相对或相反的属性，而是为了说明与对方或人们的一般认识有差别，所以它有时恰恰用来说明两者几乎相当，差别不大。正因为如此，它在结构上可以在形容词后加上"多少"或"哪儿去"来表示没什么差别的意思。

而"没有"句则不是。"没有"句就是用来比较属性的不同，某人或事物或者具有此属性，或者具有彼属性，不能表示差不多的意思。

④他是工程师的助手，技术当然没有工程师高。

（工程师技术高，助手技术低）

⑤他虽然是工程师的助手，技术却不比工程师低多少。

（助手跟工程师技术差不多）

（2）感情倾向上

表示肯定或否定的态度倾向有所不同。

⑥A：这件衣服真是又好看又便宜啊！

B₁：＊那件也好看，可是不比这件便宜。

B₂：那件也好看，可是没有这件便宜。

（对那件否定，倾向这件）

B₃：那件更好看，价钱不比这件贵。

（对那件肯定，倾向那件）

用"不比"否定时，有时含有辩驳语气。例如：

⑦ 我不比他笨，怎么就不能参加比赛了？

⑧（谁说我做的菜比他差？）我做的菜不比他差嘛！

其中隐含着反驳别人认为"我"比他笨、"我"做的菜比他差等意思。

（3）选词上

"不比"句对形容词是否具有积极与消极色彩或是否有如意倾向没有限制，都可以选用。

⑨ 我的房间不比你的大，你的房间也不比我的小。

⑩ 她身体虽然不太好，可力气并不比我弱。

"没有"句则不可以，它表达的基准性一定是高的或如意的，不能相反。

⑪ ＊你的房间没有我的小。

⑫ ＊她的力气没有我的弱。

练习四　根据所提供的条件，将下列句子改写成"不比"句

（1）小王的朋友对小王说："你的脚怎么这么大啊？"

小王说："大吗？26号的。你呢？"

小王的朋友说："25号半的。"

（2）这里是农村，可农民们住的全部是漂亮的别墅式小洋楼。

（3）甲的手机是新式的，各种配置都很高，价格2000元；乙也是新买的手机，价格1900元，但各种配置相对较低，他认为自己的手机很便宜。

（4）作文考试时间过去了半个多小时，甲同学写了六七十字，乙同学写了五六十字。甲同学认为乙同学写得太少了。

（5）甲同学一直认为乙同学学习不如自己，可是考试结果显示，乙同学的成绩高于他。

练习五   用"不比"句和"比"字句说一说下面三张图

四星级宾馆   500元/天

三星级宾馆   300元/天

家庭旅馆   100元/天

三、"不如"句

"不如"句是否定A项、肯定B项的比较句，表示"A比不上B"的意思。与"没有"句相比，"不如"句更多是表明说话人的态度倾向，所以主观性强些；"没有"句相对客观。

"不如"本身是动词，自身可以构成比较，但要把比较的方面在之前说清楚。也可以在B项后边加上形容词或谓词短语完成比较。基本结构：

（某方面）A ＋ "不如" ＋ B

（某方面）A ＋ "不如" ＋ B ＋ 形容词/谓词短语

① 为人上，老张不如老赵。

② 他跑一百米不如我跑得快。

用"不如"句表比较时要注意：

（1）比较的方面一定要清楚、明白。

③ ？她不如你。（语境不清楚时不知道所要比较的是哪一方面）

应具体说出：

论人品，她不如你好。

论身材，她不如你苗条。

论相貌，她不如你漂亮。

（2）因为句中B项通常表达了说话人的态度倾向，所以形容词一般是具有积极意义或如意倾向的，这一点跟"没有"句相似。

④ 这张照片不如那张（照片）好。

＊ 这张照片不如那张（照片）差/不好。

练习六 根据所提供的条件，将下列各句改写成"不如"句

（1）爸爸开车稳当，儿子开车不够稳。

（2）我们班马克唱歌最好，让马克唱吧。

（3）去年夏天凉快，今年夏天不太凉快。

（4）小丽会说话，艳艳总是不会说话。

（5）这些照片中，这张是可以拿出去参加比赛的。

四、跟……（不）一样

这是一种比较两者异同的比较句。

"一样"是形容词，可以直接表示比较结果，做谓语。如果需要说明哪一方面是怎样的，就需要在"跟……一样"后加形容词或谓词短语，"跟……一样"就成为介词短语。

（1）基本结构

（A+）"跟"+B+"一样"

（A+）"跟"+B+"一样"+形容词/谓词短语

例如：

① 这孩子多漂亮啊，跟妈妈一样。

② 儿子跟父亲一样高。

③ 他跟我一样喜欢吃辣的。

（2）要比较二者某个方面异同，句中一定要明确比较的方面。

④ 他的爱好跟我一样。

（3）表示几乎一样的意义时，还可以用"差不多"。

⑤ 他的汉语水平跟我差不多。

（4）"一样"前也可以加表示程度接近或不够"一样"的词语，如"差不多""几乎""不太"等，但是不能加程度副词。肯定各方面都一样时，可以用副词"完全"表示。如果语体或音节搭配需要，"一样"也可以用"相同"替换。

⑥他长得跟我差不多一样高。

⑦我们俩跑得几乎一样快。

⑧他们俩的性格不太一样。

＊他长得跟我非常一样。

＊我们的房间很大一样。

⑨这两幅画儿完全一样/相同。

（5）"A+'跟'+B"部分还可以用复数意义的词语表示。

⑩ 我们的房间一样大。（他跟我的房间一样大。）

（6）"一样"后面不能带名词性词语，比较的内容应放在"一样"的前面。

⑪ ＊这两本书一样内容。

这两本书内容一样。（这本书跟那本书内容一样。）

（7）否定形式

用"不"否定"一样"，表示不同。表示完全不一样时，可以在"不"前加"完全""根本"等副词，此时"不一样"用"不同"替换更好。"不一样"后边不能再加形容词等。

⑫这两件衬衫颜色不一样。

⑬这两个句子的意思完全不同。

⑭妈妈跟女儿一样漂亮。

＊妈妈跟女儿不一样漂亮。

一般情况下，不用"不"否定"跟"。

⑮＊这本书的内容不跟那本书一样。

练习七　改病句

（1）他的答案跟我的非常一样。

（2）我朋友一样喜欢打网球跟我。

（3）儿子跟爸爸不一样聪明。

（4）节日期间，他不跟我休息的日子一样。

（5）这周跟下周一样讲演的报告。

练习八 根据提供的条件，将下列各句改写成"跟……（不）一样"比较句

（1）我喜欢吃辣的，他喜欢吃甜的。

（2）最近几天的气温都在20度到22度之间。

（3）这棵苹果树去年结了300多斤苹果，今年又结了300多斤苹果。

（4）哥哥是急性子，弟弟是慢性子，看着弟弟做事，哥哥总是着急。

（5）这对双胞胎姐妹长得太像了，谁都分辨不出来。

练习九 根据句子内容，在横线上填上适当的跟比较有关的词语

（1）这里的门票 ＿＿＿＿＿＿ 那里便宜多少。

（2）这个服务员的态度 ＿＿＿＿＿＿ 那个好 ＿＿＿＿＿＿ 。

（3）"长（zhǎng）""长（cháng）"两个字写法 ＿＿＿＿＿＿ ，念法 ＿＿＿＿＿＿ 。

（4）这个傻小子 ＿＿＿＿＿＿ 他爸爸 ＿＿＿＿＿＿ 笨。

（5）这个房间 ＿＿＿＿＿＿ 我的房间小，怎么显得那么拥挤？

（6）坐公共汽车 ＿＿＿＿＿＿ 骑自行车方便，还是骑自行车吧。

（7）现在的孩子学习太累，虽然 ＿＿＿＿＿＿ 我小时候生活条件好了不少，却 ＿＿＿＿＿＿ 我那时轻松快乐。

（8）我学汉语时间 _____ 他长，却 _____ 他说得好

_____。

（9）我 _____ 他差，他能去，我为什么不能去？

（10）在跟别人交往方面，我还 _____ 小李呢！

（11）在现代社会中，学交往 _____ 学知识 _____ 难。

（12）他的历史知识丰富极了，我 _____ 他可 _____ 远

了。

（13）大饭店条件好，这里简单了点儿，_____ 那里舒服。

（14）（A、B、C三人，A身高1.81米，B身高1.80米）

　　　　C：B长得真高啊！

　　　　A：是啊，好像 _____ 我矮。

练习十　改病句

（1）他对我的要求很高比别人。

（2）这里的新鲜蔬菜比我们国家的太多。

（3）听说别的国家的情况也这里一样。

（4）那部电影不如这部电影那么没有意思。

（5）秋天到了，天气很凉快比前一阵。

（6）我觉得黄山的风景比别的名山很美。

（7）我的翻译水平比其他人不高。

（8）我比他来早半个多小时。

（9）今年比去年多一倍接待游客。

（10）中国有些节日跟我们国家一样习俗。

（11）在中国学习了一年多，我的汉语水平比以前很多。

（12）在这一方面，我们两国习惯特别一样。

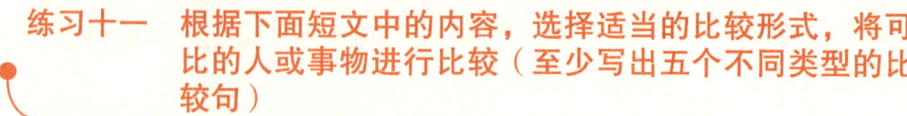

练习十一　根据下面短文中的内容，选择适当的比较形式，将可比的人或事物进行比较（至少写出五个不同类型的比较句）

1. 王丽买了两米丝绸，做了一件漂亮的连衣裙。张红看到了，觉得很好，也去买了两米，也想做条连衣裙。可是，张红最后只做出了条长裙。张红很奇怪，问王丽："咱们买的都是两米的丝绸，你能做连衣裙，我怎么却只够做长裙呢？"王丽笑着说："买多少布料是根据身高和身材决定的。你又高又胖，我又瘦又小，咱们俩买布料的长度怎么能一样呢？"

2. 春节是中国最重要的传统节日。每当春节来临，人们总要忙着作各种准备：大扫除，写春联，买鞭炮，做新衣，备年货，包饺子。在外地的亲人都要赶回家来，跟家人团聚。节日期间，还要举行各种文化娱乐活动，如家家户户放鞭炮、吃年饭、走亲访友，十分热闹。

第十二课　区别词

区别词是表示事物的属性、有区别事物作用的词。例如：

| 男 | 女 | 主要 | 高档 | 西式 | 冒牌 | 人造 |
| 正 | 副 | 彩色 | 初级 | 个别 | 国营 | 共同 |

事物具有非此即彼或各不相同的属性，区别词要区别事物也必然带有这些属性，所以区别词常常是对立成对儿的，或是相对成系列的。例如：

单—双　　　　　　　　雄—雌

主要—次要　　　　　　恶性—良性

大号—中号—小号　　　上等—中等—下等

高档—中档—低档　　　高级—中级—初级

区别词的主要用法：

1. 区别词只能用来修饰名词性词语，不能做谓语。

副教授　女朋友　彩色电视　新式武器　西式服装

＊这家商店国营。　＊他穿的鞋大号。　＊这些内容主要。

2. 区别词一般不受副词修饰。

＊很大型　＊再新式　＊都个别　＊不主要

区别词还可以构成是与非的对立，它的否定形式一般不用"不"，大多用"非"。要注意，区别词前加"非"构成的仍是一个区别词。

高档 ←—→ 非高档　个别 ←—→ 非个别　主要 ←—→ 非主要

＊不新式　＊不个别　＊不大型　＊不主要

3. 区别词不能单独充当句子的主语、宾语，如果用它来指事物，得构成"的"字短语才可以充当句子的主语或宾语。

①蘑菇野生的比人工种植的更有味道。

②随身携带的词典我更喜欢袖珍的。

③这些产品都是冒牌的，质量很差。

＊这些产品都是冒牌，质量很差。

4. 区别词区分的是事物的本质属性之一，位置上贴近中心语，后面一般不需要加"的"。

立体电影　　　良性循环　　　私立大学　　　机密文件　　　业余生活

练习一　根据中心语，在横线上填上适当的区别词

（1）＿＿＿＿＿＿建筑　　（2）＿＿＿＿＿＿咖啡　　（3）＿＿＿＿＿＿机器

（4）＿＿＿＿＿＿服装　　（5）＿＿＿＿＿＿观点　　（6）＿＿＿＿＿＿人

（7）＿＿＿＿＿＿职员　　（8）＿＿＿＿＿＿主任　　（9）＿＿＿＿＿＿照片

练习二　根据区别词，在横线上填上适当的中心语

（1）女＿＿＿＿＿＿　　（2）西式＿＿＿＿＿＿　　（3）高等＿＿＿＿＿＿

（4）高档＿＿＿＿＿＿　　（5）国营＿＿＿＿＿＿　　（6）优质＿＿＿＿＿＿

（7）业余＿＿＿＿＿＿　　（8）人造＿＿＿＿＿＿　　（9）活期＿＿＿＿＿＿

练习三　改病句

（1）这几座楼的建筑都是洋式。

（2）这饺子不是素，我要素。

（3）他拿了一些很彩色的图片。

（4）高档放这边，低档放那边。

（5）这几位代表是不正式，请你们给安排一下。

（6）这种植物不是木本，是草本。

第四单元综合练习

一、写出下列词语的重叠形式。

紧 _____   舒服 _____   瓦蓝 _____   麻烦 _____   笔挺 _____

直 _____   马虎 _____   安心 _____   牛气 _____   简单 _____

二、下列哪些词可以受"很"的修饰？（可以的在括号内画"√"，不可以的画"×"）

（　）雪白雪白　　（　）黄澄澄　　（　）自由　　　　（　）精装

（　）美丽　　　　（　）恶性　　　（　）金　　　　　（　）花白

（　）白白的　　　（　）绿　　　　（　）结结实实　　（　）难

（　）彩色　　　　（　）老实　　　（　）骄傲　　　　（　）慌里慌张

三、用适当的形容词或区别词填空。（不能重复，注意"的""地"的正确使用）

（1）这项技术已经达到世界 _____ 水平。

（2）只要他 _____ 学习，就能够学到 _____ 知识。

（3）这种 _____ 衬衫是 _____ 丝的，看上去很像真丝。

（4）她 _____ 问这问那。

（5）孩子们都穿得 _____ 。

（6）他非常 _____ 帮我检查了一遍机器。

（7）_____ 天空上飘着几朵 _____ 云彩。

（8）孩子们划着 _____ 木船，你追我赶，玩儿得 _____ 极了。

（9）他那 _____ 衣着，_____ 态度，_____ 举止，给人们留下很 _____ 印象。

（10）这里的企业大部分是 _____ 的，只有 _____ 企业是国营的。

四、用括号中的词语改写句子。

（1）这个故事情节简单，那个故事情节复杂。　　　　（比）

＿＿＿＿＿＿＿＿＿＿＿＿＿＿＿＿＿＿＿＿＿＿＿＿＿

（2）这本古代寓言书没意思，那本小说有意思。　　　（不如）

＿＿＿＿＿＿＿＿＿＿＿＿＿＿＿＿＿＿＿＿＿＿＿＿＿

（3）她从前爱跳舞，现在仍然爱跳舞。　　　　　　（跟……一样）

＿＿＿＿＿＿＿＿＿＿＿＿＿＿＿＿＿＿＿＿＿＿＿＿＿

（4）他的身体以前很健康，现在常常生病。　　　　　（没有）

＿＿＿＿＿＿＿＿＿＿＿＿＿＿＿＿＿＿＿＿＿＿＿＿＿

（5）这儿是比较吵闹，可是那儿也不安静。　　　　　（不比）

＿＿＿＿＿＿＿＿＿＿＿＿＿＿＿＿＿＿＿＿＿＿＿＿＿

五、改病句。

（1）节日里，公园里的人比平日很多。

（2）这些家具不新式，别买。

（3）你们的想法很一样跟我们。

（4）海水冰凉冰凉，不能游泳。

（5）我们学校比他们学校两千人多了。

（6）我的外语不太好，在国外生活遇到多麻烦。

（7）他比我的驾驶技术不高明。

（8）他那高的水平的设计十分引人注目。

（9）王力和李明一样兴趣。

（10）大家一起动手，一会儿就整齐了会场。

（11）他的志趣不跟我一样。

（12）通往北京的高速公路非常笔直。

（13）他待朋友不如我小气。

（14）中国经济的发展越来越很迅速。

六、根据短文内容，选择不同的比较方式和可比的事物进行比较。

（最少写出五个不同类型的比较句）▪▪▪▪▪▪▪▪▪▪▪▪▪▪▪▪▪▪▪▪▪▪▪▪▪▪▪▪

　　春节是中国最重要、最古老的节日，早在上古时代就开始了这一节日活动。春节期间常常举行一系列的民俗活动，如请神、放鞭炮、吃团圆饺子、拜年、送神、宴请等等，热闹非凡，盛大而隆重，非常典型、具体地表现了中国的年俗文化。

　　八月十五中秋节也是中国民间很重视的节日，但起源较晚，大概源于唐代，有观赏明月、吃月饼的习俗。八月十五的晚上，秋高气爽，月亮大而明亮，有这样美丽的景色，再加上月宫神话又可以引起人们无限的浪漫想象，因而中国人十分喜爱这个节日。

七、选用合适的形容词和比较句形式说一说下面两张图。▪▪▪▪▪▪▪▪▪▪▪▪

第五单元
代词及相关语句

| 代词 | 代词是具有指示作用或替代作用的词。 |

第十三课　指代人和事物的词语

一、人称代词

（一）三种人称代词

第一人称：我（单数）　　　　　　我们（复数）

第二人称：你（单数）您（敬称）　你们（复数）

第三人称：他（单数，代男性）　　他们（复数，代男性或有男有女）

　　　　　她（单数，代女性）　　她们（复数，代女性）

（指物代词）它（单数，代事物）　它们（复数，代事物）

（二）三种人称代词的活用

1.“我”“你”在单位、集体意义的名词前做定语时可代替“我们”“你们”。

　　①我校正在开展校园文明建设。（我们学校）

　　②你方代表是谁？（你们一方）

2.为了表示亲切，常把自己置于听话人的位置，这时“我们”等于“你们”。

　　③我希望我们每一个小朋友都能树立远大的理想。

3.用两个不同的人称前后呼应，不实指某一个人。

　　④来，不要你推我让的，大家都来尝尝。

　　⑤他们你一句我一句问个没完。

4. "她"除指称女性外，还可用来指称祖国、国旗、民族等，表示敬爱之情。

⑥ 离开祖国多年，很想早日回到她的怀抱。

（三）其他人称代词

1. 咱们

"我们""咱们"有时可以通用，但强调某一方时所指范围有别。

咱们：多用于口语，包括说话人和听话人双方在内。有时为了表示亲近关系，把对方拉入自己一方或把自己置入对方一方，也可以用"咱"或"咱们"。

我们：只指说话人一方。

⑦ 晚会上，几个人向另外几个人告辞，说："你们继续玩儿吧，我们先走了。"

此句说话人只指自己一方，只能用"我们"，不能用"咱们"。

另几个人说："着什么急呀？咱们/我们好不容易凑到一起，再玩儿一会吧。"

此句说话人所指包括听、说双方在内，所以可以用"咱们"。因为说话人没有分彼此，也可以换用"我们"。

⑧ 某记者问某老师："咱们学校每学期有多少留学生啊？"

此句说话人把自己置入对方一方，所以可以用"咱们"。

2. 自己

"自己"指某人或某事物自身。说话时为突出所指人或事是自身或明确是谁的自身，"自己"前面常有被代指的代词或名词。

⑨ 他们不是小孩子了，自己会处理好这些事情的。

⑩ 你自己的事，为什么自己不做而让别人做呢？

⑪ 怎么录音机突然自己响起来了？

3．人家

"人家"可以泛指或不确指第三人称，也可以确指第一、第三人称。

⑫要学习人家的长处，克服自己的短处。（泛指第三人称）

⑬你看人家王师傅，多谦虚呀！（确指第三人称）

⑭人家都快急死了，你却在这儿看人家的笑话。

（确指第一人称）

4．大家

指说话范围以内所有的人。

⑮大家静一静，先听我说。

5．别人

"别人"用来指所指人以外的人。

⑯要学会理解、关心别人。（指自己以外的人）

⑰别人都走了，只有小王还在继续学习。

（指小王以外的人）

（四）使用人称代词的注意事项

1．因为是代替，所以所指一定要明确。以下是称代不明的句子：

⑱＊他在门口遇见了他，他跟他打招呼。

⑲＊不能只听哥哥说，还要问问自己。

2．注意引用语人称的相应改变。

⑳＊最近她的公司很不景气，她对我说："无论如何她也不
能让公司倒闭。"（引用语中的"她"应改成"我"）

3．人称代词做宾语时，如果动词带有数量（包括时量）补语，应位于
数量补语之前。

　　照顾了他一天　　＊照顾了一天他
　　来找过她三次　　＊来找过三次她

4．人称代词与"的"

（1）人称代词修饰亲属关系名词时，可以不加"的"。

我妈妈　　　他爷爷　　　你叔叔

口语中也多用"单音节＋单音节"形式。

咱爸　　　你姐　　　我姨　　　　他家

（2）人称代词修饰方位名词时，也可以不加"的"。

你旁边　　　他后面　　　我们上头　　　你们当中

（3）指称单位、集体、机构、国家等名称时，常常选用复数代词，且不用"的"。

你们公司　　　我们班　　　他们单位　　　你们国家

＊我班　　　＊他单位　　　＊你国家

"你公司、我公司"在对举条件下可用。

有时为了表达简洁，还常会将"代词＋被指名词"减缩为二字形式，这种用法通常不用"的"，多用于第一人称和书面语体（对举除外）：

我们学校——我校　　我们国家——我国　　我们团——我团

练习一　用合适的人称代词或代词短语填空

（1）听说安娜病了，下班后 ＿＿＿＿ 去看看 ＿＿＿＿ 吧。

（2）＿＿＿＿ 高兴地欢呼起来："＿＿＿＿ 赢了！＿＿＿＿ 赢了！"

（3）＿＿＿＿ 王师傅一向守时，不像 ＿＿＿＿ 。

（4）＿＿＿＿ 不能再让妈妈操心了，得学会 ＿＿＿＿ 照顾 ＿＿＿＿ 了。

（5）他从来都是关心 ＿＿＿＿ 胜过关心 ＿＿＿＿ 。

（6）＿＿＿＿ 艺术代表团今日赴俄罗斯演出。

（7）＿＿＿＿ 父母为你操了不少心，你应该好好孝顺 ＿＿＿＿ 。

（8）你看 ＿＿＿＿ 丽丽多懂礼貌，不用妈妈说就知道 ＿＿＿＿ 主动跟 ＿＿＿＿ 打招呼。

练习二　改病句

（1）他的家白天几乎没有人。

（2）哥哥训了一顿他。

（3）你们的当中有谁会法语？

（4）你国有多少学生在这儿学习？

（5）电视不会打开吧？一定是你走的时候忘关了。

（6）看到一个小男孩掉到水里，赶忙跳下去把它救了上来。

二、指示代词

（一）指示代词及指量短语

称代指别	近指	远指
人、事物	这	那
人、事物	"这"＋（数）量词＋名词	"那"＋（数）量词＋名词
处所	这儿、这里	那儿、那里
时间	这时、这会儿	那时、那会儿

（二）指示代词的用法

1."这""那"单独使用时，多做主语，多用于"是"字句。

　　㉑那是我们的新图书馆。

　　㉒我们一家住了一栋小楼，这在过去是连想也不敢想的事情。

2."这""那"与数量词或名词连用时，有确指的作用。

基本结构：<mark>"这／那" ＋ （数）量词 ＋ 名词</mark>

　　　　　　这　　　（几）本　　　书

　　　　　　那　　　（五）位　　　同学

　　＊这书几本　　＊五位那同学

140

写了几个字（"字"是任意的）

写了那几个字（"字"是确指的，前文提到的或语境中的）

名词有限定语并需要确指时，必须前加"这""那"。

朝他笑的人（泛指）　　　　朝他笑的那个人（确指）

岛上的饭店（泛指）　　　　岛上小桥边那家饭店（确指）

有时用"这些""那些"来指一定数量的人或事物。

那些人　　这些鲜花　　这些观点　　那些消息

练习三　用指示代词"这/那"做定语，将每组的两句话改写成一个句子

例：　有一个男同学在借书。

他是我才认识的中国朋友。

──►正在借书的那位男同学是我刚认识的中国朋友。

（1）上次照了一些照片，很好。

昨天照了一些照片，不太好。

（2）北部夜空有一颗亮星。

它叫北极星。

（3）我讨厌一种人。

这种人只讲虚荣。

（4）一个售货员站在柜台左边。

她的服务态度好极了。

（5）一个小伙子穿着夹克衫。

你应该感谢他，是他帮助了你。

3．"这""那"（主要是"这"）也可以单独修饰名词，构成的短语常做评述句、疑问句的主语或话题。

㉓你看，这做工多么精细、多么讲究！

㉔这旗袍多少钱一件？

4．"这时""那时"表示时间的远近。"这时"可指现在或当时的时间；"那时"可指过去的时间。

㉕这时，一个人急匆匆地走了进来。

㉖我是2月来的中国，那时中国对我来说是极其陌生的。

汉语有的词，如动词"来、去、到、回、上、在"、介词"从、在、到"等后面常接处所宾语。如果宾语不是处所词，而是人称代词或表人、物的名词，通常需接代词"这里/这儿/那里/那儿"或方位词，构成处所短语。

㉗一会儿我想去我朋友那儿一趟。

㉘这些行李先放到桌子那儿。

练习四　用"这儿／这里""那儿／那里"做中心语改写下列句子

例：　她想去李阿姨家玩儿一会儿。

──➤她想去李阿姨那儿玩儿一会儿。

（1）她眼睛附近长了颗痣。

（2）我的房间里没有热水，小王的房间里有。

（3）星期天我想回我妈妈家一趟。

（4）笔就在桌子上的词典旁边。

（5）立交桥附近就有一家书店。

练习五　用合适的指示代词、指量短语或人称代词填空

（1）小朋友，你怎么 _____ 在 _____ 玩儿啊？ _____
妈妈呢？

（2）北京大学 _____ 你有朋友吗？

（3）_____ 戴眼镜的妇女你认识吗？

（4）_____ 洗衣机是全自动的，可以 _____ 漂洗、 _____
排水进水、 _____ 甩干并停机。

（5）站在台上的我 _____ 已经不知道该做什么了。

（6）在 _____ 书法作品中，刘老写的 _____ 字最好。

（7）书怎么都堆在 _____ 啊？把 _____ 搬到书柜 _____
吧。

（8）你 _____ 有治感冒的药吗？

（9）现在当然没有问题了，可是 _____ 我连上网都不会呢！

（10）一天下午，老师兴奋地对我们说："告诉_____ 一个好消
息， _____ 有新书了！"听了_____ 喜讯， _____
高兴得跳了起来。

练习六　改病句

（1）一台电脑坏了，我让朋友修去了。

（2）一会儿我想去老师一趟。

（3）你认识跑步的人吗？

（4）A：你的汽车呢？

　　B：停在食堂。

（5）羽绒服真不错！真暖和！

（6）我想起了五十年前的往事。我只有八岁，为了读书，每天上
山砍柴去卖。

三、问人、事物、处所、时间、数量等的疑问代词

1. 问人——谁

　　㉙ 他是谁?

　　㉚ 这是谁的钱包?

2. 问事物——什么

　　㉛ 什么是幸福?

　　㉜ 你买了些什么东西?

"什么"也可以用来询问职业、身份、关系等。要注意的是，直问对方是一种不太礼貌的说法。

　　㉝ 你是什么人?　(问身份)

　　㉞ 他是干什么的?　(问职业)

　　㉟ 什么大夫? / 什么老师?　(问职业的专业、科目类别)

　　㊱ 他是你什么人?　(问关系)

3. 问处所——哪儿/哪里

"什么"+"地方"——什么地方，也可以用来问处所。

　　㊲ 花瓶摆哪儿好?　(花瓶摆什么地方好?)

　　㊳ 你从哪里弄来这么多旧书?

　　　(你从什么地方弄来这么多旧书?)

4. 问时间——哪会儿 / 多会儿

"什么"+"时候"——什么时候，经常用来问时间。

"哪会儿/多会儿"相当于"什么时候"，用于口语，有方言色彩。

　　㊴ 你们什么时候放假啊?

　　㊵ 这都是哪会儿的事了?

　　㊶ 我多会儿说过那样的话了?

5. 问数量、时量——几/多少

　　　㊷ 你一小时能打多少字？

　　　㊸ 你打算在这儿住几天？

6. 问指定的人与事物等——"哪"＋量词

　　　㊹ 哪位客人姓张？

　　　㊺ 哪些照片是小李的？

练习七　用合适的疑问代词填空

（1）你们 _____ 时候回国？

（2）_____ 愿意帮助有困难的同学？

（3）赵老师教你们 _____ ？

（4）_____ 书是我可以借的？

（5）他指着巨石高声问道："_____ 大力士能搬动它？"

（6）刚才来找你的那个人是你的 _____ 人？

（7）听说买票的人很多，你排了 _____ 个小时的队呀？

（8）参加这次比赛的有 _____ 同学？

练习八　就句中带"·"的部分选用恰当的疑问代词提问

（1）她买了一些苹果、橘子。

（2）隔壁住的是一位老大娘。

（3）张涛是我的哥哥，他是律师。

（4）我的男朋友跑百米很快，只用了12秒。

（5）我认识台上唱歌的那个女孩儿。

（6）姐姐刚才让我冲的是这种茶，这种茶是台湾产的。

练习九　改病句

（1）前几天来看我的这位朋友是我在中国认识的。

（2）你看，这箱子里不是还有地方吗？把包里那两件衣服也放那里吧。

（3）母亲想："不管怎么难，她也要把孩子抚养成人。"

（4）我们去过北京很多地方，他们的风景都很美。

（5）暑假咱们要去大连旅游，你们去哪儿？

（6）王华和大娘再次在车上相遇，她亲热地跟她打招呼。

（7）这时她很小，现在她不但长大了，还做了妈妈。

（8）这两盆花是从张老师搬来的。

（9）医院门口的男人，我好像在哪里见过。

（10）你怎么来了？不是说你跟朋友一起来吗？

（11）爱尔兰是我最喜欢的国家之一，我特别喜欢它的居民和它的风景。

（12）如果他们把他们的困难告诉他（指司机），他会帮助他们的。

（13）1月17日，我永远也忘不了这日子，我的家乡被地震破坏了。

（14）老师说："同学们！可以吃饭了！"这是咱们最盼望的时刻，咱们高高兴兴地打开了饭盒。那时，突然一个学生叫道："老师！我忘带饭盒了。"

第十四课　指代动作和性状的词语

一、指代动作和性状的代词

代词中有一类是指示、疑问动作的状态、程度、方式或事物性状的代词，这类代词有：

近指	远指	疑问
这么	那么	怎么/什么
这样	那样	怎样/哪样
这么样	那么样	怎么样/什么样

二、主要用法

1. 主要修饰动词、形容词，表示程度、方式，做状语。

　　①你这么关心照顾我，我怎么谢你才好呢?
　　（程度）　　　　　　　　（方式）

　　②问题没那么严重，别着急。（程度）

　　③他经常这样发脾气。（方式）

　　④我怎么样做你才能满意? （方式）

2. "这样""那样""哪样"可以指代状态、性质，做定语、主语或宾语。

　　⑤这样的文学作品才会有生命力。

　　⑥那样的事情不能再发生了。

　　⑦鞋的种类很多，你想要哪样的?

3．"这么""那么"可以修饰数量词语，表示量度。

A．"这么/那么"修饰"些"表示多，修饰"点儿"表示少。

⑧ 走了这么些地方，只有这里最好。

⑨ 不好吃吗？你怎么就吃那么点儿？

B．"这么/那么"修饰数量，表示数量多或少。

⑩ 怎么买了这么一大筐苹果呀？吃得了吗？

⑪ 怎么才住了这么几天就要走啊？

4．"怎么""怎么样"可以问方式、原因和性状等。

⑫ 我们怎么去？（问方式）

⑬ 老王怎么没出席会议？（问原因）

问原因时，如例⑬，用"怎么"语气相对缓和。尽量少用"为什么"，"为什么"有质问性，语气较强。

⑭ 他是怎样的一个人？（问性状，做定语）

5．"怎么""怎么样"都可以直接做谓语，但是"怎么"做谓语时，后面一定要加"了"。

⑮ 你眼睛怎么了？

＊你眼睛怎么？

⑯ 你最近身体怎么样？

6．"怎么样"与"什么样"

"怎么样"可以直接问性状，直接的回答应是"好""不好"之类。

"什么样"是用"什么"来描写样子的，回答应是具体描述样子。如描写人的样子：大眼睛、高个子；描写事物的样子：小巧的、圆圆的。

⑰ A：他儿子怎么样？

B：很不错啊，挺聪明的。

⑱ A：他儿子长得什么样？

B：像爸爸，虎头虎脑的，很可爱。

练习一　用合适的代词填空

（1）她的态度 _____ 温和，大家都喜欢她。

（2）女儿 _____ 爱好文学，还是让她去中文系吧。

（3）你 _____ 一点儿也不理解人家的心情？

（4）_____ 重的石头，那时是 _____ 运上山的呢？

（5）这里没有南方 _____ 多的雨水。

（6）他身体恢复得 _____ 了？

（7）你喜欢 _____ 的玩具，告诉我，我给你买。

（8）你 _____ 了？肚子疼吗？

（9）当时是 _____ 一种情况，你了解吗？

（10）你 _____ _____ 不冷静？

（11）你 _____ 只坐了 _____ 一会儿就要走啊？

（12）你们 _____ 能做出 _____ 的决定来？

（13）_____ 看书对眼睛不利。

（14）大家都好好想一想，_____ 的表演能够吸引观众？

练习二　就句中带"·"的部分提问并回答

（1）他买了一个又甜又沙的大西瓜。

（2）她昏迷过去了。

（3）她姐姐长得特别漂亮。

（4）她一句一句认真地学着，样子可爱极了。

（5）他是一个踏踏实实的实干家。

练习三　遇到下列情况，你怎样发问？

（1）看到弟弟的手在出血。

（2）他正在发很大的脾气。

（3）他说下午来，可是他却没来。

（4）他原来想坐飞机去，可临时改坐火车了。

（5）他只学了半年，汉语就说得很流利了。

（6）这个电影非常好，可是他却不想看。

练习四　改病句

（1）这些日子他怎么很忙？

（2）我不知道这是什么回事。

（3）A：你的朋友什么样？

　　　B：人很好。

（4）她平常不怎样说笑。

（5）他还小，对这么的事还不会处理。

（6）你最近忙吗？身体什么样？

（7）这是怎么的一种游戏？

（8）她今天情绪不太好，你知道她怎么吗？

（9）有女儿跟父亲怎样说话的吗？

（10）他怎么非常不理解别人？

（11）她遇到一件麻烦事，不知道怎么办法才好。

（12）这么晚了，这里怎么还很热闹呢？

第十五课　疑问代词的特殊用法

　　疑问代词是用来表示疑问的，但是有时它却出现在无疑而问的句子里，表示任指、不确指、虚指等。

一、表示任指（泛指）

　　疑问代词表示任指或泛指可以用句号形式结句。句中的疑问代词指任何一个人、任何一件事或任何一种方式等。

　　句子形式通常是：

> 疑问代词 + "都／也" ……
>
> "无论／不管" + 疑问代词 …… "都／也" ……

　　例如：

　　　　① 这次活动谁也不感兴趣。（任何一个人）

　　　　② 他哪儿都想去。（任何一个地方）

　　　　③ 哪种方法都可以。（任何一种方式）

　　　　④ 他怎么清楚也没有我清楚。（任何一种情状）

　　　　⑤ 无论什么意见，大家都可以提。（任何一种意见）

练习一　用代词的任指形式改写下面的句子

　　（1）你任何时间都可以来找我。

　　（2）她各个方面都好。

（3）大家可以发表任何见解。

（4）刚来的时候，他一个人也不认识。

（5）不管大家怎么问，他一句话也不说。

（6）凡是能去的地方他都想去，可是他一个地方也去不了。

二、表示不确指

疑问代词表示不确指可以用句号形式结句。句中的疑问代词指不确定的某个人、某个事物或某个方式等。通常用两个同样的疑问代词前后呼应，前一代词所代的是实际存在的或想要的东西，后一代词所代的是前一代词所代的东西。

句子形式通常是：

疑问代词A……（就）疑问代词A……

例如：

⑥谁想参加谁就报名。

⑦你喜欢哪个，我就送给你哪个。

⑧他的模仿能力真强，学什么像什么。

⑨什么时候需要他，他就什么时候出现。

⑩大家想怎么干就怎么干。

比较"不确指"与"任指"

现实中会存在多种确定的可能，"不确指"用疑问代词来代指任何可能确定的那个。如例⑩，要做的事情可能有A、B、C、D等多种方式，大家可以任意选定某一方式来做。你想选用A做，就可以用A；你想选用B做，就可以用B，等等。

任指也会存在A、B、C、D等多种情况，与不确指不同的是，它把A、B、C、D等都包含在内，所有都是想要的，不是只选A或B等。如：

他想去哪儿就去哪儿。（在可能的A、B、C、D中，他可以选定一个地方，他选定某个地方就去某个地方）

他哪儿都想去。（指A、B、C、D任何地方都包括在内，每个地方都是想去的）

练习二　用代词的不确指形式改写下面的句子

（1）大家可以写自己想写的东西。

（2）你可以决定买任何东西。

（3）个人决定休假时间的长度。

（4）由丽莎自己决定去旅游的地方。

（5）你们可以采取自己想去的方式去。

（6）救济灾区，大家自己决定捐款的数量。

三、表示虚指

疑问代词表示虚指可以用句号形式结句。句中疑问代词表示不知道或说不出来或不便明说的某一人、事物、处所、时间和方式等。

⑪ 这个人我好像在哪儿见过。

⑫丽丽明天过生日，咱们买点儿什么礼物送给她吧。

⑬这件事我好像听谁说过。

⑭什么时候咱们也凑在一起热闹热闹。

⑮我的嗓子不知怎么突然哑了。

比较"任指"与"虚指"

"任指"是将所指的都包含在内，没有某一项的限定；"虚指"则一定存在某一个，只是因为某个原因，无法说出或不便说出这一个。例如，"什么时候我去你家看你。"这句话是说会在某个时间做这件事，现在不能说出这个时间，是因为还没有具体计划。

语法形式上，任指成分之后常用"都/也"配合，虚指不需要这种配合。

- 任指：吃什么都行。　　　● 虚指：我饿了，想吃点儿什么。
  　　　　谁看都允许。　　　　　　　　这件事我听谁说过。

练习三　用虚指形式来改写下面的句子

（1）我太累了，想找一个地方休息一下。

（2）有时间的话，咱们去看看老师。

（3）你说点儿话劝劝她吧。

（4）我想做点儿事情支持他一下。

（5）他们想在一个地方散散步。

（6）不知道是哪一种原因，汽车发动不起来了。

练习四　用疑问代词填空

（1）你 _____ 时候来都可以。

（2）_____ 学习好，我就向 _____ 学习。

（3）他第一次来中国，_____ 都想去看看。

（4）_____ 种便宜就买 _____ 种。

（5）你坐 _____ 等我一下，我一会儿就来。

（6）这辆自行车不知 _____ 坏了。

（7）大家想 _____ 玩儿就 _____ 玩儿。

（8）老王走南闯北一辈子，_____ 苦没吃过？_____ 人没见过？

（9）我觉得你很面熟，好像在 _____ 地方见过你。

（10）_____ 时候你们放假了，咱们去海滨玩儿玩儿，怎么样？

练习五　遇到下列情况时，用所学代词构句可以怎样说？

（1）我嫌你的屋子太脏了。

（2）我觉得这个单词太难记了。

（3）我认为你的睡觉姿势不舒服。

（4）我想安慰他，困难不是很多，别担心。

（5）你非常热情地帮助了我，我不知道用什么方式来表示感谢。

第五单元综合练习

一、用合适的代词和"指示代词+量词"短语填空。 ■■■■■■■■■■■■■■■■

（1）_____ 有趣的活动，你 _____ 没参加呢？

（2）_____ 不要挤！_____ 挤下去，_____ 也上不了车。

（3）挂在 _____ 墙上的 _____ 画儿是我最喜欢的。

（4）咱们还是别去了，_____ 人一定很多，上 _____ 找他呀？

（5）你 _____ 想我不管，我只知道我应该 _____ 做。

（6）我的目的是帮助他，我 _____ 做有 _____ 不对吗？

（7）我实在太饿了，_____ 去 _____ 吃点儿 _____ 好吗？

（8）你 _____ 老一个人待在家里啊？_____ 时候我陪你去旅游旅游。

（9）小李！来，帮 _____ 把 _____ 桌子搬到书柜 _____ 。

（10）他们懂得 _____ 关心 _____ 了，_____ 不是一件好事吗？

（11）听说 _____ 晚上，_____ 俩说说 _____ 聊聊 _____ ，
　　　高兴得一夜没睡。

（12）A：你 _____ 帮助我，我 _____ 感谢你才好呢？

　　　B：谢 _____ 谢？都是朋友，别 _____ 客气！

（13）A：_____ 客人安排他们住到 _____ 合适？

　　　B：住到市中心 _____ 的四星级宾馆吧。

（14）A：_____ 时候咱们合作做点儿 _____ 。

　　　B：行，你说了算，你想做 _____ 我就配合你做 _____ 。

二、根据句子的意思，按要求改写。 ■■■■■■■■■■■■■■■■■■■■■■■■

1．用"这""那"做定语

　　　例：立交桥旁有一座高大的楼房。

　　　　　它就是中国人民银行。

　　　　　──→ 立交桥旁那座高大的楼房就是中国人民银行。

（1）河对岸有一只小船。

　　　它叫风吹跑了。

　　_____

（2）桌子上有一支笔，不好用。

　　　我手里拿了一支笔，好用。

　　_____

（3）台上有一个女孩儿在唱歌。

　　　我认识她。

　　_____

（4）我昨天去车站接了一个人。

　　　他是我在北京读书时常常帮助我的人。

　　_____

2．用疑问代词改写

　　例：我现在很想听点儿音乐、故事等。

　　　　—→ 我现在很想听点儿什么。

（1）这次作文，大家可以自己决定写的内容。

　　_____

（2）我劝了他好半天，他就是不听。

　　_____

（3）你从任何地方上车都行。

　　_____

（4）没有决心做不成事情。

　　_____

三、改病句。

（1）大家怎么作法他都同意。

（2）人家都不去，你怎么要去？

（3）星期天我常常去北大，我有两个好朋友住在这儿。

（4）这些工艺品怎么非常贵？

（5）你问小梅正看的一张照片吗？它是我五岁时照的，这时我还没
上学，样子这么天真！

（6）你们班的成绩不如咱们班，咱们班的成绩可好了。

（7）他是什么的一个人，你了解吗？

（8）跑在前面的一个人我认识，每天早上都跑步。

（9）他没想到每天做这么很多工作。

（10）什么回事？为什么刚来就要走？

（11）你看，小梅怎么很激动啊？

（12）有的地区虽然它们的生活比较落后，但是它们的人却很好客、
很热情。

四、就句中变色部分提问并回答。▪▪▪▪▪▪▪▪▪▪▪▪▪▪▪▪▪▪▪▪▪▪▪▪▪▪▪▪▪▪▪

（1）他是教国际政治的老师。

（2）漫山遍野的花儿开得鲜艳极了。

（3）我想找一个名叫凯瑞的留学生。

（4）他们原来打算骑自行车去，现在又想坐汽车去了。

（5）没有事情能够激起他的热情。

第六单元
副词及其用法

| 副词 | 副词是用来修饰动词、形容词，说明动作、性状的时间、范围、程度、频率、肯定或否定以及语气、情状等的词。 |

第十六课　副词的意义与功能

一、副词的主要意义类别

1. 表示时间

刚	刚刚	已	已经	曾经	才	就
正	正在	在	将	将要	起初	原先
立刻	马上	顿时	一时	随时	时时	不时
一直	一贯	向来	一向	从来	历来	永远
始终	老（是）		总（是）			

2. 表示范围

都	全	一共	总共	统统	一起	一块儿
一同	一道	一齐	一概	一味	净	只
就	光	单	仅	仅仅	唯独	

3. 表示程度

很	极	挺	太	好	最	怪
非常	十分	格外	极其	相当	较	比较
有点儿	稍微	不太	更	更加	越发	多么

4. 表示重复、频率

又	再	还	也	再三	屡次	偶尔
常常	经常	时常	通常	往往	不断	反复

5．表示肯定、确定、否定

一定	必定	必然	准	的确	确实
不	没（有）	别	不用	不必	未必

6．表示语气

可	却	倒	反倒	简直	也许	大约
难道	究竟	到底	难怪	果然	居然	竟然
偏偏	明明	毕竟	索性	反正	恐怕	实在
甚至	幸亏	只好	好在	终于	几乎	差点儿

7．表示情状

故意	特地	尽量	趁机	顺便	直接	按时
互相	共同	亲自	擅自	私自	单独	拼命
忽然	猛然	仍然	逐步	逐渐	渐渐	纷纷
大肆	全力	赶快	连忙	接连	悄悄	暗暗

二、副词的主要语法功能

1．副词在句中的主要功能与分布

（1）副词的主要功能是修饰动词、形容词，在句中做状语，所以多数情况下位于谓语前。即：

（主语＋）副词 ＋ 谓语

例如：大家都来了　刚到　再等一下　一起走　常常不吃早饭
　　　非常舒服　极好　很喜欢　稍差　比较难

（2）少数情况下，主观性较强的语气副词和时间、频率副词等作用于全句时，就可能位于主语前。例如：

①也许领导说了也不算。（语气副词）

②其实他也不知道会是这样的。（语气副词）

③常常大家都睡了，她还在做事。（频率副词）

这类副词常见的有：

起初	原先	偶尔	常常	通常	忽然	其实
反倒	也许	难道	究竟	到底	难怪	果然
毕竟	反正	恐怕	甚至	幸亏	好在	终于

（3）单音节副词意义比较虚，位置比较固定，一般仅位于谓语前。例如：

　　我也听　　冬天又来了　　他还有两个　　你才走啊

　　一班更突出

　　＊也我听　　＊再你说　　＊还她在做　　＊却他不帮我

但是，表示后指的小范围副词——"就、光、只、仅"等有一定例外，如果它表示其后的人、物数量少、种类单一就可以位于主语前，但一定不能位于宾语前修饰宾语。例如：

④就他一个人还不知道。

⑤光线装古籍就有两三千册。

⑥＊他看了只一个电影。

⑦＊我送了就他礼物。

练习一　将括号中的副词填到句中适当的位置上

（1）_____我这儿_____有几张票，_____你们_____来吧。（还　都）

（2）_____你的条件_____不错，_____别人比你_____差多了。（还　就　可）

（3）联欢会_____进行了_____一个多小时。（只）

（4）他_____不_____工作好，_____品德_____好。（光　也）

（5）_____火车_____开了，_____他_____赶来。
（才　快要）

（6）＿＿＿＿＿＿ 我的好朋友 ＿＿＿＿＿＿ 在这儿，不然会 ＿＿＿＿＿＿ 麻烦
的。（很　也　幸亏）

（7）青年人学点儿历史 ＿＿＿＿＿＿ 是 ＿＿＿＿＿＿ 必要的。

（也许　十分）

（8）＿＿＿＿＿＿ 我 ＿＿＿＿＿＿ 在 ＿＿＿＿＿＿ 帮他，＿＿＿＿＿＿ 他 ＿＿＿＿＿＿
不懂我的意思。（明明　却）

（9）＿＿＿＿＿＿ 我们 ＿＿＿＿＿＿ 回到宿舍，＿＿＿＿＿＿ 张老师 ＿＿＿＿＿＿
来了。（刚　就）

（10）＿＿＿＿＿＿ 你 ＿＿＿＿＿＿ 不了解他，＿＿＿＿＿＿ 他 ＿＿＿＿＿＿ 离过
两次婚了。（已经　并　其实）

2．副词的主要功能是修饰谓词性词语，一般不能修饰非谓语的名词性
词语。

　　＊不学生　　＊总共食品　　＊非常兴趣　　＊很愿望
　　＊都我们决定了　　　　＊也他们一起去

如果名词性词语在句中做谓语，那就可以接受副词修饰。

⑧又星期六了，时间过得可真快呀！

⑨他已经教授了，我才讲师呢，差得也太大了。

3．代替了动词、形容词的代词，如"这样/那样"等，可以接受副词
修饰。

⑩好了，好了，小敏知道错了，不会再那样了。

⑪事情已经这样了，光埋怨有什么用？

4．程度副词主要修饰形容词、心理动词等，不能修饰一般动作行为动
词。例如：

　　最伟大　　　十分愉快　　　挺聪明的　　　更加美丽
　　很想　　　　特别生气　　　极其担心　　　相当愿意去
　　＊太写　　　＊非常学习　　＊格外帮助　　＊有点儿休息

练习二　把括号中的副词放到句中A、B、C、D唯一恰当的位置上

（1）A 他 B 一个人 C 去，D 行吗？（光）

（2）A 你 B 帮了他，C 还是 D 他帮了你？（究竟）

（3）A 人家 B 小伙子了，别 C 总说 D 人家。（都）

（4）A 她 B 有一颗 C 善良的 D 心。（非常）

（5）A 星期天 B 没有 C 课，D 其他都有课。（就）

（6）A 你 B 能 C 说 D 一遍吗？（再）

（7）孩子A 这么 B 小，却 C 懂 D 礼貌。（很）

（8）A 我们 B 这几个人 C 不会 D 说日语。（都）

（9）A 你 B 这样，C 我 D 生气了。（再　就）

5．除少数副词，如"不/没有/也许/一定/有点儿"等可以单独回答问题外，其他副词一般不可以单独回答问题。回答问题时，必须加上所修饰的谓语。

⑫A：最近怎么没看到小王？出差了吗？

　B：也许。

⑬A：你脸色不太好，身体不舒服吗？

　B：有点儿。

⑭A：李明已经毕业了吗？

　B：＊已经。（已经毕业了。）

⑮A：你也参加吗？

　B：＊是啊，我也。（是啊，也参加。）

⑯A：那儿的风景美吗？

　B：＊特别。（特别美。）

练习三　用括号里的副词完成对话

（1）A：大家都到齐了吗？

　　B：＿＿＿＿＿＿＿＿＿＿＿＿＿＿＿＿＿＿＿　（都）

（2）A：老张是不是下个星期动身啊？

　　B：＿＿＿＿＿＿＿＿＿＿＿＿＿＿＿＿＿＿＿　（也许）

（3）A：这次会议很重要，你可一定到会呀。

　　B：＿＿＿＿＿＿＿＿＿＿＿＿＿＿＿＿＿＿＿　（一定）

（4）A：听说小王和小李通过这次考试了，你知道还有谁吗？

　　B：＿＿＿＿＿＿＿＿＿＿＿＿＿＿＿＿＿＿＿　（就）

（5）A：你也支持他吗？

　　B：＿＿＿＿＿＿＿＿＿＿＿＿＿＿＿＿＿＿＿　（也）

（6）A：听说你吃坏肚子了，怎么样？肚子还疼吗？

　　B：＿＿＿＿＿＿＿＿＿＿＿＿＿＿＿＿＿＿＿　（有点儿）

练习四　将左右两列可以搭配的词语用线连接起来（每个词语
限用一次）

到底	去他那儿
一起	那样了
永远	出发
的确	商量商量
更加	漂亮了
立刻	记在心里
就	动人
经常	帮助
格外	哪一种好
已经	听过
互相	不错
没	他不知道

练习五 选择合适的副词填空（每个词限用一次）

| 极 | 太 | 再 | 还 | 没 | 别 | 竟 | 曾经 |
| 光 | 就 | 都 | 又 | 十分 | 非常 | 已经 |

（1）有机会，我 ＿＿＿＿ 想 ＿＿＿＿ 去一次北京。

（2）来中国后，他 ＿＿＿＿ 想念自己的父母和朋友。

（3）这次山西之行给我留下 ＿＿＿＿ 深的印象。

（4）事情都 ＿＿＿＿ 过去了，＿＿＿＿ ＿＿＿＿ 难过了。

（5）五年前我 ＿＿＿＿ 见过他一面，＿＿＿＿ 想到，几年不见，

他 ＿＿＿＿ 完全变样了。

（6）＿＿＿＿ 一年开始了，我该怎样走自己的路呢？

（7）他们俩对中国古典文学 ＿＿＿＿ ＿＿＿＿ 感兴趣。

（8）这次应聘，＿＿＿＿ 博士 ＿＿＿＿ 有十几个。

练习六 改病句

（1）这次到农村，一共我们参观了四个乡镇企业。

（2）先我们预习，然后再老师讲解。

（3）A：这次招聘你也报名吗？

B：我也。

（4）我看他很食欲，就盛了又一碗。

（5）他最近工作很忙，又身体不好，别麻烦再他了。

（6）男的通常外出打工，女的做家务。

（7）我怎么劝也他不听。

（8）那时候，修建这样一座园林要多么时间啊！

（9）到中国刚不久，就我们游览了这几个著名的名胜古迹。

（10）这个家庭有共七口人，有四间房子，也一个大院子。

（11）我喜欢美术，也音乐。

（12）经常我们一起谈话，了解互相的思想。

（13）老师希望我取得更进步。

（14）城里怎么也空气没有山里的好。

（15）他对什么事特别认真，对学习当然认真了。

（16）那天时间不够了，我们不去工厂，参观了只学校。

第十七课　常用副词对比分析

一、不　没（有）

1. "不""没（有）"都表否定，但否定范围不同。

   - "不"—— 断定性否定；主观意愿；现在、将来
   - "没"—— 过程性否定；客观叙述；现在以前

"不"主要用于否定判断人与事物，说明属性，表现人的意志行为，它跟时间过程一般没有必然联系，过去、现在、将来都可能存在，但是由于表达意愿的事情主要会发生在现在和将来，所以"不"主要用于现在和将来。

"没"主要用于否定过去某时间内或到说话为止时动作、状态的发生、完成，因此"没"只用于现在以前的时间，即过去，不能用于将来。说话人是客观地叙述过去时段过程中的情况，所以"没"的否定带有一定客观性。

上次、这次他都没参加，听说下次还不想参加。
　　　　（客观，过去）　　　　（主观，将来）

＊上次、这次他都没参加，听说下次还没想参加。（将来）

我不吃早饭了。　　　　我没吃早饭呢。

（主观，现在）　　　　（客观，到现在为止）

表示性质、断定，突出说话人意愿的情况下，也会把"不"用在过去时间里。如：

① 那时候人们都不富裕，买不起这样的房子。

② 他过去不是、现在不是、将来也不会是我的朋友。

③ A：你昨天怎么不说？

　　B：我昨天不说是因为他在场，不能说。

2．"不"和"没（有）"用于不同的具体语境和语句类型。

（1）表示对人、事物本性、属性的否定，形式主要是：<u>不+形容词</u>。

　　　不老　　不硬　　不白　　不清楚　　不便宜
　　　不真诚　　不深刻

（2）表示对一种主观决定、认定、断定的否定，用"不"。

　　　④我不想听，所以不听。

　　　⑤他不认为这有什么不好。

　　　⑥这肯定不是李师傅的想法。

表断定、认定的动词主要有"是、姓、像、属于、认识、知道"等。

　　　不是　　不姓　　不像　　不属于　　不等于
　　　不认识　不知道

（3）表示对一贯性、规律性、真理性情况的否定，用"不"。即：

　　<u>经常/常常/总（是）/一贯/一向/每（天）……+ 不 + 动词</u>

　　　⑦他既不抽烟，也不喝酒。

　　　⑧他总是大手大脚不算小账。

　　　⑨不吃苦哪有甜？

　　　⑩他每天早上都不吃早饭。（＊他每天早上都没吃早饭。）

　　　⑪他今天早上没吃早饭。（非意志的、非一贯的客观叙述）

（4）表示对一种心理活动或一种意愿、可能等的否定，一般用"不"。

　　　⑫我不喜欢他那种小气劲儿。

　　　⑬你爸爸当然不愿意看到你现在这个样子。

　　　⑭小孩子跟大人说话不可以用这种语气。

（5）表示一种计划或状态与之前不同，发生了改变，用"不……了"。

　　　⑮他们不坐飞机去了。（之前计划坐飞机）

　　　⑯我们（已经）不是朋友了。（过去曾是朋友）

　　　⑰水（已经）不热了。（之前热）

（6）站在客观的立场上叙述，表示对过去或到现在为止某动作、现象和状态发生、完成的否定，用"没"。

⑱什么？刚才？刚才我没说这句话呀。

⑲昨天下午我没去图书馆，我跟朋友去看电影了。

⑳天还没亮呢，再睡一会儿吧。（到现在为止）

＊这里，周围的一切一点儿也不变，人也不变了。

（应改为"一点儿也没变""人也没变"，表示到现在为止）

＊我上个星期不来上课，感冒了。

（应改为"没来上课"，因动作发生在过去；是客观叙述）

练习一　选择"不"或"没有"填空

（1）你 ＿＿＿＿＿＿ 了解情况，就 ＿＿＿＿＿＿ 要乱说话。

（2）我找了他一下午了，一直 ＿＿＿＿＿＿ 找到他。

（3）上次请他，他都 ＿＿＿＿＿＿ 来，这次 ＿＿＿＿＿＿ 请他，他当然更 ＿＿＿＿＿＿ 来了。

（4）昨天晚上 ＿＿＿＿＿＿ 睡好，今天 ＿＿＿＿＿＿ 想去玩儿了。

（5）你怎么还 ＿＿＿＿＿＿ 走啊？去晚了，人家会 ＿＿＿＿＿＿ 高兴的。

（6）这个菜一点儿也 ＿＿＿＿＿＿ 辣。

（7）我 ＿＿＿＿＿＿ 生气，只是心里有点儿 ＿＿＿＿＿＿ 舒服。

（8）妈妈的病还 ＿＿＿＿＿＿ 好呢，＿＿＿＿＿＿ 能停药。

（9）我 ＿＿＿＿＿＿ 熟悉这里的情况，你介绍介绍吧。

（10）他总是自以为是，从 ＿＿＿＿＿＿ 把别人放在眼里。

练习二　把下列句子改成否定句

（1）听说今天足球赛的门票很贵。

（2）今天天气很好，我们出去玩儿玩儿吧。

（3）昨天晚上我去小王那儿了。

（4）李老师说今天晚上给我打电话。

（5）他们昨天试过一次机器了，打算明天再试一次。

（6）你应该买这幅画儿。

（7）同学们已经学会使用这个软件了。

（8）张伟和李丽国庆节结婚。

（9）苹果都红了，可以吃了。

（10）我参观过那儿的经济开发区。

二、才 就 都

"才$_1$"和"就"、"才$_2$"和"都"在表示大小量意义时，即表示时间早晚快慢等，有相对立的意义，含说话人的主观认定性。

1．"才$_1$"和"就"

才$_1$	量大	说话人认为动作行为实现得晚、慢等
就	量小	说话人认为动作行为实现得早、快等

①八点才上课，你怎么七点就来了？
  （上课晚）   （来得早）

②呦，这孩子不到一岁就会说话了，我那个三岁才会说。
                （说话早）   （说话晚）

171

③我排了半天队才买到，你这么一会儿就买到了？

（时间长，买到慢）　　　　（时间短，买到快）

④我说了那么多好话经理才答应，你怎么一说他就答应了？

（数量多，答应慢）　　（数量少，答应快）

要注意，说话人认为动作行为实现得晚、慢或早、快等是有前提条件的，要有相对的时间量。上面四个例句都显示了这样两种时间。日常交际中有时只有一个时间，语境或说话人心中应有另一相对的时间，如果没有，就不需要用"才₁"或"就"。例如：

⑤今天他10点多才起床。（说话人认为起床晚，是因为生活中人们会认定一个通常习惯的起床时间）

如果说话人没有要表达相对晚的意思，只想说明起床时间，那么用"今天他10点多起的床"就可以了。因为"才₁"会表达出因晚、慢而不满的情绪态度，使用时需注意听话对象。

"就"表示比预期时间早、快，所以句末常配合"了"来凸显动作行为的实现。即：

"才" + 动词……　　　　　　　"就" + 动词……+ "了"

2."才₂"和"都"

才₂	量小	表示时间早、年龄小、数量少等
都	量大	表示时间晚、年龄大、数量多等

当"才₂"放到数量词语前时，它指向其后数量，表量小，意义跟"才₁"相对。

⑥才五点，你怎么就起床了？

（时间早）

172

⑦ 都夜里两点了，快睡吧！
（时间晚）

⑧ 你看人家孩子，才十六岁就上了大学。你都十八了，还
　　　　　　　（年龄小）　　　　　　　　（年龄大）

在高一。

⑨ 才两件毛衣，不够穿的，再买两件吧。
（数量少）

⑩ 都35万字了，太多了，最好控制在30万字以内。
（数量多）

　　"都"表示达到一个晚的、大的数量，句末常用"了"表示其变成的
数量。即：

　　　　"才₂" + 动词……　　　　　　"都" + 动词……"了"

　　3. "才₁""才₂"虽然表数（时间、数量）意义相对，但都表达了与语
境中某数不同的意义，以此表达说话人的情态。"才"在句中有两个位
置——数量前、数量后，可采用下面的方法记忆：

　　　　　　　　才₂　　数量词语　　　才₁
　　　　　　————————————————————————→
　　　　　　前——早/少　　　　　后——晚/多

　　　a. 数量+才₁+动作，表示量大：晚、慢、大、多
　　　b. 才₂+数量+动作，表示量小：早、快、小、少

例如：

⑪ 晚上10点半飞机才开。

⑫ 才写了一遍啊。

⑬ 才这么一会儿就等不了了。

　　因为"就"表示早或快，量小；"都"表示晚、慢，量大，所以与
"才"配合的形式是：

　　　　　　都……了，才₁……
　　　　　　才₂……就……了

⑭ 都38岁了，才₁结婚。

（年龄大）（结婚晚）

（＊都38岁，才结婚。/＊都38岁，才结婚了。）

⑮ 才₂16岁，就承担起家庭重担了。

（年龄小）（时间早）

（＊才16岁了，就承担起家庭重担。）

练习三　选择"才₁、才₂、就、都"填空

（1）这孩子 _____ 十来岁，_____ 懂那么多事情。

（2）球队成立 _____ 一个月，队员 _____ 已经发展到四十来个人了。

（3）我12岁 _____ 离开了家乡，直到50岁 _____ 回去。

（4）_____ 九点了，你怎么 _____ 走？

（5）你真聪明，一讲 _____ 明白了。

（6）我练了半天 _____ 记住，小明只看了一会儿 _____ 全记住了，还是小孩子的脑子好用呀。

（7）一个星期 _____ 把设计拿出来了。

（8）_____ 四天了，_____ 到上海。

（9）_____ 坚持了一个星期 _____ 不干了。

（10）一个星期 _____ 两次课。

（11）_____ 跑五圈了，还跑啊？

（12）_____ 吃这么点儿啊？我 _____ 吃三碗了。

三、又　再　也　还

1."又"和"再"

（1）"又"和"再"都有重复的意义，即此前同样的动作或性状已出现过。如：

① 主任又看了他一眼，接着又讲了一遍要求。（之前看过、讲过）

② 再唱一段好不好？（之前唱过）

（2）"又"表示的动作、状态为已完成、已显现或即将出现，动词或句后常接表示完成实现等语法意义的"了"或其他成分，主要用于客观叙述；"再"主要用来表示主观意愿或要求，所以动作、状态多为未完成情况，动词或句后一般不接"了"。即：

● 又——说话以前；重复动作状态已发生；客观叙述（常现"了"）。

● 再——说话以后；重复动作状态未发生；祈使、意愿。

例如：

③ 又写了一遍／又忙了半天／又胖了（客观叙述；已重复）

④ 再写一遍／打算再试一次。（主观要求、意愿；待重复）

⑤ 又一次见到她，心里有说不出的高兴。（已重复；叙述）

⑥ 老李又摆起老资格来。（"摆"的样子已显现；叙述）

⑦ 再帮我看看还有没有错儿。（第二遍未做；请求）

⑧ 我想再去医院看看孩子。（重复的动作未做；意愿）

（3）"再"可以用于祈使句、假设句；"又"不可以。

⑨ 这件事不着急，过两天再说吧。（建议）

＊这件事不着急，过两天又说吧。

⑩ 你要是再这么不讲理，我就不客气了。（假设）

＊你要是又这么不讲理，我就不客气了。

（4）"又"或"再"与能愿动词配合时，应注意位置。

"又"一般放在能愿动词前；"再"一般放在能愿动词后。即：

"又"＋能愿动词＋动词　　　能愿动词＋"再"＋动词

例如：⑪ 他又能说话了。

　　　　＊ 他能又说话了。

　　　　⑫ 你能再帮帮他吗？

　　　　＊ 你再能帮帮他吗？

练习四　选择"又"或"再"填空

（1）我 _____ 写了一遍，请老师 _____ 看看吧。

（2）后来她 _____ 做了一次，可惜你没吃到。

（3）一个月后，我 _____ 看见了她，她好像换了个人似的。

（4）请你 _____ 说一下。

（5）他 _____ 要说话，被我制止了。

（6）你 _____ 客气，我就生气了。

（7）奶奶 _____ 难受了，快拿药来！

2."又"和"也"

"又"主要表示添加，即同一主体某动作行为、性状累加出现。

"也"主要表示相同，即不同主体出现相同的动作行为、性状。

例如：

　　　　⑬ 小王前些日子病了一次，最近又病了。

　　　　⑭ 小王病了，小李也病了。

基本结构：　　（ S ＋ 动作/性状$_1$，）＋ 又 ＋ 动作/性状$_2$

　　　　　　　（ S$_1$ ＋ 动作/性状，＋）S$_2$ ＋ 也 ＋ 动作/性状

例如：

　　　　⑮ 上周下了一场雪了，昨晚又下了一场。（累加：一场＋一场）

　　　　⑯ 他玩儿得高兴，我玩儿得也高兴。

　　　　　　　　　　　　　　　　　（相同：我高兴，他高兴）

练习五　选择"又"或"也"填空

（1）老王不同意，老张 ＿＿＿＿＿＿ 不同意。

（2）你怎么 ＿＿＿＿＿＿ 迟到了？

（3）我 ＿＿＿＿＿＿ 不知道该怎么办才好。

（4）＿＿＿＿＿＿ 等了一会儿，车还是没有来。

（5）你看他们 ＿＿＿＿＿＿ 说 ＿＿＿＿＿＿ 笑的，多开心哪！

（6）东西 ＿＿＿＿＿＿ 买好了，行李 ＿＿＿＿＿＿ 准备好了，就等着出发了。

3．"还"和"再"

（1）"还"和"再"都表示时间上持续的意义，但"还"表示持续，即过去原有，到说话时还在持续。"再"表示间断性重复，即之前有，之后重现。图示为：

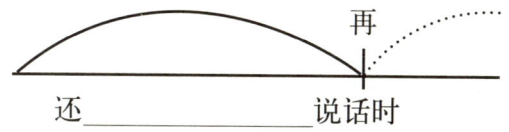

例如：

⑰ 还等啊！都等一个小时了。（一小时前到现在，一直持续）

⑱ 再等一会儿吧。（之前已等了一会儿了，"再等"指之后重复）

"还"常与副词"在"或否定的"没……（呢）"配合。如：

⑲ 都十一点了，她还在忙。

⑳ 她还没回来呢。

"再"和"还"因为一个表重复、一个表持续，有时会同时出现在一个句子中。

㉑ 北京真好，我还想再去一次。（想——持续；去——重复）

"再"可用于假设的情况，指向将来。如：

㉒再过一会儿天就黑了。

㉓你再说我就生气了。

（2）"还"指持续的动作、性状，所以可用于原有计划，表示将来做。
"再"指将来，用于重复之前，可用于临时形成某种新意愿、新要求的情况。

㉔A：材料还没到，麻烦你明天再跑一趟吧。

（临时决定要求）

B₁：没关系，明天我还来这儿办事。（原有计划来）

B₂：没关系，明天我再来一趟。（临时决定来）

㉕你讲得真好！下周再给我们讲一次吧。

（临时决定要求重复）

（3）"还"和"再"用于不同句类："还"用于叙述类，不用于祈使类。"再"用于祈使类、意愿类，不用于非假设的叙述句。

例如：

㉖他还想去北京。

㉗＊他再想去北京。

㉘咱们再玩儿一会儿吧！／别着急，我再想想。

㉙＊咱们还玩儿一会儿吧。／＊别着急，我还想想。

练习六　用副词"还"或"再"填空

（1）不要急于答复，考虑考虑 _____ 说。

（2）他们 _____ 想跟工人们一起劳动劳动。

（3）我 _____ 干一会儿，你先睡吧。

（4）你 _____ 不吃药，病就没法治了。

（5）你 _____ 需要 _____ 填一份表格。

（6）不用寄了，我五月份 _____ 要来中国。

练习七　用副词"又、再、也、还"填空

（1）你怎么 ＿＿＿＿＿＿ 干哪？不吃饭啦？

（2）天 ＿＿＿＿＿＿ 阴了，可能 ＿＿＿＿＿＿ 要变天了。

（3）实验虽然失败了，但是我 ＿＿＿＿＿＿ 想 ＿＿＿＿＿＿ 实验一次。

（4）你的病虽然好了，但是 ＿＿＿＿＿＿ 需要 ＿＿＿＿＿＿ 休养一段时间。

（5）我 ＿＿＿＿＿＿ 搞不懂，他怎么 ＿＿＿＿＿＿ 不吸取教训呢？

（6）风 ＿＿＿＿＿＿ 停了，雨 ＿＿＿＿＿＿ 住了，我们该走了。

（7）时间 ＿＿＿＿＿＿ 早呢，咱们 ＿＿＿＿＿＿ 学习一会儿吧。

（8）那部中文电影我虽然 ＿＿＿＿＿＿ 看了一遍，但是 ＿＿＿＿＿＿ 没全部弄懂。

（9）A：小李不在，票取不了了。

　　B：那我明天 ＿＿＿＿＿＿ 来。

（10）看着年轻人一张张激动的脸，我这满头白发的人 ＿＿＿＿＿＿ 激动起来了。

练习八　改病句

（1）今天晚上真凉快，咱们还走一会儿吧。

（2）以后你再打算去上海吗？

（3）我喜欢吃苹果，再喜欢吃香蕉。

（4）明天再去呀！我可不去了。

（5）我想还帮助她一次。

（6）你又说一下吧，大家也没明白呢。

（7）她又在生气，你还劝劝她吧。

（8）莉莉明天就走了，你还不请她吃饭就没机会了。

四、很　太　真　更　最

"很/太/真/更/最"都可以表示程度深，但是意义和用法有所不同。

1.　很　　太　　真

（1）"很"跟"太""真"比，更多立足于公众性的评价，比较客观。

①他们的晚年生活很幸福。

②孩子们玩儿得很开心。

"太""真"与"很"比，更多立足于自身感受、评价，比较主观。

③他的表演太精彩了！

④你穿得也太少了，这样能不感冒吗？

⑤这里的风景真美啊！

⑥＊他们说着、笑着，一直到太晚。

（应把"太"改成"很"，是客观讲述）

⑦＊在这里我跟中国人谈话的机会太多。

（应把"太"改成"很"，是客观讲述）

（2）"太"有两种意义和用法：

a.　太$_1$：表示程度极高，用于感叹，感情色彩很强，句末带"了"。

⑧这部电视剧太吸引人了。（赞叹）

⑨这里的人际关系太复杂了！（感受）

⑩哎呀！太危险了！（感叹）

"很"只是客观表示事物性质程度，跟"了"没有直接关系，不与"了"同现。

⑪＊这里的人际关系很复杂了。

但是，有时"很"与"了"并不在同一层次关系上，这时出现"了"是可能的。

⑫他已经很忙了，你别再给他添乱了。

b．太₂：有"过分"义，即超过可接受的、合适的度，所以多用来表示不如意。"太"大多读重音。

⑬ 车开得太快了。（快到不能接受的程度）

⑭ 这道题太难了。（高于一般难的程度）

⑮ 他也太老实了。（超过合适的老实的度）

"太₂"有两种形式：

1）"太₂" + 形容词等词语，如：太远　太早

2）"太₂" + 形容词等词语 + "了"，如：太热了　太贵了

1）类只表示"过分"义；2）类注意不要与"太₁"混淆，可以在重音、情感色彩等方面区分。

要注意的是，当"太₂"后边接褒义词时，也表示不如意。如：

⑯ 他太认真了，让人受不了。（"认真"到超过可接受的度）

（3）真：有的确、实在的意思，用来加强确定，带有较强的主观性和感情色彩，可以接语气词"啊"。如果接语气词，跟"太"的区别是："真"后用"啊"，不用"了"。

真……啊！　　　　太……了！

例如：⑰ 长城真雄伟啊！

⑱ 校园修整得真漂亮。

（4）"真"和"太"主观情感色彩都很强，所以在句中主要用来修饰形容词等词语，进行描述、评价、说明等，做谓语，而不做修饰性的定语、状语成分；表示客观程度的"'很'+形容词"构成的短语则可以用来做定语、状语。即：

"真/太" + 谓语/补语（形容词等）

＊"真/太" + 定语/状语（形容词等）

"很" + 谓语/补语/定语/状语（形容词等）

⑲＊我跟别的留学生进行了真/太有意思的交流。

我跟别的留学生进行了很有意思的交流。

⑳ *小狗<u>真/太</u>兴奋地朝小主人跑去。

小狗<u>很</u>兴奋地朝小主人跑去。

少数情况下，表过分的"太₂"与形容词构成的短语可用来做定语。

㉑ <u>太</u>苦的咖啡我不太喜欢。

练习九　用副词"很、太、真"填空

（1）屋子 _____ 乱了，快收拾一下吧。

（2）她跳得 _____ 好啊！

（3）听说那个小花园 _____ 漂亮， _____ 安静。

（4）我有一个 _____ 幸福的家庭。

（5）差距 _____ 大就赶不上了。

（6）在中国我有 _____ 多机会说汉语、交朋友。

（7）这孩子 _____ 聪明！一教就会。

（8）赵工程师一个一个 _____ 仔细地查对着。

2．更　　最

"更""最"跟"很""太""真"最大的不同是这两个词都含有比较的意思。

"更"表示比原有的程度或情况又进了一层。例如：

㉒ 我爱这里的山水，更爱这里的人民。

㉓ 他比以前更懂事了。

"很"只表示程度高，"更"则表示在原有一定程度、性状的基础上又进了一步。因为有程度的变化，所以句尾常常带"了"。

㉔ 他原来学习就很努力、很刻苦，现在更努力、更刻苦了。

㉕ 我现在更喜欢这个地方了。（原来就喜欢）

"最"表示在一定范围内的比较，其中某个超过其他。例如：

㉖ 四季中，我最喜欢秋天。

㉗ 在所有朋友中，我跟李山最要好。

因为是在一定范围内比较，所以句中常有表比较范围类的词语。

练习十 用副词"很、太、真、更、最"填空

（1）这个菜如果加一点儿糖会 _____ 好吃。

（2）她是一个 _____ 出色的女人。

（3）这孩子 _____ 好，_____ 懂事呀！

（4）你们俩也 _____ 不关心儿子的身心健康了。

（5）_____ 难办的是缺少技术人员。

（6）她比以前 _____ 不愿意说话了。

（7）女儿这次比赛表现得 _____ 突出了。

（8）春天是西湖 _____ 美的季节。

（9）这件衣服 _____ 好，穿上一定 _____ 舒服。

（10）这件事 _____ 可能是小儿子做的。

（11）今年是50年来下雪 _____ 多的一年。

（12）_____ 多的关心会使孩子失去自理能力。

（13）这个话题大家都 _____ 感兴趣，就讨论这个话题吧。

练习十一 根据下文的意思，选择适当的副词填空

再　　又　　还　　也　　就　　才　　都　　只　　竟
更　　很　　太　　真　　最　　不　　没（有）　　多么

1 我和李伟是同学，_____ 是朋友。我们两家离得 _____ 近，从他家到我家 _____ 两分钟 _____ 到了。我们俩不但一块儿上学、回家，_____ 常常一起写作业，不久 _____ 成了 _____ 要好的好朋友。

2 李伟用了整整两天的时间做了一只风筝，这只风筝 _____ 是 _____ 漂亮了！我 _____ 喜欢它了！一写完作业，我 _____ 想去放他的风筝，求了半天，李伟 _____ 勉强同意。我 _____ 高兴了，拿起风筝 _____ 跑了出去。

3 风筝越飞越高，我 _____ 越玩儿越高兴。一个多小时过去了，_____ _____ 想回家，突然风筝_____快地向南飞去，一下子 _____ 缠到一棵高大的杨树上。我急忙用力往下拽，风筝不但 _____ 下来，反而缠得 _____ 紧了。我 _____ 紧张了，_____ 一次使足了劲儿。劲儿用得 _____ 大了，绳子 _____ 自己飘了下来。

4 李伟 _____ 说什么，_____ 是一脸的伤心，我 _____ 难过和不安了。_____ 一周过去了，我 _____ 是 _____ 知道怎样去面对李伟。

5 一天，李伟举着一只比上次 _____ 漂亮的风筝来到我家，笑着说："_____ 躲着我呀？瞧，风筝 _____ 是 _____ 有了吗？我 _____ 做了两只，这只是送给你的。"我激动极了！他不但 _____ 埋怨我，_____ 送来风筝宽慰我，这是 _____ 真诚的友情啊！

练习十二　改病句

（1）她买了一件太漂亮的毛衣。

（2）刚才去找过他，不找到。

（3）这种白酒他从来不喝过。

（4）他从来没抽烟，没喝酒。

（5）今天虽然没刮风了，可是够冷的。

（6）为了学习和工作，她一直到30岁就结婚了。

（7）玩儿的时候不感到累，晚上躺到床上就感到累。

（8）我爱这里的生活、这里的田野，再爱这里朴实的农民。

（9）这件事给我留下了真深的印象。

（10）山本今年春假再去了一次北京。

（11）在这里跟各国留学生交流还是真重要的学习。

（12）我到这里时已经四月了，这里的天气还太冷。

（13）她还没到12岁才离开家乡了。

（14）他没爱打排球，只爱踢足球。

（15）一个月以后，我再看见了他，他瘦了太多。

（16）都十点了，就开始工作。

（17）你说得太精彩，还给我们说一说吧。

（18）中国的女人是真幸福的女人啊！

第十八课　副词的排序与搭配限制

一、副词共现时的一般顺序

1. 语气副词与其他副词

句中如果有语气副词，同时还有其他副词，一般是语气副词在前，其他副词在后。

①幸亏阿姨常常来照看奶奶。
（语气）（时间）

②简直　太　不像话了！
（语气）（程度）（否定）

2. 时间、频率类副词与其他副词

除语气副词，句中如果有时间、频率类副词，同时还有其他副词，一般是时间、频率类副词在前，其他副词在后。

③回到家里还　没等吃饭，他就　又出门了。
（时间）（否定）　|（时间）（重复）

3. 情态副词大多位于其他副词的后边。

④他也许　已经　顺便去了，你别着急。
（语气）（时间）（情态）

练习一　将括号中的副词按顺序放到句中合适的位置上

（1）老大爷给我们带路。（还　亲自）

186

（2）那些书他看过了。（已经　也许　都）

（3）认真地检查一遍。（逐个　再　一定）

（4）让我去求他吗？（还　难道）

（5）我喜欢这份工作了。（不　的确）

（6）大家关心你的，让我来看看。（都　挺）

（7）她的心能平静下来。（没　久久）

（8）他救过我的命呢。（还　曾经）

二、与否定副词相关的配合与限制

1．少量副词后必须或大多接否定副词。

⑤他从不说谎。（从/从来……不/没……）

⑥我决不允许他欺负你。（决不……）

⑦这件事老师根本不知道。（根本不……）

2．"几乎""差点儿"在表示主观上不希望发生某件事情时，动词的肯定式与否定式意思相同。例如：

⑧他俩越吵越凶，几乎打了起来。（肯定式：没打起来）

他俩越吵越凶，几乎没打起来。（否定式：没打起来）

⑨路太滑，她差点儿摔倒了。（肯定式：没摔倒）

路太滑，她差点儿没摔倒。（否定式：没摔倒）

3．有的副词，否定词既可以位于其前，也可以位于其后，但表达的意思不一样，这是由否定对象的不同决定的。

　　　　⑩ 都　他们都不喜欢看电影。（全体未被否定，表示全体）

　　　　　　　他们不都喜欢看电影。（全体被否定，表示部分）

　　　　⑪ 全　这些词他们全没学过。（全体未被否定，表示全体）

　　　　　　　这些词他们没全学过。（全体被否定，表示部分）

　　　　⑫ 太　他学习时太不专心了。（高程度未被否定，表示程度高）

　　　　　　　他学习时不太专心。（高程度被否定，表示程度低）

　　　　⑬ 很　那儿交通很不方便。（高程度未被否定，表示程度高）

　　　　　　　那儿交通不很方便。（高程度被否定，表示程度低）

　　　　⑭ 一定　这件事他一定不知道。

　　　　　　　　　　　　（确定语气未被否定，表示有绝对把握）

　　　　　　　这件事他不一定知道。

　　　　　　　　　　　　（确定语气被否定，表示没有把握）

　　　　⑮ 经常　他经常不来上课。（缺课较多）

　　　　　　　　他不经常来这儿散步。（否定经常，表示偶尔来）

4．否定副词"别"（"不要"义）用于祈使句中，表示劝阻、禁止。

　　　　⑯ 别太累了，注意休息。

　　　　⑰ 别生气，他不是有意的。

练习二　用括号中的副词完成对话（注意副词的顺序）

　（1）A：你每天下午都去打网球吗？

　　　　B：＿＿＿＿＿＿＿（不　都），一个星期只去三次。

　（2）A：这些人你都不认识吗？

　　　　B：＿＿＿＿＿＿＿（不　都），我第一次跟这样的人打交道。

　（3）A：他成绩怎么这么差？学习不努力吗？

188

B：＿＿＿＿＿＿（不　太），不上课，也不写作业。

（4）A：你习惯这里的生活了吗？

B：＿＿＿＿＿＿（不　太），不过越来越习惯了。

（5）A：你们怎么这时候才来？途中不顺利吗？

B：＿＿＿＿＿＿（不　很），处处堵车。

（6）A：你觉得用汉语跟他们交谈很难吗？

B：＿＿＿＿＿＿（不　很），交谈得还算顺利。

（7）A：希望你们克服困难，圆满完成任务。

B：请老师们放心，＿＿＿＿＿＿。（不　一定）

（8）A：这种壁毯不错，还买得到吗？

B：我买的时候人多极了，＿＿＿＿＿＿。（不　一定）

（9）A：他经常迟到吗？

B：＿＿＿＿＿＿，偶尔有事可能来晚一点儿。（经常　不）

练习三　用恰当的否定副词填到句子合适的位置上

（1）我＿＿＿才＿＿＿相信你那套大道理呢。

（2）书架上的杂志＿＿＿都＿＿＿是科技类的，还有文学类的。

（3）我们班的学生一个＿＿＿也＿＿＿去。

（4）我们＿＿＿光＿＿＿谈了学习，还谈了一些其他事情。

（5）这一趟＿＿＿太＿＿＿顺了，事情＿＿＿差点儿＿＿＿办成。

（6）他们＿＿＿一起＿＿＿去了，小王身体＿＿＿太＿＿＿好。

（7）虽然实验失败过几次，可是他＿＿＿从来＿＿＿灰心过。

（8）最近他太忙了，晚会可能＿＿＿一定＿＿＿来。

189

（9）我 _____ 一定 _____ 会忘记您的嘱咐，请您放心。

（10）你已经决定了？ _____ 可 _____ 后悔啊。

（11）这次旅游时间有点儿紧，所以去的地方 _____ 很 _____ 多。

（12）困难这么多，我 _____ 简直 _____ 知道怎么办才好。

（13）能取得这样的成绩已经 _____ 很 _____ 简单了。

（14）今天这件事 _____ 全 _____ 是他的错，我也有责任。

（15）毕业考试时他没考好，_____ 几乎 _____ 拿到毕业证书。

（16）这些书我 _____ 全 _____ 看过，等你看完了都借给我看看吧。

（17）_____ 再 _____ 费事做了，我们去饭店吃吧。

（18）我们只是创造了一个良好的开端，路还长着呢，大家可 _____ 决 _____ 能骄傲啊。

三、范围副词"都"的位置

1．副词"都"表遍指意义时，所指是明确的，一般要放到所指人和事物之后。

⑱大家 都 笑了起来。

＊都大家笑了起来。

⑲他把冰箱里的面包、牛奶 都 吃了。

＊他把都冰箱里的面包、牛奶吃了。

⑳参加会议的人 谁 都 不同意。

＊都参加会议的人（都）谁不同意。

2．如果所指是不明确的或虚指的人和事物，句中大多有疑问词，疑问词要放到"都"（或谓语）后面，一定不能放到名词前面。

㉑ 你平时 都 什么时候起床？
＊你平时什么时候都起床？

㉒ 你 都 喜欢听什么音乐？
＊你喜欢听都什么音乐？

㉓ 参加会议的人都 谁 不同意了？
＊参加会议的人谁都不同意了？

练习四　把"都"放在适当的位置上

（1）A 这几个人 B 你 C 认识吗？
（2）A 我们 B 每周 C 去 D 那儿 E 听 F 讲座。
（3）A 你 B 去 C 那儿 D 吃过 E 什么小吃了？
（4）A 桌子上 B 摆满了 C 五颜六色的 D 鲜花。
（5）A 在中国 B 你 C 看过 D 哪些电影了？
（6）A 那儿 B 到处 C 是 D 人。

四、副词对词语色彩选择的限制

1. 有的副词常常只对"高/大/深/远"等具有积极意义的词语进行修饰。

老远（＊老近）　　　　老长（＊老短）
差不多高（＊差不多矮）　差不多重（＊差不多轻）

2. "有点儿"含有消极情态，通常只用来修饰消极意义的词语。
（1）"有点儿"选择贬义性词语搭配：

有点儿马虎　　　有点儿糊涂　　　有点儿丑
＊有点儿仔细　　＊有点儿清楚　　＊有点儿漂亮

191

　　有点儿生气　　　　有点儿担心

　*有点儿愉快　　　*有点儿放心

（2）"有点儿"后如果是褒义性词语，一般用其否定式：

　　有点儿不舒服　　　有点儿不划算

　　如果是肯定式，通常已赋予该词语消极情态，表达的一般是否定性的意义。

　　有点儿便宜了（不想要便宜的）

　　有点儿热情了（热情得可能过度，不太合适）

（3）"大/小/远/近"等可测量性形容词，本身无所谓褒贬，只要与"有点儿"配合，就带有不如意色彩。例如：

　　有点儿大（不符合尺寸要求，希望小一点儿）

　　有点儿重（不符合重量要求，希望轻一点儿）

练习五　根据问句，用合适的词语配合"有点儿""差不多"完成对话

（1）A：这件衣服大小合适吗？

　　　B：＿＿＿＿＿＿＿＿＿＿＿＿＿＿。

（2）A：你觉得他们俩谁高？

　　　B：好像＿＿＿＿＿＿＿＿＿＿＿＿。

（3）A：今天的考试难不难？

　　　B：＿＿＿＿＿＿＿＿＿＿＿＿＿＿。

（4）A：你的家乡四季冷暖情况怎么样？

　　　B：＿＿＿＿＿＿＿＿＿＿＿＿＿＿。

（5）A：这是你的作业吗？怎么错了这么多啊？

　　　B：＿＿＿＿＿＿＿＿＿＿＿＿＿＿。

五、某些副词对结构形式的制约

某些副词的意义或情态色彩会制约句子结构，形成较为固定的搭配形式。

1. 跟"了""过"等动态助词的固定搭配

（1）"已经"表示动作、行为的完成、实现或数量达到等，为表达这种完成、变化的时态，需要接"了"或"过"加以配合，尤其是有"已经"的单音节谓词句或结束句，必须用"了""过"。

已经……了/过　　　　衣服已经干了。

　　　　　　　　　　＊衣服已经干。

　　　　　　　　　　他到中国已经五年了。

　　　　　　　　　　这件事我们已经处理过。

（2）"曾经"表示某动作、行为从前有过，需要接表示经历的助词"过"加以配合。

曾经……过/了　　　　我曾经在这里住过三年。

　　　　　　　　　　＊我曾经在这里住三年。

　　　　　　　　　　他曾经学过汉语。

　　　　　　　　　　为这事我曾经忙了好几天。

（3）"快/要/快要/就要"都有表即将的意义，表示这种即将要发生、变化的动作、行为、状况等的显现，需要用表变化的"了"配合。

快/要/快要/就要……了　　　　快到了。/快中午了。

　　　　　　　　　　　　　　　＊快中午，该吃饭了。

　　　　　　　　　　　　　　　我们就要毕业了。

2. 有的副词表达的感情色彩较浓，需要用"的/了/啊/啦"等语气助词配合。

怪……的　　　　　　怪累的/怪难受的/怪可爱的

　　　　　　　　　　＊我怪难受。

　　　　　　　　　　＊这孩子怪可爱。

太……了/啦　　太难了/太多了

太有意思了！/太棒了！

（表示赞叹时必须加"了"）

＊今天的电视太有意思！

他考得太好了！

可……了/啦　　人可多了！/风景可美啦！

她妈妈长得可年轻啦！

＊颐和园的风景可美！

＊她妈妈长得可年轻！

3."稍微/稍稍"表示微量，需要跟表微量的"一点儿/一些/一下"或动词重叠式等配合，或者跟表微量的副词"有点儿"配合。

"稍微/稍稍"＋动词/形容词＋"一点儿/一些/一下"

例如：

我想稍微休息一下。　＊我想稍微休息。

给咖啡里稍微放点儿糖。　＊给咖啡里稍稍放糖。

我的心情稍微平静了些。　＊我的心情稍微平静了。

这双鞋稍稍大了点儿。　＊这双鞋稍稍大了。

注意　假设意义的否定式不用数量词配合。例如：

在冰上，稍微不小心就会摔倒。

这种用法稍微不注意就可能出错。

"稍微/稍稍"＋"有点儿"＋动词/形容词

例如：

他觉得这本教材稍微有点儿难。　＊他觉得这本教材稍微难。

这儿的饮食他稍稍有点儿不习惯。　＊这儿的饮食他稍稍不习惯。

练习六 将下面两列可搭配的词语用线连接起来（每个词语限用一次）

怪	难听啦
稍稍	看了
已经	慢点儿
快	去过
太	改一下
可	胖
曾经	放假了
稍微	难受的
有点儿	贵了

练习七 给下列副词各找三个能够跟它们搭配的词语，写在横线上

差不多 _____ _____ _____

有点儿 _____ _____ _____

根本 _____ _____ _____

已经 _____ _____ _____

曾经 _____ _____ _____

稍微 _____ _____ _____

从 _____ _____ _____

怪 _____ _____ _____

可 _____ _____ _____

太 _____ _____ _____

快 _____ _____ _____

练习八　改病句

（1）这里的情况他根本了解了。

（2）这一课的生词稍微多。

（3）她们不本来认识，因为我才认识的。

（4）这两种丝绸差不多好，要哪一种都可以。

（5）他们的业余生活可丰富。

（6）五年前他曾经来中国。

（7）信已经寄，过两天她就会收到的。

（8）火车快开，快上车吧。

（9）这次出国，他不根本有希望。

（10）多听一点儿反面意见，不未必好。

（11）他关心只自己，不从来关心别人。

（12）我们那儿学习条件有点儿好，交通也有点儿方便。

（13）老师对我们太热情，我很感动。

（14）两个屋子差不多小，不太合适了。

（15）他上课从来积极发言。

第六单元综合练习

一、将下面两列可搭配的词语用线连接起来。（每个词语限用一次）

怪	怎么办
到底	考试了
曾经	不好意思的
快	难了点儿
已经	学过
根本	难受
稍微	不相信
有点儿	厚
差不多	不放弃
决	三个月了

二、选择词语填空。

（1）他们上午 _____ 出发了，你怎么现在 _____ 来找他们？

　　A．才　　　B．就　　　C．都　　　D．刚

（2）_____ 往里走，天山显得越来越优美了。

　　A．又　　　B．再　　　C．更　　　D．也

（3）_____ 五点了，他怎么 _____ 没来？

　　A．还　　　B．也　　　C．都　　　D．才

（4）_____ 谈了几句话就知道他是一个 _____ 精明的人。

　　A．都　　　B．只　　　C．真　　　D．很

（5）他做事情也 _____ 马虎了。

　　A．很　　　B．非常　　　C．极　　　D．太

（6）听了这话，她心中 _____ 难过了。

　　A．更　　　B．最　　　C．很　　　D．挺

197

（7）年轻时 _____ 做过许多梦，后来有的实现了，有的恐怕永

远 _____ 实现不了了。

A．又 　　 B．曾经 　　 C．也 　　 D．已经

（8）我还 _____ 学会，你 _____ 教教我吧。

A．不 　　 B．没 　　 C．再 　　 D．还

三、将括号中的词放到句中唯一恰当的位置上。▰▰▰▰▰▰▰▰▰▰▰▰

（1）不但我 A 听了高兴，B 他 C 听了 D 高兴。（也）

（2）A 来的客人中，B 那位老人 C 谁也 D 没见过。（就）

（3）我来 A 好几次了，B 你 C 不 D 在家。（都）

（4）A 他 B 把刚才的事情 C 告诉 D 父亲。（没）

（5）A 他 B 跟大家 C 说过 D 一遍了。（刚刚）

（6）A 这件事 B 对他的将来 C 重要 D 。（十分）

（7）飞机 A 下午 B 开，你怎么 C 现在 D 就来了？（才）

（8）那天以后，A 我们俩 B 也 C 没 D 见过面。（再）

（9）A 他这个人很自私，B 不 C 把别人 D 放在心上。（从来）

（10）东郭先生 A 救了狼，B 狼 C 要 D 吃他。（却）

四、将括号中的副词填到句中适当的位置上。▰▰▰▰▰▰▰▰▰▰▰▰▰

（1）来参加活动的 _____ _____ 是 _____ 中国学生，_____ 有外

国学生。（都 还 不）

（2）_____ 过 _____ 几天，_____ 她 _____ 二十岁了。

（就 再）

（3）_____ 他 _____ _____ 知道 _____ 吧。

（不 也许 还）

（4）地球上的光明和温暖 _____ 是 _____ 太阳 _____ 送来的。

（都）

198

（5）这些宝贝他 _____ 从来 _____ 舍得拿给别人看。（不）

（6）他 _____ 想 _____ 去，所以 _____ 去。（没 不）

五、用括号中所给的副词完成对话。（注意副词的顺序）

（1）A：这些书他都读过吗？

　　B：_____。（不 一定）

（2）A：你们那儿夏天也这么热吗？

　　B：_____（没），比这儿好过多了。

（3）A：这次去农村参观，全体同学都去吗？

　　B：_____（都 不），初级班的同学下次去。

（4）A：我们班的旅游计划系里领导全同意了吗？

　　B：_____（全 没），有两项还需要商量。

（5）A：那个沙发怎么样？

　　B：_____（好像 太 不），不像是很舒服的样子。

（6）A：这次活动没参加的人多吗？

　　B：不多，_____。（就 没）

六、根据句子的意思，选择适当的副词填空。

　　　　很　太　没　还　才　都　一直　实在　正在

　　　　又　再　不　就　只　刚　忽然　几乎　常常

（1）天还 _____ 晴，等晴了 _____ 走吧。

（2）_____ 大学生了，_____ 不会自己照顾自己。

（3）他 _____ 起床，_____ 洗脸呢。

（4）山头上 _____ 漫起好大的云雾，_____ 浓 _____ 湿。

（5）我 _____ 困极了，_____ 想休息休息。

（6）我 _____ 两年 _____ 看到他了。

（7）他工作 _____ 忙了，晚上 _____ 只睡三四个小时的觉。

（8）张教授的报告 _____ 到十二点 _____ 结束。

（9）怎么 _____ 住了两天 _____ 走啊? _____ 住几天吧。

七、改病句。

（1）都跑了三趟，就借到这本书。

（2）没有太阳，就我们没有这个美丽可爱的世界。

（3）他们每天几乎通信，交换着各种意见和研究成果。

（4）先小王演示一遍，再然后大家做。

（5）那天以后，再我们俩也不见过面。

（6）你检查得不太仔细了，又来一遍吧。

（7）这些问题他根本明白了。

（8）这种产品的质量稍稍差，不如那种好。

（9）这两本书差不多容易，用哪一本都行。

（10）杭州的风景有点儿美，就去杭州玩儿玩儿吧。

（11）在这里，无论走到哪里会得到热心人的帮助。

（12）黄山他从来不去过。

（13）她找了好半天就把钥匙找到了。

（14）在这里我获得了真可贵的人生体验。

（15）那个鬼地方，我不才去呢!

第七单元
介词及相关语句

| 介词 | 介词是用在名词、代词或名词性短语的前面，合起来表示方向、对象等的词。主要放在名词性词语前，与之共同组成介词短语后，用来限制、补充谓词性词语。 |

第十九课　介词及介词短语的基本意义与用法

一、常用介词及介词短语表示的意义

"介词+名词性词语"构成的介词短语的功能是：

1. 为谓词性词语引介相关的人和事物。

常用介词有：

对	跟	给	替	比	把	将	被	叫
连	和	同	论	就	由	关于	对于	至于

例如：

　　①小张替钱大爷值班去了。（引介人）

　　②职员们已经把电脑都安置好了。（引进物）

　　③对于这起严重的火灾事故，我们一定要严肃查处。（引进事）

2. 为谓词性词语引介相关的时间、处所、方向、范围等。

常用介词：

从	在	自	于	当	临	趁	自从
到	离	向	朝	往	沿	顺	由

朝着	沿着	顺着	趁着

例如：

　　④李医生在实验室里忙了一整天。（引进处所）

　　⑤每当月圆时，我都会遥望北方，思念亲人。（引进时间）

　　⑥这里，所有房子的窗户都是向南开的。（引进方向）

3．为谓词性词语引介相关的工具、方式、依据、原因等。

常用介词：

> 用　　以　　靠　　为　　通过　　为了　　随着　　除了
> 凭　　按　　照　　依　　按照　　依照　　根据　　由于

例如：

⑦ 她用手把散落在地上的珠子一粒一粒地拾了起来。

（引进工具）

⑧ 通过举手表决，大家一致通过了这个草案。（引进方式）

⑨ 据天气预报报道，明天有10级大风。（引进依据）

⑩ 由于天气阴暗的原因，她的心情也变得很糟糕。

（引进原因）

练习一　在横线上填上介词的宾语，并说明该介词短语为谓词性词语引介的是什么

> 跟 _____ 商量　　　　朝 _____ 看　　　　走在 _____
>
> 离 _____ 很近　　　　凭 _____ 入场　　　用 _____ 写
>
> 从 _____ 开始　　　　被 _____ 批评

练习二　根据句义，用合适的介词填空

（1）她 _____ 我更喜欢哭。

（2）她一个人坐 _____ 晚霞中，望着山下的城市。

（3）来，帮我把这张桌子搬 _____ 书房去。

（4）他 _____ 途打工来到了这里。

（5）_____ 他醒来时，宿舍里已经空无一人了。

（6）他的感慨是发 _____ 内心的。

（7）_____ 出发前，首长再次嘱咐他注意安全。

（8）_____ 化疗，他的病情大有好转。

（9）巴金生 _____ 1904年，他的一生几乎穿越了整个20世纪。

（10）_____ 小李，她谁都没告诉。

（11）_____ 汉语水平的提高，他也越来越敢说话了。

（12）公司负责人 _____ 合作的前景发表了讲话。

二、介词短语的基本结构

1. 介词主要跟名词性词语组成介词短语，为动作、状态介引相关项。

即：　　　介词 + 名词性词语 ⟶ 介词短语

例如：

对我们（说）　　　从这儿（开始）　　　（坐）在沙发上
照这个样子（写）　被飞驶来的汽车（撞上了）

2. 组成介词短语时要特别注意介词后成分的名词性属性。例如：

靠别人帮　为友谊架起桥梁　离这儿不远　顺他手指的方向望去
＊对于他评价，我有我的看法。（对于他的评价，我有我的看法。）

有的中心语属于谓词性的，可以用加"的"的方式，使整个短语变成名词性的。例如：

⑪随着经济条件的改善，人们对生活的要求也越来越高了。

　＊随着经济条件改善，人们对生活的要求也越来越高了。

⑫对于你们的建议，领导会认真考虑的。

　＊对于你们建议，领导会认真考虑的。

极少数情况下，介词后的中心语也可能是谓词性的，但要注意所表达的意思是名词性的意义。例如：

趁他不注意，把他的书藏了起来。

　　　└──▶ 可添加中心词"时"，整个短语仍表时间

据调查，这起事故的肇事者是一个年仅13岁的孩子。

└─→ 表示所做的调查或调查得到的情况

练习三　用所给的介词加上合适的宾语填空

（1）为 ＿＿＿＿＿＿服务　　＿＿＿＿＿＿操心

（2）用 ＿＿＿＿＿＿剪　　　＿＿＿＿＿＿打动

（3）趁 ＿＿＿＿＿＿吃　　　＿＿＿＿＿＿跑了

（4）就 ＿＿＿＿＿＿论事　　＿＿＿＿＿＿展开讨论

（5）离 ＿＿＿＿＿＿不远　　＿＿＿＿＿＿还有一个月

（6）顺着 ＿＿＿＿＿＿走　　＿＿＿＿＿＿想下去

练习四　判断句子正误，错误的请改正

（1）从进去这个门。　　　　　　　　　　（　　　）

（2）我对他说有不同意见。　　　　　　　（　　　）

（3）他比我买多多了。　　　　　　　　　（　　　）

（4）对于大家讨论结果，你有什么看法？　（　　　）

（5）经济情况好于往年。　　　　　　　　（　　　）

（6）随着身体变坏，他的性格也变坏了。　（　　　）

三、介词短语的主要用法

1. 介词短语在句中主要充当状语，即主要出现在谓语中心语前。有时也会出现在主语前，这时，大多用逗号将它与主语隔开。即：

主语 + 介词短语 + 谓词…… （见上①②④⑥⑦例）

介词短语，主语 + 谓词…… （见上③⑤⑧⑨⑩例）

● 介词短语位于主语前主要有两种情况：

（1）介词短语引介的部分是说话的起点，下文由此展开叙述、说明

（见⑫例）；

　　（2）介词短语部分是一个结构复杂的大状语，为使主谓结构及关系紧凑明确而把它调到主语前，用逗号隔开（见⑪例）。

　　2．介词短语也可以做补语，放在谓语中心语后。即：

　　　　主语 + 谓词 + 介词短语

但一般仅限于"在/到/向/往/自/给/于/以"等少数介词，而且谓语中心语通常为单音节词。

　　　　⑬女儿撒娇地扑在妈妈怀里。
　　　　⑭台上发言的教授来自北京大学。
　　　　⑮情况总体好于往年。

　　　　　建于90年代　　＊建设于90年代
　　　　　派往灾区　　　＊派遣往灾区

　　3．少数情况下，介词短语也可做定语，即出现于名词性中心语前，注意：此时要用"的"。

　　　　介词短语 + "的" + 名词性词语

例如：

　　　　⑯沿江的建筑都是新式的。
　　　　⑰我做了一份关于人力资源的调查报告。

　　4．介词基本不能单用，更不能单独做谓语。例如：

　　　　⑱A：＊我们从学校门口吗？（我们从学校门口出发吗？）
　　　　　B：＊从。（是，从学校门口出发。）
　　　　⑲A：你来自加拿大吗？
　　　　　B：＊是，我来自。（是，我来自加拿大。）

　　5．在上下文清楚明确的语境中，介词短语也可单独回答问题。

　　　　⑳A：下午在哪儿开会？
　　　　　B：在大会议室。

㉑ A：我们下次研究什么问题？

　　B：关于工作安排的问题。

6．介词后一般不能带"了/着/过"等动态助词，尤其是做状语时。例如：

㉒ * 他在着/了房间里睡觉。

㉓ * 我对了/过他说：……

介词"朝着/随着/顺着/沿着""为了/除了"中的"着""了"已成为构词语素，跟它前面的实义语素构成一个词。

极少数情况下，介词短语做补语时，根据表达时间状态的需要，"了"可用于介词后。例如：

㉔ 小孙子高兴地喊着，扑向了爷爷。

㉕ 他惊讶地一屁股坐在了椅子上。

练习五　根据句义，用合适的介词短语填空

（1）汽车 _____ 开过来。

（2）男朋友 _____ 买了一个生日礼物。

（3）大家 _____ 很热情。

（4）_____ ，我要努力学习。

（5）这趟列车开 _____ 。

（6）这件毛衣 _____ 贵多了。

（7）他 _____ 放 _____ 。

（8）他 _____ 开始睡，一直睡 _____ 。

（9）我喜欢窗户 _____ 开的屋子。

（10）_____ ，天气也越来越热了。

练习六　用括号中的介词加上合适的宾语，与所给词语一起组成
完整的句子

例：　孩子　　住（跟　在）

—→　孩子跟妈妈住在学校。

（1）我住的地方　　不太远（离）

（2）这趟飞机　　开（往）

（3）我有急事不能去了　　你　　去吧（跟）

（4）小王大大方方地介绍了　　他自己（向）

（5）他有了很大的进步（通过）

（6）她出落得越发俊俏了（随着）

（7）这篇文章写的是　　的　　事（关于）

（8）我们还吃过饭呢（临　在）

（9）别的店都没有卖的（除了）

（10）他已经连续好几个周末没休息了（为了）

四、引进处所等的介词与表处所词语的合用

可引进处所等的介词有"在、从、到、往"等。

处所名词，如表义需要的话，可与"在/从/到/往"等直接结合。例如：

<u>在火车站</u>见面　　<u>从这儿</u>出发　　<u>到我家</u>坐一会儿

非处所名词，本身不表处所，需与方位词、代词等构成表处所短语，再与引进处所的介词结合。例如：

放<u>在书柜里</u>　　到<u>树下</u>坐一会儿　　往<u>我这儿</u>看
*放<u>在书柜</u>　　*到<u>树</u>坐一会儿　　*往<u>我</u>看

练习七　根据句义，用合适的介词短语填空

（1）请你把行李搬 _____ 。

（2）镶 _____ 的是我爷爷的画像。

（3）我现在正 _____ 吃饭呢。

（4）我刚刚看见她 _____ 走过去了。

（5）他又 _____ 加了一幅图。

（6）_____ 看，那儿有两只小鸟。

（7）他 _____ 很有威信。

（8）我 _____ 存了几张你的照片。

五、介词与动词的关系

汉语介词与动词关系密切，多数介词由动词虚化而来，所以有些词往往兼有介词、动词两种用法。如"在、到、向、朝、给、用、替、比、把、跟"等。

__动词/__

小黄狗<u>在</u>院子里。

我<u>到</u>屋里。

门<u>朝</u>北，窗户<u>朝</u>南。

我<u>替</u>刘师傅。

__介词/__

小黄狗<u>在</u>院子里玩耍。

我<u>到</u>屋里吃。

门<u>朝</u>北开，窗户<u>朝</u>南开。

我<u>替</u>刘师傅干。

分辨方法：主要看它们在句中的作用。一般来说，句中没有其他谓词，这些词就是动词；句中有其他谓词，它们就可能是处于附加地位，介引相关项，是介词。

练习八　改病句

（1）昨天你在多长时间自习室？

（2）我学打太极拳跟中国老师。

（3）关于研究这个问题，明天再说。

（4）大家把行李搬到车。

（5）她是在南开大学的研究生。

（6）我汉语不好，所以不用汉语我跟中国人谈话。

（7）对他们听说过北京的情况。

（8）以前我用电视看过颐和园。

（9）我在了中国学习，会说不少汉语了。

（10）我到现在还没适应在这儿的生活。

（11）听到闹铃声，我立刻从床爬了起来。

（12）这个小山村跟城市很远。

（13）这种茶生产自台湾高山地区。

（14）我觉得他们的习惯比我差不多。

（15）他们热情地帮助了我，我非常感谢对他们。

（16）顺她手指，我看到远处那个花园一样的别墅。

第二十课　常用介词对比分析（上）

一、从　自　由　自从

1. 这几个介词都可以表示起点，尤其是时间的起点。例如：

①从上周开始我们就上课了。

②由本周开始执行新规定。

③自古以来，泰山一直为游人所喜欢。

④自从年初遇见她后，他就再也忘不了她了。

"从"在口语、书面语中通用，使用广泛；"由"多用于书面语；"自"主要用于书面语。

2. "从""由""自"还可以表示处所、范围的起点，但"自"要连接有空间意义的词语，或者是短语本身，或者跟动词配合，构成由起点到终点的过程。例如：

⑤人们从四面八方涌进广场。

⑥从学习、工作到生活问题，都要解决好。

⑦下午两点，由公司乘车出发。

⑧汉语学习由口语开始。

⑨本次列车自北京开往上海。

⑩自下而上进行选举。

＊汉语学习自口语开始。（不是处所词语）

＊下午两点，自公司乘车出发。（没有构成由起点到终点的过程）

3. "从""由"还可以表示来源或发展、变化的起点。例如：

⑪ 他从一个农家孩子成长为一名优秀的大学生。

⑫ 由不懂到懂，需要经过一段艰苦的学习过程。

4. "自"只表示时间、空间起点，更多地表示延续至今或贯穿过程始终，所以多与"起/以来/（以）后"等配合。例如：

自18岁起　　自海外归来后　　自远（而近）

"自"由于书面语色彩较重，有时会与单音节词形成较固定的组合。例如：

自幼习武　　自小酷爱音乐　　自始至终没说话

5. "自"组成的介词短语还可以做补语，用于单音节动词"发/来/产/摘/引"等后面时，表示来源或处所。"从""由"没有这一用法。例如：

⑬ 与会代表来自世界各地。　 ＊与会代表来从世界各地。

⑭ 这种高山茶产自台湾。　　 ＊这种高山茶产由台湾。

6. "自从"只表时间，表示从过去某个时间开始，即发生事件的时间，该事件往往一直延续或影响到之后的某时或现在说话时，所以句中常用"再也""一直"等配合。此外，"自从"引导的时间事件产生的多是不良影响，所以主句大多表示否定或不如意。

⑮ 自从住进医院，她的脸上再也没露出过笑容。

⑯ 自从知道那件事（以后），她心里一直不痛快。

⑰ ＊据天气预报报道，自从今天夜间开始大幅降温。

（应改为："从今天夜间开始"，该句"自从"引导的只是时间，不是发生的事件）

7. "由"还可以引进原因、方式、动作者等，"自""从"没有这些用法。例如：

⑱ 事情由我引起，还是让我自己来解决吧。（因为"我"的原因）

⑲ 与会代表由群众选举产生。（用群众选举的方式）

⑳ 这项工作由他负责。（他负责这项工作）

练习一　选择介词"从、自、由、自从"填空

（1）她 _____ 昏迷中慢慢苏醒过来。

（2）_____ 开赛以来，他们队已获得三块金牌了。

（3）小王 _____ 感冒引起了肺炎。

（4）工程的具体情况 _____ 李工程师作介绍。

（5）好的文学作品都是来 _____ 生活，又高于生活。

（6）他 _____ 一名普通的工人成长为高级技术人员。

（7）明天早上我们 _____ 学校门口出发。

（8）爷爷 _____ 去年冬天生病后，就再也没有出过门。

（9）她一声声的道谢完全发 _____ 内心深处。

（10）爱护环境 _____ 我做起。

（11）中国的河流大多 _____ 西向东。

（12）_____ 吸烟引起这场火灾。

（13）_____ 今日起本路段开始修路，请来往车辆绕道行驶。

（14）_____ 建起了这个秧歌队，有什么喜庆的事都来找我们给助兴。

二、对　跟　给　替

"对""跟""给"都可以引进动作对象，有时可以互相换用，角度稍有不同。例如：

他给／跟／对我使了一个眼色。

把你的想法给／跟／对大家说一说。

但是更多情况下，它们是不能互换的。主要区别如下：

1. "对"引进具体动作面对的对象。

　　① 爷爷在对我 笑呢。

　　② 小男孩儿淘气地对他 做了个鬼脸儿。

2. "对"引进给予某种态度、做法的对象，有"对待"义。

　　③ 朋友们对玛丽可热情了。

　　④ 他对我 不信任。

3. "跟"引进动作的协同、随从或相关者。

　　⑤ 我跟主任 商量商量再说吧。

　　　　　　　　　　（协同，因"商量"一定是双方共同的）

　　⑥ 来，（你）跟我 走吧。（随从）

　　⑦ 报告内容跟农村发展问题 有关。（相关）

　　"跟"引进的对象往往跟动作主体有关，所以其后的动作一般是有主次之分的共同性动作。如例⑤的"商量"是"我"和主任共同做；⑥的"走"是"你"和"我"一起走。

● 引进给予某种态度的对象用"对"，不用"跟"。例如：

　　⑧ ＊ 医生们跟灾民的身体状况 很关心。

● 引进协同等共同动作的对象用"跟"，不用"对"。例如：

　　⑨ ＊ 我对主任 商量商量再说吧。

4. "给"引进接受者或受益者、受害者。

　　⑩ 给小李去个电话吧。（小李是接受者）

　　⑪ 天冷了，给丽丽买件毛衣吧。（丽丽是受益者）

● 引进给予某种态度的对象不用"给"。例如：

　　⑫ ＊ 张师傅给谁都那么 热情。（改为"对谁"）

● 引进协同等共同的、有关的动作对象不用"给"。例如：

　　⑬ ＊ 我给张教练 学开车。（改为"跟张教练"）

5."替"引进代替的对象。

⑭王师傅病了，你替他值班吧。（你代替王师傅）

⑮我正好去邮局，我替你寄包裹吧。（我代替你）

6．"给"构成的介词短语在句中可以有两个位置：动词前或动词后；"跟""对""替"构成的介词短语只能出现在动词前。例如：

⑯他给我 订了一份快餐。　　他送给我一份快餐。

⑰＊阿姨很好对我。　　　　　阿姨对我 很好。

⑱＊我们打算联合跟五班。　我们打算跟五班 联合。

练习二　选择介词"对、跟、给、替"填空

（1）男朋友送 _____ 她一枚精致的胸针。

（2）他们公司不 _____ 我们合作了。

（3）这段时间的学习 _____ 我很有帮助。

（4）我 _____ 他向你赔礼道歉。

（5）她不想 _____ 我见面。

（6）你 _____ 我们当翻译吧。

（7）这份计划还需要 _____ 大家商量商量。

（8）我 _____ 你抱有很大希望。

（9）父亲总不肯去医院，我真 _____ 父亲着急啊。

（10）他要把自己的全部知识才能献 _____ 科学事业。

（11）人类 _____ 月球的研究还刚刚开始。

（12）虽然只有一个月，可他们 _____ 王师傅学到不少技术。

（13）他 _____ 音乐的渴望使他忘掉一切。

（14）他不知道该怎么办了，你们 _____ 他出个主意吧。

三、朝　向　往

这三个介词都可以为动作引进方向，非常相似，有时可以换用。例如：

　　①火车朝／向／往北京开去。

● "朝"与"向"的主要区别

1. "朝"多引进用身体具体部位做的动作及朝向的对象，有朝向目标、对象。例如：

　　②朝他笑　朝小王挤挤眼　朝远行的人挥手

2. "向"多用来表示单纯的方向。例如：

　　③向前看　向东走　向远方眺望

3. "向"可用于为部分言告类、获取类、抽象性动词引进的对象，这类动词如：说明、表示、解释、介绍、报告、汇报、宣布、道歉、保证；打听、了解、讨（回）；负责、学习、致敬、呈现。"朝"不用于这种情况。例如：

　　向大家 说明一下情况　　＊朝大家 说明一下情况
　　向他 致谢　　　　　　　＊朝他 致谢
　　向人民 认罪　　　　　　＊朝人民 认罪
　　向质量 要效益　　　　　＊朝质量 要效益

4. "向"构成的介词短语还可放在动词后，"朝"不能。

　　④河水欢快地流向远方。（＊流朝远方）
　　⑤这条小路通向山顶。（＊通朝山顶）

● "往"与"向""朝"的主要区别

1. "往"主要表示向着目的地移动的方向。例如：

　　⑥别着急，他们正往会场 赶呢。

又如，如果说话人觉得对方站的位置太靠左了，会说"往右点儿（站）"。如果开车走在路上，拐错方向了，提醒的人会说"错了，往左拐"。

216

因此，"往"多为位移性动作引进有到达点的方向，这类动词有"走、爬、搬、运、开、赶、寄、派、推"，等等。例如：

往怀里 拉　　　　往外 疏导　　　　往灾区 派遣

2．"往"只表示方向，只能跟表方向、处所的词语结合，不能跟表人词语结合。

往头上浇水　　　往我这儿看　　　往后退　　　往非洲运
朝爷爷点头　　*往爷爷点头
向大家致意　　*往大家致意

3．"往"构成的介词短语也可位于动词后做补语，与"向"不同的是：

"向"表示的是单纯朝向性终点方向；"往"表示的是往目的地去的方向。

飞向东京　　　　运向灾区
飞往东京　　　　运往灾区

因此，谓词是具体的去往目的地的动作时，用"往"引进处所，而不用"向"。

销往海外　　　逃往他乡　　　赶往目的地

4．"向"构成的介词短语用于动词后做补语，还可用于象征性的、抽象意义的方向。"往"不能这样用。

走向光明/黑暗/明天　　飞向远方　　驶向未来　　奔向幸福
*走往光明/黑暗/明天　*飞往远方　*驶往未来　*奔往幸福

练习三　用介词"朝、向、往"填空

（1）她恭恭敬敬地 _____ 大家鞠了一躬。

（2）他 _____ 公司汇报了近期的工作情况。

（3）水 _____ 低处流，人 _____ 高处走。

（4）_____ 抗震救灾的英雄们学习！

（5）她转过身来，_____ 我微微笑了一下。

（6）青年人应该 _____ 前看 _____ 前走，不断进步。

（7）他们将以新的姿态走 _____ 光明。

（8）这里所有楼房的窗户都是 _____ 南开的。

（9）工人们正在 _____ 火车站运送那批货物。

（10）这一班飞机是飞 _____ 东京的。

（11）父亲 _____ 女儿点头称是。

（12）我 _____ 给予我帮助的朋友们表示真诚的谢意。

四、对　对于　对……来说　关于

1. "对""对于"都能为动作引进对象，有"对待"的意思。用"对于"的地方，大都可用"对"，但是用"对"的地方，不一定都能用"对于"。例如：

　　①对/对于犯过错误的人，要帮助他们，不能抛下不管。

　　②他对我很有诚意。（*他对于我很有诚意。）

● "对"和"对于"的主要区别

（1）引进动作面对的对象，动作是"说/笑/挤眼"等具体动作时，用"对"，不用"对于"。

　　　对妈妈 笑　　　　　对即将远行的朋友 说

　　*对于妈妈 笑　　　　*对于即将远行的朋友 说

（2）引进的是表人、事的名词、代词及其短语，谓语部分直接表示对待态度，即怎么样，常用的谓词是"好、关心、尊重、热情、失望、重视、负责、支持、发脾气、有帮助、有意见、发表看法"等时，一般用"对"，不用"对于"。

　　　③他对你的事一点儿也不关心。

　　　（*他对于你的事一点儿也不关心。）

　　　④员工们对领导有意见。（*员工们对于领导有意见。）

218

（3）引进的是复杂短语，尤其有谓词性修饰语的短语，谓语部分不是直接表示对待态度，而是对待的处理行为或状况的，一般用"对于"。

⑤ 对于这起交通事故，一定要作深入调查。

⑥ 对于公司存在的问题，我了解得比你多。

2."对/对于……来说"跟"对""对于"不同的是：它表示从某人的角度看。因此常用"对/对于（人）来说……"的句式。例如：

⑦ 这里对/对于我来说，是再熟悉不过了。

＊ 这里对/对于我，是再熟悉不过了。

⑧ 对于我们的战士来说，没有克服不了的困难。

＊ 对于我们的战士，没有克服不了的困难。

3."关于""对于"看起来很相似，实际看问题、谈问题的角度不一样。

（1）"关于"引进的是动作涉及的相关方面，谓词只表示对它的做法；"对于"引进的是对待行为的对象，谓语部分应表示跟对待有关的做法。

⑨ 关于项目经费，各单位自己想办法解决吧。

＊对于项目经费，各单位自己想办法解决吧。

⑩ 与会代表还提了一些关于买房难的问题。

＊与会代表还提了一些对于买房难的问题。

⑪ 对于海归学子，国家持欢迎态度。

＊关于海归学子，国家持欢迎态度。

有时，是表示相关方面的做法还是对待的做法并不十分清楚，就可能出现换用情况。

⑫ 关于/对于这份决议，大家还有什么补充吗？

但是，说话人的表达如果侧重相关方面，就应选用"关于"；如果侧重对待方面，就应选用"对于"。

（2）从结构上看，在都做状语的情况下，"关于"引进的是话题，只能位于主语前，用逗号隔开；"对于"则既可位于主语前，也可位于主语后、谓词前。即：

"关于……"，＋ 主语 ＋ 谓词……

"对于……"，＋ 主语 ＋ 谓词……

主语 ＋ "对于……" ＋ 谓词……

但是，由于"对于"构成的介词短语通常也较复杂，因此位于主语前的情况居多。

🔴 **练习四**　用介词或介词短语"对、对于、对……来说、关于"填空

（1）_____ 这份决议，大家还有什么意见吗？

（2）他 _____ 我的关怀，我永远不会忘记。

（3）这篇文章写的是 _____ 修改经济合同法的事情。

（4）她 _____ 孩子从不放松要求。

（5）他淘气地 _____ 我挤了挤眼。

（6）_____ 今年的工作安排，我们下次开会讨论。

（7）大家 _____ 我的建议有不同意见尽管提。

（8）中国 _____ 我 _____ ，已经是第二故乡了。

（9）_____ 有经验的专业技术工人，厂里都很重用。

（10）_____ 住房问题，政府会帮助解决的。

（11）_____ 这种有失体面的举止，大家都是非常反感的。

（12）我 _____ 这里的风俗还不很熟悉。

（13）_____ 生命的起源，专家说法不一。

（14）_____ 那些不着边际的话，你不必放在心上。

（15）_____ 上了年纪的我 _____ ，属于我的时间只能是越来越少了。

🔴 **练习五**　选择适当的介词填空（不可重复选用）

从	向	往	自	对	对于	关于
跟	给	朝	由	替	自从	对……来说

（1）这趟火车开 _____ 广州。

（2）他是来 _____ 日本东京大学的一位博士生。

（3）算了吧，我不想 _____ 他计较了。

（4）低碳生活要 _____ 每个人做起。

（5）请你把这里的情况 _____ 来宾介绍一下。

（6）别分心，_____ 我这儿看。

（7）他 _____ 什么事都那么认真。

（8）昨天晚上，他 _____ 美国发 _____ 我一份传真。

（9）这场大火是 _____ 吸烟引发的。

（10）老李来不了了，你 _____ 他说说吧。

（11）这篇文章写的是 _____ 修改经济合同法的事。

（12）_____ 建起了老年活动中心，这里每天都是欢声笑语。

练习六　改病句

（1）他经常给我帮助学汉语。

（2）老师关于我的学习很关心。

（3）对安娜，那里就是她的第二个家了。

（4）他坐在的那把椅子我很喜欢。

（5）你们应该多朝他们学习学习。

（6）小伙子已经对刘小姐求婚了。

（7）我从朋友借来一张DVD。

（8）春节对于中国人是十分重要的节日。

（9）我给他们说："我非常重视我们的友谊。"

（10）那个人往我朋友借了5000块钱。

（11）我过去什么都不知道关于中国的事情。

（12）我想自从毕业以后赶紧找份工作。

（13）我走进从海关，看到她还在使劲儿地挥着手朝我。

（14）他知道错了，紧张地朝我解释着。

第二十一课　常用介词对比分析(下)

一、凭　据　依　照

1．凭　指做事情所依凭的东西，可以是具体的、物质的，也可以是抽象的、非物质的。

具体的：凭票　凭证（做具体事情的物质凭证）

抽象的：凭能力　凭本事　凭手段　凭条件（做事情凭借的条件）

例如：凭票入场　　　凭身份证入住　　　凭有效证件领取

凭本事吃饭　　　凭经验认定　　　凭感觉知道

2．据　介绍做事情的来源、依据（有具体内容的话语或事例）。

"据"＋多音节词（谓词性），＋"据"的内容

这个句式用来讲述已发生的事实或表述看法。如：

据他说，……　据了解，他的口碑不错。　据天气预报说，……

"据"＋单音节词（名词性）＋动作（即"据"的目的）

据理力争　　据实报告　　据此整理

3．依

指做事所遵循的标准、规则、条例。基本结构：

"依"＋单音节名词＋谓词语

依法办案　　依法判处　　依章办事　　依此处理

还可表示看法、想法等的来源。基本结构：

"依"＋表人代词、名词＋"看/说/想"

①依我看，这件事该这样办。

②依她的意思，我们就不该去。

4．照　仿照具体样子、话语做事。

例如：照葫芦画瓢　　照他说的做　　照此办理

练习一　用介词"凭、据、依、照"填空

（1）_____ 护照办各种证件。

（2）_____ 统计，眼睛健康的人不足20%。

（3）_____ 老师的样子做。

（4）应该 _____ 法量刑。

（5）_____ 准考证进入考场。

（6）_____ 气象部门预测，近日有特大暴雨。

（7）_____ 良心说，这件事真的不怨他。

（8）你那样不对，看我的，_____ 这样量。

二、按照　照　根据　据

1．按照　引进的是理性的标准、依据，即精神、决定、文件等，遵遁并采取相应的做法（所依照的和做的要一致）。

"按照"引进的标准、依据通常是上级、地位高的人发出的，采取相应做法的一方通常是地位低的人、下级，对标准、依据服从、遵从、不走样地做。

①按照文件精神，我们只能这样做。

②按照上级领导的决定，从这个月起，我们开始实行精简改革。

● "按照"与"照"的主要区别

（1）"按照"遵循的多是理性的标准、依据，强调不要走样儿；"照"主要表示模拟样子做。

③按照条例，只能给你一周的假期。

④注意！照我的笔顺写。

223

（2）"按照"不能与单音节中心语搭配，"照"则比较口语化，后面加单、双音节均可。

　　　照此办理（＊按照此办理）　　　照章执行（＊按照章执行）

　　　按照要求做　　　　　　　　　按照合同的规定处理。

　2．根据　通过数量、程度、事实、材料等得出判断或作出决定。构句形式为：

"根据+……意见/要求/调查/经验"＋主句（内容与前面相符或一致）

　　　⑤根据大家的要求，我们打算周末举办一个晚会。

　　　⑥根据天气云图分析，近期不会有雨。

● "据"与"根据"的主要区别

（1）"据"能与单音节中心语搭配；"根据"通常不能。

　　　据实报告　　＊根据实报告　　根据实情报告

（2）"据"可用于表述看法、传闻等，用于"据……看/说/传说"等。"根据"不能。

　　　据小李说　　据我看　　据……传说，他……

练习二　用介词"按照、照、根据、据"填空

（1）来，＿＿＿＿＿＿这张图画。

（2）这是给员工提供午餐的地方，＿＿＿＿＿＿规定，家属不能进来用餐。

（3）＿＿＿＿测算，该地区30%的人口来自外地。

（4）＿＿＿＿专家称，饮食问题是导致这种疾病的重要原因之一。

（5）没什么难的，你就＿＿＿＿药方去药房取药就行了。

（6）＿＿＿＿我们目前掌握的情况，这件事可能跟他有关。

（7）在杂志上发表论文是有体例规定的，你应该＿＿＿＿规定的体例来做。

（8）＿＿＿＿邻居反映，他们夫妻俩闹家庭纠纷已经有一段时间了。

练习三　改病句

（1）按照天气预报，明天有大雾。

（2）按照他说，台风造成不小损失。

（3）照法律办事没什么不对。

（4）我应该这样拿笔，照老师的样子写。

（5）根据老师的说，我们下个月有教学实践。

（6）按照同学们的提议，我们计划开办一个汉语角，给大家提供
　　　更多的说汉语的机会。

（7）照调查，他不姓刘而姓张。

（8）根据经理说，最近公司很不景气。

三、为　为了

　　"为""为了"两个词都有"为"这个语素，容易被理解成同样的意思。其实，"为"和"为了"只有在引进目的意义时才可能通用，但在这个意义上，最好用"为了"。有时两词可与"而"连用。

　　①他为/为了考上一流大学（而）拼了一年命。

　　②为/为了这份工作，他不知说了多少好话。

但是以下情况下"为"和"为了"不能通用：

1. 引进服务的对象，用"为"，不用"为了"。

　　③为人民服务　　　　＊为了人民服务

　　④为下岗职工创造更多再就业机会

　　＊为了下岗职工创造更多再就业机会

　　2. 引进原因，即因某种原因引起心理活动，谓词多为心理动词、形容词时，用"为"，这时可与"因为"换说，可与"而"连用。

⑤妈妈为有这样的女儿（而）自豪。

＊妈妈为了有这样的女儿（而）自豪。

⑥他为公司的不良状况感到担忧。

＊他为了公司的不良状况感到担忧。

练习四　用介词"为、为了"填空

（1）姐姐 ＿＿＿＿＿ 我能读上书吃了很多很多的苦。

（2）她用自己的钱 ＿＿＿＿＿ 这些孤儿建起了新家。

（3）妈妈 ＿＿＿＿＿ 女儿心痛得流下泪来。

（4）把电脑连接好，＿＿＿＿＿ 播放视频作准备。

（5）今天的付出是 ＿＿＿＿＿ 明天的幸福。

（6）她 ＿＿＿＿＿ 自己的出色表现而骄傲。

（7）今天的饺子是我特意 ＿＿＿＿＿ 你做的。

（8）他 ＿＿＿＿＿ 实现夺取奥运金牌的理想苦苦训练了四年。

四、"在"字短语与方位词

1."在"字短语

（1）"在"常与方位词"上／下／中／里／内／前／后／外"及"中间／当中／之间／之前／之后"等结合起来，为动作介引时间、处所、范围、条件、方面等。例如：

①在他回国之前，我们还见过面。

②他们俩在阅览室里整整看了一天的书。

③在众多朋友之中，我们俩最要好。

注意　表示空间、范围、方面、条件时，"在"必须与方位词等构成相应的短语来使用。

④＊这件事一定要在思想引起注意。（改为：在思想上）

⑤＊在众多朋友，我们俩最要好。（改为：在众多朋友中）

⑥＊在学习，他一直是我的榜样。（改为：在学习上）

（2）表示时间的用法

● 只单纯介引一个时间点，一般不用"在"。

⑦你六点半一定叫醒我。（＊你在六点半一定叫醒我。）

⑧我今年春节想回一趟老家。

（＊我在今年春节想回一趟老家。）

● 划定或突出某时段范围，可用"'在'+方位短语"。

⑨在长达一个月的时间内，李教授几乎没有离开实验室一步。

⑩在几分钟里就能记住这么多数字，真不简单！

（3）时间、处所词用来限定名词性词语做定语时，即：时间/处所词+"的"+名词，前面不用"在"。

⑪初秋的夜晚很凉爽，很舒服。

（＊在初秋的夜晚很凉爽，很舒服。）

⑫周末的活动照常进行。（＊在周末的活动照常进行。）

⑬教室里的同学都在安静地学习。

（＊在教室里的同学都在安静地学习。）

练习五 根据句义，在需要的地方填上介词"在"或方位词

（1）他看着 _____ 远处 _____ 的朋友，心里有些难过。

（2）她 _____ 同学 _____ 很有人缘儿。

（3）大家先 _____ 这儿 _____ 休息一下。

（4）_____ 门口 _____ 的那辆红色汽车是谁的？

（5）她 _____ 接人待物 _____ 还需要指导一下。

（6）_____ 公司工作会议 _____ ，小张的表现很出色。

（7）_____ 八月十五 _____ 的月亮又大又圆。

（8）_____ 半个多小时的时间 _____ ，小伙子就给女朋友打了
　　　 五次电话。

2．在……上　　在……中　　在……下

（1）在……上：主要表示方面、空间范围、条件等。
　　　⑭他在搜集邮票上下了不少工夫。（方面）
　　　⑮科学技术是一种在历史上起推动作用的革命力量。

（空间范围）

表示以一种低的条件为基础向上提高、提升，用"在……上"。
　　　⑯在大量实验的基础上，他又作了理论上的总结。

（2）在……中：主要表示环境、范围、过程等。
　　　⑰青年人要在艰苦中奋斗，在奋斗中创业，在创业中成长。
　　　⑱他在生物工程研究中取得了可喜的成绩。

（3）在……下：表示前提条件，介词的中心语意义一般是积极的，常
用"领导/指导/帮助/鼓励/劝说/启发"等词。
　　　⑲在大家的帮助下，他很快就适应了这里的生活。
　　　⑳他的这些作品是在老作家的指导下创作出来的。

练习六　用"在"字短语"在……上/在……中/在……下"填空

（1）老先生 _____ 文学创作 _____ 已有三十多年的历史了。
（2）_____ 李老师的启发 _____ ，大家终于解开了这个难题。
（3）这几位专家 _____ 学科建设 _____ 作出了巨大贡献。
（4）她 _____ 穿戴 _____ 十分讲究。
（5）_____ 古典小说 _____ ，她最喜欢的是《红楼梦》。
（6）_____ 父母的鼓励 _____ ，她终于鼓足勇气走上舞台。
（7）他准备将汉语水平 _____ 五级的基础 _____ 再提高一级。
（8）人只有 _____ 艰苦的环境 _____ 才能磨炼意志。
（9）_____ 没有任何先进设备的条件 _____ ，他克服重重困难，
　　　 取得了实验成功。

练习七 选择适当的介词填空（不可重复选用）

凭 据 依 照 根据 按照 为 为了 在

（1）_____ 我们这个集体里，同学之间都像亲兄弟一样。

（2）不能依靠别人，要 _____ 自己的本事生存。

（3）我们俩 _____ 一个共同的理想来到这里。

（4）_____ 小道消息说，明天汽油可能涨价。

（5）_____ 协议，你们下周应该搬出这所房子。

（6）_____ 此类推，下周三应该上语言课。

（7）几年来，他一直在 _____ 两国人民的友好合作而努力工作着。

（8）_____ 当地习俗，我必须喝下这杯酒，可是，我不会喝酒怎么办？

练习八 改病句

（1）班长在同学很有威信。

（2）据规定我只能这样做。

（3）对他的前途，我必须帮他。

（4）我现在住在的那家宾馆，条件好极了。

（5）在北京的冬天真是太冷了。

（6）奖金是照工作量大小发放的。

（7）根据朋友说，股市波动很大。

（8）我在今年8月20日来到南开大学。

（9）在打开销路，他动了不少脑筋。

（10）在广场上的人们都在跟着音乐欢快地跳舞。

（11）他到现在还没适应在这儿的生活。

（12）按照测定和比对分析，天气有变暖趋势。

（13）大家都能为了你服务，你怎么就不能为了大家服务呢？

（14）学会生活、广交朋友，这在人生道路是十分重要的。

第七单元综合练习

一、在横线上填上合适的介词。

（1）_____他的建议，我有不同看法。

（2）_____法办事才符合原则。

（3）_____调查结果，法院作出了公正的裁决。

（4）教室_____宿舍不太远。

（5）_____他醒来时，屋子里已经空无一人了。

（6）她_____我更喜欢哭。

（7）来，帮我把这张桌子搬_____书房去。

（8）星期六我们打算_____一个中国朋友举行生日晚会。

（9）本法_____2011年1月1日起施行。

（10）算了吧，我不想_____他计较了。

（11）店里的服务员_____顾客非常热情。

（12）小李来电话找过你，你_____他去个电话吧。

（13）导游小姐_____我们介绍了这里的情况。

（14）_____窗外吹进来一股清新的风，使人感到特别舒服。

（15）这个决议是我们_____规定做出来的。

（16）_____汉语水平的提高，他也越来越敢说汉语了。

二、将括号中的介词短语放到句中合适的位置上。

（1）_____把花瓶_____摆_____吧。（在桌子上）

（2）_____你们_____再_____考虑考虑。

（关于人员的安排问题）

（3）_____我们_____不能_____全信。（对于他说的那些话）

（4）_____母亲_____每天_____做_____两小时的按摩。

（给他）

（5）政府 _____ 调拨了 _____ 大量食品 _____ 运 _____ 。

（往灾区）

（6）_____ 一个光着脑袋的小淘气 _____ 做着 _____ 鬼脸儿

_____ 。（朝我）

（7）_____ 我 _____ 十分 _____ 信任 _____ 。（对他）

（8）_____ 他 _____ 更了解 _____ 这里的情况 _____ 。（比我）

（9）_____ 大家 _____ 几乎 _____ 是一致的。

（对这个问题的看法）

（10）_____ ，在这儿 _____ 过春节 _____ 十分有意义 _____ 。

（对我来说）

三、在横线上填上合适的介词短语。

（1）我住的地方 _____ 不太远。

（2）这趟飞机是 _____ 开的。

（3）我有急事要办，不能去了，你 _____ 去吧。

（4）小王大大方方地 _____ 介绍了他自己。

（5）无论是谁，都得 _____ 办事，不能徇私情。

（6）小李 _____ 一直工作到现在。

（7）这篇文章写的是 _____ 的事。

（8）_____ ，今天夜里有暴雨。

（9）_____ 开始放假，假期一周。

（10）_____ ，他吸取了一些教训，反而有进步了。

四、用括号中的介词完成句子或对话。

（1）明天是春节，你到我家来，（跟）_____ 。

（2）这里的老师很负责任，（从……到……对……）_____

_____ 。

（3）（自从）_____ ，他的汉语有了明显的进步。

（4）每（当）＿＿＿＿＿＿，我总喜欢去海边看月亮。

（5）（除）＿＿＿＿＿＿，别的事都办得很顺利。

（6）不自私，多（为）＿＿＿＿＿＿着想，是一种美德。

（7）A：老李是个什么样的人？

　　B：老李人很好，（对）＿＿＿＿＿＿，（对）＿＿＿＿＿＿。

（8）A：今天开会讨论什么问题？

　　B：（关于）＿＿＿＿＿＿＿＿＿。

五、改病句。

（1）这儿跟上海冷多了。

（2）我们生活同一个时代，应该互相理解才对。

（3）在火车站前很拥挤，人山人海的。

（4）离天津到山海关差不多有250公里的路。

（5）现在，对你，学习是第一位的。

（6）服务员对于客人失礼了。

（7）王主任负责朝来宾介绍项目进展情况。

（8）在这次旅行，不仅看到美丽的风光，还认识了很多朋友。

（9）我来大厅，看在大厅里美丽的圣诞树。

（10）星期天我要给你请客。

（11）比以前，我觉得他好像不那么厉害了。

（12）自从下个月开始，我要搬到别处住了。

（13）下午我去你那儿，给你商量点儿事。

（14）这件事对小王有牵连。

（15）这本书里记录的都是他爱人向她的爱。

（16）她的一声声感谢发从内心。

（17）关于工作中出现的问题，决不能掉以轻心。

（18）你需要据文献资料来完善一下你的文章。

六、用合适的介词短语构句，表达下面两幅图中的内容。（每幅图至少写两个句子）

第八单元
动态与助词

汉语动态的表达方式比较丰富，也比较灵活，既可以在动词前使用副词，在动词后附着助词，也可以在句末附加助词。

第二十二课 动作的进行、持续 与起始、将行

一、动作的进行

表示动作的进行，可用副词"正""在""正在"加动词表示，也可同时在动词后附着表示持续意义的助词"着"或表示强调进行语气的助词"呢""着呢"。例如：

①A：快看！快看！

B：我正看呢。（眼睛在看电视）

②大家有的在写信，有的在看书。

③她们正在排练呢。

比较"正""在""正在"

1."正""在""正在"都表示动作在进行过程中。

2."正"表示时点性时间，即动作在一个时点上进行。

选用"正"要表达的是：恰好或不巧在这个时间进行着某个动作或持续着某个状态。所以带"正"的句中大多会有一个明确的时间点，如果没有，通常指的是现在或说话时。

用"正"的句子为了凸显说话人认为恰巧或不巧的这种情态，句末常用语气词"呢"等配合。通常"'正'＋光杆动词"不能成句。基本结构：

（时点＋）"正"＋动作＋"着/呢"

例如：

④你喊我时，我正打电话呢。

⑤最近，我正忙着装修呢。

236

⑥（现在）我爸正睡觉呢。

正看呢　　正吃着　　正担心着呢　　正向我走来

＊正看　　＊正吃　　＊正担心　　＊正向我走

3．"在"表示在现在或某个时点、某个时段之内动作的进行。

因为可以表示动作在某段时间内进行，所以句子形式上往往有表示时段的成分，或者是"总/还/一直"等表示持续时间的副词，或者是"又"等表重复的副词。基本结构：

（时段性时间/"一直/总/还……"＋）" 在 "＋ 动作动词

⑦ 你在想什么？（时间为现在）

⑧ 整整一个假期，他都在尽义务。

⑨ 从昨天晚上8点到今天早上5点，王大夫一直在做手术。

"正"句与"在"句的最大区别在于，"正"句凸显的是时点性，即巧合或不巧的那个时间，所以它不能与时段性时间及"一直""总"类副词同现；"在"句凸显的是动作的进行性，不受时点、时段及相关副词限制。例如：

⑩＊从昨天晚上8点到今天早上5点，王大夫一直正做手术。

⑪＊你正想什么？（虽然时点是现在，但说话人想表达的是"想"的进行性，跟时间的巧与不巧、合适与不合适没有关系）

4．"正在"是将"正"与"在"两个语素的意义融合到一起，所以既有"正"的巧与不巧的时点性，又有"在"的进行性。由于受到"正"巧与不巧、合适与不合适的时间性的影响，"正在"也不能与时段性时间及"一直""总""还"类副词同现。

⑫ 大家正在研究事情，你别进去打扰。

⑬＊都几点了，你怎么还正在看电视啊？（还在看电视）

句子如果只凸显正巧的时点，不能用"正在"，因为"正在"有进行的意义。

237

⑭*我回头看时，那孩子正在朝他妈妈扑去。（正朝他妈妈扑去）

练习一　选择填空

1. A.正　　　　　B.在　　　　　C.正在

（1）我总 _____ 盼着你来，你终于来了。

（2）他 _____ 听广播，别去打搅他。

（3）我 _____ 忙着呢，您稍等一下。

（4）他们俩 _____ 在屋里谈话。

（5）一轮红日 _____ 从地平线上升起。

（6）整整一个暑假他都 _____ 忙着写论文。

2. "在"有多种意义，请判断下列句中"在"的意思是哪一个。

　　　A.副词：正在　　　B.动词：存在　　　C.介词：引出处所

（1）他们正在阅览室里看书。　　　　　　　　　（　　）

（2）我在等着你们呢。　　　　　　　　　　　　（　　）

（3）他正好在家，快进去吧。　　　　　　　　　（　　）

（4）我们公司在发展、在壮大。　　　　　　　　（　　）

（5）孩子们正在操场上踢足球呢。　　　　　　　（　　）

（6）正好，你们都在这儿。　　　　　　　　　　（　　）

练习二　根据所给的词语，选择"正""在"或"正在"构句

（1）又　　考虑　　那件事

（2）最近　　他们　　忙　　汉语节

（3）整整一上午　　排队　　买票

（4）别叫他　　他　　看信

（5）看到她时　　她　　向我　　挥手

（6）三天来　　他　　一直　　等你

二、动作、状态的持续

1．在动词、形容词后附着助词"着"，表示动作或状态的持续。根据持续进程的强与弱，动作、状态的持续可分为动态、静态两种。

⑮姐妹俩在船上愉快地唱着歌。（动态）

⑯他们分析着、研究着，一直到晚上十点多。（动态）

⑰椅子上坐着一位看报的老爷爷。（静态）

⑱你看，教室里的灯还亮着。（静态）

2．"进行"和"持续"的意义是不同的。"正在"等表示动作的进行，"着"则表示动作发生后一直持续的一种状态。因此，"着"主要用于描述。下面的句子不能用"着"：

⑲A：小李，你在干什么？

B：＊我写着信。（我在写信。）

⑳我一边等着小王，一边想着心事。

不能问：＊你等着谁？　　＊你想着什么？

只能问：　你在等谁？　　你在想什么？

3．"着"附在动词后可以用来表示一种动作方式：

动词₁+"着"……+动词₂……

笑着说　躺着看书　骑着自行车到处跑

239

4．"着"附在动词后还可以用来表示一种存在状态：

名词性词语（表处所）+ 动词 + "着"（+ 数量等）+ 名词

书架上摆着几本杂志。　　　　门口停着几辆汽车。

5．用"'正/在/正在'+动词"或"动词/形容词+'着'"时，表示的是动作的进行与持续，所以句中不应有表示结束、阶段等意义的成分。即：

＊"正/在/正在"+动作+结果/动量/时段/"了/过"

＊动作+"着"+结果/动量/时段/"了/过"

＊我正记住生词呢。　　　　　＊我记住着生词。

＊他在读一遍信。　　　　　　＊他读着一遍信。

＊他正在写一假期论文。　　　＊他写着一假期论文。

＊正商量了怎样完成这个计划。＊商量着怎样完成这个计划了。

6．有些动作是不能进行和持续的，所以不能与"正/在/正在"或"着"配合使用。

＊他正在到学校。　　　　　　＊我们同意着这个计划。

常见的非持续性动词有：

来	去	到	离开	成立	毕业	停止
死	胜	败	出发	牺牲	看见	听见
懂	会	忘记	知道	碰见	认为	记得

练习三　判断正误，错误的请改正过来

（1）他正在认真地学着一上午。　　　　　　　（　　）

（2）姐姐正看我一下。　　　　　　　　　　　（　　）

（3）她哭着说："你们都不懂着。"　　　　　　（　　）

（4）于静一直爱着他好几年。　　　　　　　　（　　）

（5）已经两个多小时了，他还在玩儿游戏。　　（　　）

（6）大家正在阅览室里读报了。　　　　　　　（　　）

（7）她一边打开着书本，一边拿起着笔。　　　（　　）

（8）他还在门口，一直正在等你。　　　（　　）

（9）孩子们都戴着小黄帽，一个个都很精神。　　　（　　）

（10）我站着在树下，听见着树上鸟儿清脆的叫声。　　　（　　）

练习四　根据所给的词语，用"动词+着"构句

（1）她　　喜欢　　趴　　看书

（2）院子里　　五颜六色　　种　　鲜花

（3）三年来　　妈妈　　一直　　在　　盼　　回来

（4）一直　　瓷瓶　　书柜　　摆

（5）跟村民们　　拉手　　唱　　跳　　一边……一边……

三、动作的开始与继续

在动词后加上趋向动词"起来"表示动作开始并继续，加上趋向动词"下去"表示动作继续往下做。例如：

㉑她们开心地大笑起来。

㉒女儿坐在灯下认真地看起书来。

㉓这个论题很有价值，希望你能研究下去。

㉔好，好！唱得不错！来，唱下去！

动词后有宾语的话应将宾语插在"起"和"来"中间。例如：

吃起饭来　　＊吃起来饭　　学起汉语来　　＊学汉语起来

241

练习五　根据句义，用动词加"起来"或"下去"改写句子

（1）厂长话音一落，工人们就开始热烈讨论了。

（2）她收拾完屋子，就坐在沙发上打开了电视。

（3）大嫂烧完水，又开始忙做饭。

（4）两个好朋友在电话里开始聊天儿。

（5）现在做的工作遇到困难，但他决心不停止。

四、动作的将行（将要进行）

这里主要介绍借助副词表示将行的类型。

● 表示将来或不久以后发生的动作，如"将、将要、要"等。

● 表示短时内要发生的动作，如"快、快要、就要、即将"等。

例如：

㉕ 不努力学习，将一事无成。

㉖ 未来将要靠我们去创造。

㉗ 火车就要进站了。

㉘ 人民代表大会即将在北京举行。

否定句中，不能用"将要""快要"等副词。

㉙ A：上海就要到了吧？

　　B：没呢，还早着呢。

　　（＊没就要到了。）

㉚ A：要毕业了吧？

      B：哪里，还有两年呢。

      （＊没要毕业。）

用"就要""快要""要"时，句末一般要加"了"。"即将"书面语色彩较浓，句末通常不加"了"。

㉛ 天就要黑了，抓紧时间干吧。

      （＊天就要黑，抓紧时间干吧。）

㉜ 快考试了，大家紧张地复习着。

      （＊快考试，大家紧张地复习着。）

㉝ 她要哭了，你去劝劝她吧。（＊她要哭，你去劝劝她吧。）

㉞ 即将考试，大家紧张地学习着。

练习六　选词填空

正	要	着	呢	将	在
正在	就要	起来	下去	即将	

（1）孩子们的愿望 _____ 实现了。

（2）你看，他们 _____ 打网球，打得多好啊！

（3）别进去，老师 _____ 开会 _____。

（4）汽车在公路上飞快地行驶 _____。

（5）三个孩子坐在灯下看 _____ 书 _____。

（6）这样学 _____，三年后一定能学得相当好。

（7）他们 _____ 结婚了，我得送他们一件礼物。

（8）估计过不多久，他 _____ 成为一名新闻人物。

（9）理想 _____ 实现，心里有说不出的激动。

（10）我 _____ 想这封信该怎么写。

（11）半年来，她一直都 _____ 卧床休息。

（12）最近他 _____ 忙 _____ 处理那几件事情。

练习七　根据句子内容，用括号中的词改写句子

（1）孩子们一边唱歌，一边挥舞手中的彩绸。（着　着）

（2）虽然实验遇到困难，可是他不想停止。（下去）

（3）孩子们玩儿得十分开心。（正　着　呢）

（4）她很伤心，眼泪从眼睛里涌出来。（起来）

（5）这个学期只剩下几天了。（快）

（6）这项工程再有三四天就能完工。（即将）

（7）只有继续坚持，才能取得胜利。（下去）

（8）他们争论得很激烈。（正　着）

（9）他们走出剧场时，天气不好，下雨。（正在）

（10）他去美国留学是半年以后的事。（将要）

（11）（我告诉他）外面下雨，不要出去。（着　呢）

（12）（我想让小李陪我打网球，小李告诉我）她现在写作业，
　　　　过一会儿再去。（呢）

练习八　改病句

（1）这件珍贵的纪念品，我一直随身保存。

（2）我进来的时候，他正打电话了。

（3）他们正在去参观呢，咱们也去吧。

（4）早上六点来钟，我正睡，一阵电话铃声把我惊醒。

（5）现在他正在去上海的火车上了。

（6）她握我的手，亲切地看我。

（7）A：喂！想什么呢？

　　　B：我想着这句话怎么说才对。

（8）可能他现在正离开着北京，快到东京。

（9）还不到十点，怎么就睡觉起来？

（10）歌声一落，观众就鼓起来掌。

（11）A：研究生考试要开始吧？

　　　B：没要，还有一个来月呢。

（12）这部电影就要结束，可我多么希望继续演起来呀。

（13）工程既然已经开始，困难再大，也要进行，不能半途而废。

（14）他们谈、笑、唱，一直到很晚。

（15）这几天，他一直正给你打好几次电话。

（16）妈妈拉住着她的手，舍不得离开着她。

第二十三课 动作的完成、实现与经历

一、动作的完成与实现

汉语表示动作的完成与实现，主要借助于助词"了"。

1．"了"的基本位置和意义

"了"在句中主要放在两个位置上：

动词＋"了" —— 了₁

句尾＋"了" —— 了₂

"了"不管出现在哪个位置上，都表示一种改变，即从没做到做、从没做完到做完、从没有到有、从不是到是、从一种状态到另一种状态、从一种情况到另一种情况、从一种数量到另一种数量等动态的改变。

①你还没画完呢，画完了再说。（从没画完到画完）

②我有女朋友了。（从没有到有）

③你的脸怎么红了？（从不是红的状态到变成红的状态）

④我都听五遍了。（从不是五遍的数量到五遍的数量）

2．需要用"了₁"的主要条件

（1）句内有表示过去时间的词语和表示数量的词语。基本结构：

过去时间＋动词＋"了"＋数量词／宾语

⑤昨天我们参观了一所学校。

⑥刚才我去了一趟网吧。

（2）句内有现在或现在以前做动作的某种方式、样态、原因、条件等。基本结构：

原因／条件／方式／样态等＋动词＋"了"＋……

246

⑦阿超和雨鹃，在那个月的二十八日，顺利地完成了婚礼。

⑧老大夫仔细地给我做了全面的检查。

（3）句内有两个以上动作，动词₁的完成影响了动词₂，动词₁后的"了"要出现。基本结构：

$$动词_1+"了"……（"就/才/再"等）+动词_2……$$

动词₁完成后接着发生动词₂，可以是过去的时间，也可以是将来的时间。

⑨他昨天来这儿看了会儿书就走了。（过去的时间）

⑩明天下了课我去找你。（将来的时间）

或：

$$动词_1+"了"……，+动词_2+……$$

动词₁的完成引起新的情况，产生动词₂。例如：

⑪把要说的话都说了出来，心里觉得舒服多了。

练习一 根据所给词语，用"了"造一个完整的句子

（1）刚才　　去　　书店

（2）喝茶　　就　　走

（3）上周　　邀请　　参观

（4）大大方方地　　唱

（5）伯父资助　　完成　　学业

（6）听　　报告　　大家　　感动

（7）多次　　实验　　获得　　成功

（8）把仓库里的物品　　彻底　　清查

3．不用"了"的主要情况

（1）如果只是一种属性的判断、存在或具体的说明，不能用"了"。

⑫冯小刚<u>是</u>一位著名的电影导演。

⑬女儿<u>像</u>父亲，不<u>像</u>母亲。

⑭湖心岛上<u>有</u>一个非常别致的小亭子。

（2）如果只是一种性状的说明，不能用"了"。

⑮最近，公司里的事情很多，特别<u>忙</u>。

＊最近，公司里的事情很多，特别<u>忙</u>了。

⑯这家商店东西<u>贵</u>，那家<u>便宜</u>。

＊这家商店东西<u>贵</u>了，那家<u>便宜</u>了。

（3）如果表示的是经常性、一贯性、规律性的动作，不能用"了"。

⑰他<u>常常</u>迟到。

＊他<u>常常</u>迟到了。

⑱他<u>从来</u>不顾及别人的感受。

＊他<u>从来</u>不顾及了别人的感受。

⑲向红<u>每天晚上</u>坚持学习两个小时。

（4）如果表示的不是一个具体过程，而是多次、多种方式的动作，一般不加"了"。

⑳我<u>怎么</u>劝他，他都不答应。

＊我<u>怎么</u>劝了他，他都不答应。

（5）用副词"没（有）"否定的动作、状态不能用"了"。

㉑从开始备考到现在，只有昨天晚上<u>没</u>熬夜。

＊从开始备考到现在，只有昨天晚上<u>没</u>熬夜了。

㉒A：你最近好像瘦了。

　B：没瘦，还那样。

　　　（＊没瘦了，还那样。）

（6）动词或动词性短语只是做某个时间的限定语时，一般不加"了"。

　　㉓我刚来中国时，心里很紧张。

　　＊我刚来了中国时，心里很紧张。

　　㉔去年在一家公司工作时认识了他。

　　＊去年在一家公司工作了时认识了他。

（7）动词是连续紧凑动作，动词后有结果等补语，为了表达动作的紧凑连贯，通常不用"了"。

　　㉕他披上衣服拉开门，轻松地走了出去。

练习二　判断句子正误，错误的请改正

　（1）屋子已经收拾好了，非常干净了。　　　　（　　　）

　（2）他性格很孤僻，总是一个人出去了。　　　（　　　）

　（3）我总觉得他像一个人。　　　　　　　　　（　　　）

　（4）听说，上个星期他没去出差了。　　　　　（　　　）

　（5）这次考试，你考得怎么样了？　　　　　　（　　　）

　（6）校园里一共有三家银行。　　　　　　　　（　　　）

　（7）考试开始后，他迅速做起题来。　　　　　（　　　）

　（8）她每三天就要去一次医院了。　　　　　　（　　　）

　（9）他刚来了的时候，谁也不认识。　　　　　（　　　）

　（10）我多次警告了他，他就是不听。　　　　（　　　）

　（11）我到了上海后再给你打电话。　　　　　（　　　）

　（12）我从上周开始一直找了材料。　　　　　（　　　）

练习三　利用所给词语造一个完整的句子

（1）演讲　　有　　吸引力

（2）想问他时　　他　　走

（3）热心　　大家　　喜欢

（4）说话　　总是　　不分　　轻重

（5）怎么　　画　　也不像

（6）像　　知识分子

（7）后悔　　他走时　　没送

（8）真诚　　从不

4．动词间有以下几种关系的句子如需用"了₁"，"了₁"通常置于第二个动词后。基本结构：

动词₁＋……动词₂＋"了"（＋数量短语／宾语）

（1）动词间有目的关系：

㉖我刚才去邮局发了一封特快专递。

㉗他来这里学了几年中医。

＊他来了这里学几年中医。

（2）动词间有方式关系：

㉘我们一行五人骑自行车去了一趟乡下。

＊我们一行五人骑了自行车去一趟乡下。

（3）动词间有使令关系：

㉙ 我让他把书还给了图书馆。

＊我让了他把书还给图书馆。

5．关于"了₂"

"了₂"表示情况、状态、数量等的变化和成句的陈述语气，一般用于句末。

㉚ 他不再是我的朋友了。（所属变了）

㉛ 下雨了，回屋里去吧。（情况变了）

㉜ 苹果已经红了，可以吃了。（性质、状态变了）

㉝ 他三年没回家了。（时间变了）

㉞ 小红今年十六岁了。（数量变了）

㉟ 我去图书馆看书了。（事件变了；陈述语气）

否定到说话时或到现在事情的出现或发生，用"没"或"没……呢"，句末不再用"了"。

㊱ A：你参加上次的活动了吗？

　　B：没参加。

㊲ A：到北京了吧？

　　B：还没到呢。

否定情况、计划、意愿的改变，否定所属、性质等的改变，用"不……了"。

㊳ 不刮风了，可以走了。（之前刮风）

㊴ 身体有点儿不舒服，不想去看电影了。（之前想去）

㊵ 水不热了，可以喝了。（之前热）

🔶 练习四　将下列句子变换成否定句

（1）王奶奶今天来晨练了。

（2）他说得很多。

（3）池塘里的荷花都开了。

（4）她原来想吃饺子，现在变了。

（5）秘书已经整理好需要的材料了。

（6）老王从今天开始戒烟。

练习五 根据句义，用"了₂"改写句子

（1）他以前是我的男朋友。

（2）上课(上课铃刚响过)，不能打电话。

（3）我去他家三趟也没找到他。

（4）时间过得真快，今天星期五。

（5）张总原来计划坐火车，现在改坐飞机。

6. 关于"了₁""了₂"的同现

有的句子有时动词后用了"了"，句末又用了"了"，这种句子常常表示：

（1）说明动作、事件延续到说话时或现在已完成或实现的情况。

㊶ 我已经写了回信了。（到说话时已完成情况）

㊷ 我还忘了告诉他了。（延续到现在的情况）

（2）说明动作延续到现在为止已达到的时间长度或数量等。基本结构：

动词 + "了₁" + 数量短语（+名词）+ "了₂"

㊸ 我在这儿住了三年了。

㊹ 他买了十几套邮票了。

㊺ 为了买到这本书，他已经去了三次书店了。

练习六　根据句义，用"了₁"和"了₂"改写句子

（1）他的小说已经写两万字。

（2）奶奶已经住半个多月医院。

（3）这花真好，开一个多月，还没谢。

（4）他在这里生活过十几年。

（5）这项实验，研究人员做过十几遍，还没有结果。

练习七　下列句子中哪些地方应该加"了"？

（1）我什么也顾不得＿＿＿＿，拖着拖鞋＿＿＿＿，连雨具也没有拿＿＿＿，奔下＿＿＿楼梯＿＿＿，朝花园跑去。

（2）近几年来，这里的一切都变＿＿＿，山变＿＿＿，水变＿＿＿，村庄变＿＿＿，人也变＿＿＿。

（3）听＿＿＿爷爷的话＿＿＿，小明非常激动＿＿＿。

（4）贝多芬飞快地奔回 ＿＿＿＿＿＿ 房间 ＿＿＿＿＿＿ ，花 ＿＿＿＿ 一夜工夫 ＿＿＿＿ ，把刚才弹 ＿＿＿＿ 的曲子记录 ＿＿＿＿ 下来 ＿＿＿＿ 。

（5）《红楼梦》我已经看 ＿＿＿＿ 三遍 ＿＿＿＿ ，每次看 ＿＿＿＿ ，都有收获 ＿＿＿＿ 。

（6）那年冬天，我得 ＿＿＿＿ 一场大病 ＿＿＿＿ ，在阿姨的精心照料下，终于恢复 ＿＿＿＿ 健康 ＿＿＿＿ 。阿姨对我这么好 ＿＿＿＿ ，我简直不知怎样感谢 ＿＿＿＿ 她才好 ＿＿＿＿ 。

（7）假期里他们坐 ＿＿＿＿ 飞机去 ＿＿＿＿ 一趟 ＿＿＿＿ 海南 ＿＿＿＿ ，玩儿得很高兴 ＿＿＿＿ 。

（8）我们在朋友家里吃 ＿＿＿＿ 晚饭 ＿＿＿＿ ，外面已经不像刚才那么热 ＿＿＿＿ ，太阳落下 ＿＿＿＿ 山坡 ＿＿＿＿ ，只留下 ＿＿＿＿ 一片红霞在天边 ＿＿＿＿ 。

二、动作的经历

表示过去曾经有过某种经历或具有某种性状，用"动词／形容词＋'过$_{时态助词}$'"表示。

⑯ 昨天我找过你两次。

⑰ 那时她也胖过。

"过"用在形容词后通常含有相比较的意思。

⑱ 这屋子从来也没这么干净过。（说明以前不干净）

⑲ 她的病好过一段时间。（说明后来或现在重了）

动词后有宾语时，"过"放在动词后，不放在宾语后。

⑳ 这件事我告诉过小丽。

㉑ 我看过这部影片。

＊我没看这部影片过。

对这类句式的否定用"没（有）"。如果还用了副词"曾"，可用

"未曾""不曾"表否定，"未曾""不曾"书面语色彩较重。

⑤我<u>没</u>说过这种话。

⑤这是历史上<u>未曾</u>有过的奇迹。

表示在过去时间里从来没有怎么样，句中有"'从/从来'"+"'没有'"+动词/形容词"形式，通常需要用"过"。

⑤他<u>从来没有</u>帮助过别人。

⑤我<u>从来没</u>写过这种信。

练习八　利用所给词语加助词"过"构成完整的句子

（1）这种梦　　我　　也　　做

（2）来这里　　没　　病

（3）在日本时　　吃　　寿司

（4）一直　　没　　回　　信

（5）在大学读书时　　我　　她　　接触

练习九　改病句

（1）我去长城过。

（2）A：你去过黄山吗？

　　　B：不去过。

（3）我以前去过他家做客。

（4）他们跟学校领导见面过。

（5）母女俩从来没有回故乡。

（6）我曾经在上海一所私立大学读书，工作一段时间。

- “了”“过”用法比较

1. “了”表示动作、状态的改变；“过”不表示改变，仅表示曾经经历、存在或具有某种动作性状。

(56) 我新买了一本书。（从没买到买的改变，表示新发生的动作）

(57) 我买过这本书。（过去有买这本书的经历）

(58) 这个演员红了。（新出现的状况）

(59) 这个演员红过。（曾经存在、具有的情况）

2. 用“了”的句子，动词后的宾语多为不确定的新信息；“过”后的宾语多为确定的已知信息。

(60) 我看了一部新电影。

(61) 我看过这部新电影。

3. 用“没（有）”否定动作时，动词后、句子末尾不能用“了”，但可以用“过”。

(62) 她（从来）没对我发过脾气。

*她（从来）没对我发了脾气。

(63) A：你看过壶口大瀑布吗？

B：没看过。（*没看了。）

练习十 用助词“了”或“过”填空

（1）A：你下午去哪儿______？

B：我去文化中心看艺术展______。

（2）她从来都是很随和的，很少这么拗______。

（3）天又冷______，该穿棉衣______。

（4）我无数次读 _____ 这篇文章，每次都有新的理解和认识。

（5）赵总监管时，工程进展一直很顺利，从未发生 _____ 这样的
事故。

（6）那时候，他卖 _____ 服装，刷 _____ 盘子，在建筑工地还
当 _____ 小工。

三、其他句式

1. 动词/句子＋"的"

"动词/句子＋'的'"用来强调已发生事件所发生的时间、处所、方
式、人物、原因、目的等。句子所表达的不是告知一个新的事件，而是对
已发生事件的说明，用"的"或与"是"配合起来加强这种说明语气，所
以动作或事件一定发生在现在以前的时间里。

否定式用"没"，不再用"的"，或者用"不是……的"的形式。

⑥④ 我坐飞机去的上海。

（问者已知"我"去上海了，问去的方式）

⑥⑤ A：昨天（是）你找的他吧?

　　B₁：我没找过他。

　　B₂：＊我没找的他。

⑥⑥ 我不是坐飞机去的，是坐火车去的。

"的"在句中可以放在两个位置上，一是动词后，一是句后。主要区
别在于：

只是为了说明动作发生的时间、处所、方式、人物、原因、目的等，
可将"的"放在动词后，即：动词＋"的"。这种方式是这种句型的主要
形式。例如：

⑥⑦ A：他在哪儿学的日语?

　　B：日本。

257

但是如果为了说明某个事件发生的时间、处所、方式、人物、原因、目的等，则需将"的"放在句末，即：句子＋"的"。例如：

⑱　A：小王好像已经离开学校了。

　　B：是吗？他什么时候离开学校的？

　　A：好像是前天离开学校的。

●"了""的"用法比较

1. 如果讲述一个听话人不知道的已发生或改变了的事件、状况，应该用"了"；

2. 如果听话人已经知道某个已发生或改变了的事件、状况，说话人只在于说明、告知这个事件、状况发生的时间、地点、方式、人物、原因、目的等时，应该用"的"。

A：昨天我们去商场买东西了。　　A 讲述的去商场的事情是B不知道的。
　　昨天我们去了一趟商场。

B：你们去的哪个商场？　　　B 已知 A 和朋友去商场的事，但不知具
A：（去的）百货大楼。　　　体的商场名称和去的方式，所以用"的"
B：怎么去的？　　　　　　的方式提问，A 也用"的"的方式加以
A：小张开车带我们去的。　　说明。

练习十一　变换表达方式

1. 把下列叙述句改成由"（是）……的"构成的说明句(带"．"的部分是要求说明的部分)。

（1）她昨天晚上八点才回到宿舍。

（2）男朋友给我寄来了一份生日礼物。

（3）他坐船去大连旅游了。

（4）他在上海遇见了一位老朋友。

（5）他为了了解藏民生活，去了一趟西藏。

2．把下列由"(是)……的"构成的说明句改写成一般叙述句。

（1）她是流着泪看完这封信的。

（2）他昨天因为感冒才没来上课的。

（3）是家乡的亲人们帮助我上的大学。

（4）我们昨天的晚会是在教室里举行的。

（5）他是在医院里度过这个假期的。

练习十二 用"了""过""的"填空

（1）下雨_____。雨下得很大，不知什么时候开始下_____，
反正现在正漫进屋来。两年来，我好像从没见 _____ 这么
大的雨水。

（2）她走 _____，流着泪离开 _____。从那以后我们俩再也没
有见 _____ 面。

（3）那年，就在这棵树下，我和他见 _____ 一面，后来就再也
没有他的消息 _____ 。

（4）三年前，我去 _____ 一趟黄山，跟几个朋友一起去 _____。
最让我难以忘怀的是，我们大家是骑自行车去 _____，

在山里住 _____ 一个星期，大大小小的山峰都爬遍 _____，各种奇松、异石、流水都见到 _____ 。唯一遗憾的是，没有见 _____ 著名的黄山云海。

（5）田世国的肾终于成功地在母亲的体内工作 _____ 。为了让母亲安心愉快地度过晚年，至今母亲还不知道是儿子用自己的肾救 _____ 她的命。主刀的朱同玉教授从医15年，但他说，晚辈给长辈捐肾的，以前还从未发生 _____ 。

2．来着

（1）"来着"表示不久前发生过的事情。只用于句末。

⑲ 刚才小李来找你借书来着。

⑳ A：他还发烧吗？

　　B：一个小时前还烧来着。

（2）"来着"还可以用来询问一时想不起来的事情。

㉑ 这个人我见过，他叫什么来着？

㉒ 你的电话号码是多少来着？

练习十三　选词填空

　　　　了　　过　　着　　的　　来着

（1）我明白 _____ ：路要靠自己去走。

（2）你刚才问什么 _____ ？

（3）她是因为怕你着急才没告诉你 _____ 。

（4）我儿子小时候胖 _____ ，后来瘦 _____ 。

（5）王老师书房里的灯还亮 _____ 。

（6）为了买这本书，他已经跑 _____ 三趟书店 _____ 。

（7）那次课上，老师给我们讲 _____ 集邮的方法。

（8）A：我上午去找 _____ 你，你没在。

　　　B：我去邮电局寄信 _____ 。

（9）A：你的菜做得真好吃！跟谁学 _____ ？

　　　B：跟我妈妈学 _____ 。

（10）听我说完 _____ 这番话，她激动得流下 _____ 热泪。

练习十四　改病句

（1）那时候，我每天下午去商店了。

（2）你会说汉语？什么时候学了？

（3）对不起，我还没考虑了这个问题。

（4）他们一起从香港坐了飞机回来了。

（5）来了中国以后，什么都不习惯的。

（6）昨天晚上他没把电视看完了就睡。

（7）他已经住十天医院。

（8）前天，我看一部特别有意思的电影。

（9）我非常喜欢跟朋友们一起去游览了名山大川。

（10）虽然我跟他没见面，可是他的名字我早就听说。

第八单元综合练习

一、判断正误。

（1）A. 每到春天我们总要去郊游一次了。　　　　　（　　）

　　　B. 每到春天我们总要去郊游一次。　　　　　　（　　）

（2）A. 他现在正在写毕业论文，所以很忙。　　　　（　　）

　　　B. 他现在正在写毕业论文，所以很忙了。　　　（　　）

（3）A. 父亲刚刚到家，坐船回来的。　　　　　　　（　　）

　　　B. 父亲刚刚到家，坐船回来了。　　　　　　　（　　）

（4）A. 这么大的地震在我们国家还从来没有。　　　（　　）

　　　B. 这么大的地震在我们国家还从来没有过。　　（　　）

（5）A. 她热情助人的精神使我非常感动了。　　　　（　　）

　　　B. 她热情助人的精神使我非常感动。　　　　　（　　）

（6）A. 我给他打了三次电话了。　　　　　　　　　（　　）

　　　B. 我正在给他打三次电话。　　　　　　　　　（　　）

二、选词填空。

正在　　　正

（1）你来电话时，老板 _____ 讲话呢。

（2）我一直 _____ 想如何帮他渡过难关。

在　　　着

（3）"这次机会真好。"他心中 _____ 暗自庆幸。

（4）踩 _____ 梯子上去拿。

起来　　　下去

（5）他太激动了，说不 _____ 了。

（6）哥哥不理我，独自看 _____ 报纸 _____。

262

的　　　了　　　过

（7）今天的学术报告是李老师作 _____ 。

（8）A：（看到对方手里拿的北京的照片）你什么时候去 _____ 北京？

　　　B：上周去 _____ 。

　　　A：这张是在北京什么地方照 _____ ？

　　　B：在香山（照的）。

（9）A：你吃 _____ 这种菜吗？

　　　B：吃 _____ 。

　　　A：在哪儿吃 _____ ？

　　　B：韩国。

着　　　来着

（10）我上午去商店买东西 _____ 。

（11）几年来，他一直在努力地学习 _____ 。

三、根据句义，在横线上填上适当的表示时态意义的词语。▦▦▦▦▦▦▦▦▦

了　　着　　过　　的　　将　　来着　　起来　　下去　　正……呢

（1）那只长 _____ 黑白绒毛、竖 _____ 两只耳朵的大熊猫， _____ 贪婪地吃 _____ 鲜嫩的竹子 _____ 。

（2）她仿佛也看到 _____ ，看到 _____ 她从来没有看到 _____ 的景象：月光照耀下的波涛滚滚的大海。

（3）"我找不到家 _____ 。"孩子说完又哭 _____ 。"快想办法帮帮他吧，这样哭 _____ ，会哭坏身子的。"一位阿姨说。

（4）两年前我来 _____ 这里，一个人来 _____ 。

（5）我忘 _____ ，刚才你说什么 _____ ？

（6）众人围 _____ 火堆，唱 _____ 。

（7）他们 _____ 于下个月1号举行婚礼。

（8）A：这个MP4在哪儿买 _____ ？

263

B：日本。

A：你什么时候去 _____ 日本？我怎么不知道？

B：今年春天。为公司一项业务去 _____ 。

四、根据下列词语，加上合适的表示时态意义的助词，造一个完整的句子。

（1）开始　　跑步

_____

（2）项目　　以前　　得奖

_____

（3）工艺品　　为朋友　　买

_____

（4）昨天　　接受　　三份　　生日礼物

_____

（5）这些年来　　没　　忘　　家乡

_____

（6）连续　　下　　雨　　一个星期

_____

（7）一年来　　病　　没有　　好转

_____

（8）看　　小说　　受到　　教育

_____

（9）教室里的灯　　亮

_____

（10）又　　准确　　唱　　一遍

_____

五、改病句。

（1）上午，田中给妈妈打一个电话。

（2）我觉得汉语在发音方面又难又麻烦了。

（3）大家自觉地排队起来。

（4）这里一片片的樱花盛开，美丽极了。

（5）读这篇报告文学，我的心久久不能平静了。

（6）他正在写起来作业，不要打搅他。

（7）来了中国以后，我常常想过家。

（8）是小王帮我修了自行车。

（9）我已经好长时间没给他写信。

（10）她静静地坐在窗前听了音乐。

（11）看她的信，我伤心得流下泪来。

（12）我忘了，你姓什么着？

（13）A：你哪天去了北京？

　　　B：前天去了。

（14）十年前，我也曾有着这种经历。

（15）在他的指挥下，很快就排除了交通危机。

（16）A：这届美术展览很好，你看了吗？

　　　B：没看了。

第九单元
修饰限制语

定语
状语

汉语的修饰限制语有两种：一种主要出现在体词性成分[1]前，修饰主语和宾语，叫做定语；一种通常出现在谓词性成分前，主要修饰谓语部分，叫做状语。

汉语修饰限制语一律位于中心语之前。即：

定语修饰语 + 体词性成分

状语修饰语 + 谓词性成分

---

[1] 体词性成分指的是指称人或事物类的成分，主要包括名词、表人或事物的代词、表人或事物的数量词语、"的"字短语和方位短语等。

第二十四课　定　语

定语通常是用来修饰限制名词性成分的，位于被修饰的中心语之前，在句中主要修饰主语或宾语。例如：

①（美丽的）校园里充满了（春天的）气息。

②（才十四岁的）他就有（这样的）志向。

③（这种）红可不是（正常的）红。

④（他的）死比泰山还重。

一、定语的限制、描述、区别作用

定语的主要作用是对名词性中心语进行限制、描述或类别区分。

1. 限制性定语

限制性定语从数量、时间、处所、所属和范围等方面来说明中心语。主要由数量、时间、处所等词语和表领属、范围等的名词、代词等来充当。

⑤这两个班的同学每人都得到一份纪念品。（指量/数量）

⑥今年的产量比去年高多了。（时间）

⑦教室里的同学都到外面去。（处所）

⑧我们一定会满足旅客们的要求。（领属）

⑨全村的老百姓都来送行了。（范围）

2. 描述性定语

描述性定语从状态、动作、数量等方面来描述人或事物（即中心语）。主要由形容词、动词及其短语、描写性数量短语等来充当。

⑩他妹妹是个非常可爱的小姑娘。（状态）

⑪绿油油的麦浪翻滚着。（状态）

⑫一个穿黄夹克的小伙子朝她走来。（动作）

3．区别性定语

区别性定语从性质、材质、类别等方面来区分人或事物（即中心语）。主要由表性质、类别等的区别词、名词、单音节形容词等充当（双音节形容词很少）。

⑬这只木箱子里装的全是书。（质料）

⑭他是汉语老师。（类别）

⑮这所旧房子早已没人住了。（性质）

练习一　按要求在横线上填上合适的词语

1．给下列中心语添加限制性定语。

（1）＿＿＿＿＿表演　　　　（2）＿＿＿＿＿主张

（3）＿＿＿＿＿往事　　　　（4）＿＿＿＿＿小船

（5）＿＿＿＿＿恩情　　　　（6）＿＿＿＿＿决定

（7）＿＿＿＿＿祖国　　　　（8）＿＿＿＿＿黄河

（9）＿＿＿＿＿报告　　　　（10）＿＿＿＿＿老师

2．给下列中心语添加描述性定语。

（1）＿＿＿＿＿阳光　　　　（2）＿＿＿＿＿人们

（3）＿＿＿＿＿生活　　　　（4）＿＿＿＿＿贡献

（5）＿＿＿＿＿时刻　　　　（6）＿＿＿＿＿景象

（7）＿＿＿＿＿同学　　　　（8）＿＿＿＿＿树

3．给下列中心语添加区别性定语。

（1）＿＿＿＿＿天气　　　　（2）＿＿＿＿＿专家

（3）＿＿＿＿＿晚会　　　　（4）＿＿＿＿＿照片

（5）_____小说　　　（6）_____汽车

（7）_____皮鞋　　　（8）_____建筑

二、定语与助词"的"

助词"的"可以表示定语与中心语之间的修饰限制关系，可以看做定语形式上的一种标志。但不是所有的定语后都要加"的"，大致规律如下：

1. 定语与中心语之间的关系如果是松散的，即非本质的、临时的、不稳定的、不持久的属性，通常需要加"的"。主要类型有：

所属（同学们 / 公司 / 衣服 / 杂志）

时间（昨天 / 星期天 / 三年 / 最近）

处所（桌子上 / 火车站 / 脸上 / 空中）

描写性数量（50岁 / 200多页 / 二斤重）　　+ "的" + 中心语

描写性状态（和蔼 / 雪白 / 绿油油 / 干干净净）　　（体词性）

动词（吃/拿 / 走着 / 研究 / 蹦蹦跳跳）

短语（对你 / 在教室 / 很高 / 常去 / 摔坏）

必用"的"的情况有：

● 动词性成分 + "的" + 名词性词语

送的礼物　　摆的样品　　玩儿的球　　用过的电脑　　研究的课题

如果不用"的"，就会改变所表示的关系：

送礼物　　　摆样品　　　玩球　　　用过电脑　　　研究课题

● 状态形容词 + "的" + 名词/名词短语

冰凉的水　　热乎乎的风　　整整齐齐的桌椅　　慌里慌张的样子

*冰凉水　　*热乎乎风　　*整整齐齐桌椅　　*慌里慌张样子

● 大多数双音节形容词/形容词短语 + "的" + 名词/名词短语

晴朗的天空　　很重的行李　　不友好的态度　　少而精的话语

*晴朗天空　　*很重行李　　*不友好态度　　*少而精话语

注意 "很多"可以用于表数，表示这种意义时无需用"的"。例如：

⑯ 我有很多中国朋友。

● 描写性数量＋"的"＋名词短语

200多页的小说（描写厚度）

七八岁的小男孩儿（描写年龄大小）

200多页小说　　　　　*七八岁小男孩儿

● 表领属/时间/处所/方面等＋"的"＋名词/名词短语

朋友的房子　　最近的事　　院子里的鸡　　工作上的难题

*朋友房子　　*最近事　　*院子里鸡　　*工作上难题

领属关系中如果表示的是人与人、人与集体、人与机构、人与方位等方面的关系，在非凸显区别作用时，可以不加"的"。

他爸爸　　我朋友　　你们公司　　我们办公室　　他前边

2. 当定语与中心语之间的关系是紧密的，即定语表示的是本质的、固有的、稳定的、持久的属性时，一般无需加"的"。主要类型有：

指量/数量（这个/一本/二斤/三百辆）
类属（区别词：男/个别/彩色/大型/中式）
材质（木/石/金/纯羊毛/素菜/冰镇）　　　＋中心语
属性（国籍/职业/专业：英语；门类：儿科）　（体词性）
范围（全部/全体/所有/部分）

例如：

两把伞　　黑白照片　　竹筷子　　中国朋友　　部分代表
*两把的伞　*黑白的照片　*竹的筷子　*中国的朋友　*部分的代表

练习二 根据"的"的使用规律，给下列需要用"的"的定中短语填上"的"

| 我＿＿弟弟 | 美丽＿＿西湖 | 姐姐＿＿歌声 | 那种＿＿说法 |
| 旧＿＿房子 | 你们＿＿单位 | 塑料＿＿杯子 | 蓝蓝＿＿天空 |

石____桌子	中国____地图	警察____叔叔	网络____工程师
买____票	国营____商店	朝南____窗户	最喜爱___观光地
老____先生	以前____工作	同学借____书	阅览室里___杂志

三、多项定语中"的"的隐现

当几项修饰语分别指向中心语时，只要不发生不正确的结构关系及意义，就可以将前面修饰语需要用的"的"隐去，而只保留后一项修饰语与中心语之间的"的"，即几项修饰语共用一个"的"，使语句表达得更简练。

单项定语时应为：

多项定语时则为：

（张师傅想起了）他　小学时　那段痛苦　的　日子。

上例中，做单项定语时，各项均属加"的"类型，不加"的"不对。但是，当组合成一个多项定语的句子时，"他的""小学时的"两个"的"都可隐去，只保留最后一个最靠近中心语的"的"即可。

但是，如果"的"不出现，结构关系就会发生改变，表义也会出现差异时，"的"就必须出现。"的"必现的结构往往是谓语性定语结构，主要是动词性结构和描写性强的形容词性结构。例如：

⑰他是我（的）中学时代的好朋友。

⑱花园里传来孩子们（的）一阵阵（的）欢乐的笑声。

⑲照片上显示的是女孩儿圆睁着的惊恐的眼睛。

练习三 哪些横线上该加"的"？该加的请加上

（1）草原上又响起他们 _____ 愉快 _____ 歌声。

（2）她选择了一种 _____ 最实用 _____ 方法。

（3）她是专程来参加纪念活动 _____ 斯诺（注：人名）_____ 姐姐。

（4）我请来了一位 _____ 美国 _____ 专家。

（5）昨天晚上 _____ 看 _____ 那部 _____ 电影很有意思。

（6）墙上挂着一幅 _____ 年代久远 _____ 古代 _____ 名画。

（7）他们克服了工作中 _____ 所有 _____ 意想不到 _____ 难题。

（8）这是他 _____ 八岁那年 _____ 跟父亲学做 _____ 小 _____ 泥 _____ 猴子。

（9）他 _____ 这个 _____ 发言代表了一个 _____ 老 _____ 科学工作者 _____ 心声。

（10）上级 _____ 领导很想了解一下这个 _____ 单位 _____ 存在 _____ 日益尖锐 _____ 矛盾。

四、多项定语的顺序

修饰限制中心语可以从多方面、多角度进行，这样就会出现多项定语的情况。多项定语之间的关系有的是并列的，有的则与中心语之间形成有层次的递加关系。

1. 并列关系的定语顺序

并列关系的定语顺序一般来说应该是自由的。例如：

　　⑳王刚、刘新（刘新、王刚）的技术最过硬。

但是，受到文化、习惯、认知规律等因素的影响，有的也会有相对固定的顺序。例如：

㉑ 要摆正国家、集体与个人的关系。（从大到小）

㉒ 父亲、母亲的鼓励一直激励着我前进。（由男到女）

㉓ 这就是我军发展、壮大的历史。（按照发展规律）

2．递加关系的定语顺序

递加关系的定语是指几个定语修饰限制中心语时具有层次关系。例如：

㉔ 这是他一天的活动安排。

㉕ 他已经不是过去那个什么都不懂的乡下孩子了。

递加关系的定语排列顺序有一定的规律，总的规律大体是：限定性定语在前，描述性定语在其后，区别性定语最靠近中心语。即：

（限定性）（描述性）（区别性）　名词性中心语

㉖ 她买了　一件　做工精细的　中式　上衣。
　　　　　（限定性）（描写性）（区别性）

㉗ 这件礼物是　一位　在北京留学的　好　朋友　送给我的。
　　　　　　　（限定性）　（限定性）（区别性）

包含多项限定性、描写性和区别性定语的多项定语一般的排列顺序是：

① 表示领属的名词、代词或短语；

② 表示时间、处所的词语；

③ 指量短语或数量词语；

④ 动词或各类谓词性短语、介词短语等；

⑤ 形容词性词语；

⑥ 表性质、类别等的名词，不用"的"的形容词等。

即：

领属＞时地＞数量＞动词或各类谓性短语＞情状形容词复杂式＞双音节形容词＞区别词/单音节形容词/名词等　＋　名词性中心语

从所表示的意思上看，应为：

谁的＞时地＞数量＞怎样的＞什么＋　名词性中心语

例如：

㉘他是我校 一位 最有影响的 教授。
　　　①　　③　　　④

㉙她穿了一双 薄而透的 尼龙丝 袜子。
　　　③　　　⑤　　　⑥

㉚幼儿园时 老师讲的 那些 美丽动人的 故事我还记得。
　　②　　　④　　　③　　⑤

㉛他是我 中学时代 一位 最要好的 朋友。
　　　①　　　②　　③　　⑤

㉜天边 一片 美丽的 晚霞
　　②　　③　　⑤

练习四 用多项定语描述下面两张图片。（每句至少说出三项定语）

天鹅

香蕉

有时，数量定语、描述性定语位置可能会有变动，位置不同，意义会有一定差别。

㉝A.我看到了那位 站在门口流泪的 小 姑娘。（描述性）
　　　　　　③　　　④　　　　　⑥

　B.我看到了站在门口流泪的 那位 小 姑娘。（限定性）
　　　　　　④　　　　　③　　⑥

275

有时要看修饰关系。例如：

㉞ 满满的一瓶水（＊一瓶满满的水）

因为"满"是修饰"瓶"的，不是修饰"水"的。

练习五　判断括号中的词语应该放在句中哪个位置上

（1）她说了 A 一些 B 孩子 C 话。（傻里傻气的）

（2）他是 A 我来中国后 B 认识的 C 中国朋友。（第一位）

（3）妹妹 A 真诚的 B 话语 C 感动了我。（一句句）

（4）她是 A 一位 B 快乐的 C 小天使。（能够给别人带来欢乐的）

（5）结婚仪式并不像 A 他 B 那样 C 简单。（所想象的）

（6）我记起 A 跟伙伴们 B 戏水 C 的情景。（孩子时）

（7）她是 A 一个 B 久经苦难的 C 人。（老）

（8）她亲自给丈夫打了 A 一件 B 厚厚的 C 暖暖的 D 毛衣。（红）

练习六　下面哪个句子对?

（1）A. 到中国以后，我们看了中国许多电影。　　　（　　　）

　　　B. 到中国以后，我们看了许多中国电影。　　　（　　　）

　　　C. 到中国以后，我们看了许多中国的电影。　　（　　　）

（2）A. 他能准确地把自己的亲身感受描述出来。　　（　　　）

　　　B. 他能准确地把亲身的自己的感受描述出来。　（　　　）

（3）A. 省、市、县的各级干部都在开会。　　　　　（　　　）

　　　B. 省、市、县的各级的干部都在开会。　　　　（　　　）

　　　C. 市、省、县的各级干部都在开会。　　　　　（　　　）

（4）A. 我买了一本书和杂志。　　　　　　　　　　（　　　）

　　　B. 我买了一本的书和杂志。　　　　　　　　　（　　　）

　　　C. 我买了一本书和一本杂志。　　　　　　　　（　　　）

（5）A. 他是我大学的同学。　　　　　　　　　　　（　　　）

   B．他是我的大学的同学。   （ ）

   C．他是大学的我的同学。   （ ）

（6）A．这样情、这样爱，能不令人感动吗？ （ ）

   B．这样的情、这样的爱，能不令人感动吗？ （ ）

（7）A．冰川形成了无数个的小的水滴。 （ ）

   B．冰川形成了无数个小水滴。   （ ）

（8）A．那时候我正在读关于天文学的一些书。 （ ）

   B．那时候我正在读一些关于天文学的书。 （ ）

练习七 用括号中的词语把下列句子扩写成含有多项定语的句子（注意"的"的正确使用）

（1）这是照片。（彩色 一张 从画报上剪下来）

（2）她是教师。（具有三十年教龄 老 一位）

（3）钢琴前坐着姑娘。（个 盲 十六七岁）

（4）我还回过头去看榕树。（茂盛 留在后面 大 那）

（5）集邮丰富了生活，培养了兴趣和爱好。（课余 我 ； 我对艺术）

（6）孩子病了。（一个 她 男 不满一周岁）

（7）中国是国。（具有悠久历史 古 文化 一个）

（8）他是朋友。（最值得信赖 我 好）

练习八　改病句

（1）我学习的成绩不太好。

（2）我们每学期进行两次的考试。

（3）我们要为国家生产出更多优质的产品。

（4）跟你最好那个中国的学生来找过你。

（5）他发扬了助人为乐精神。

（6）那是个好机会加强两国人民的友谊。

（7）我遇到很多中国朋友以前在我们国家住过。

（8）我想问几个问题关于中国大学生的情况。

（9）这次到中国来是她的晚年的唯一而最大理想。

（10）我热爱这里的友好人们。

（11）上海是中国大的第一的城市。

（12）对大部分的人来说，旅游是有趣一件事。

（13）这是一张我的八岁时的照片。

（14）他就是我的唯一中国的朋友。

（15）各种各样美好的儿时回忆全部涌现出来。

（16）一想起那次的旅途中的所做的那些傻事就不由得笑起来。

练习九　用含有多项定语的语句类型描述下列图中的人和事
（每张图片至少说两句）

小朋友们好！

第二十五课 状 语

状语主要用来修饰限制动词、形容词等谓词性成分，位于中心语之前，在句中修饰限制谓语。例如：

①他 [始终] [不] 放弃自己的信念。

②她 [耐心地] [给我] 解释着。

③这里的老百姓 [特别] 热情、[特别] 好客。

④[每当我遇到困难时]，他 [总是] [热情地] 帮助我。

一、状语的限制与描写作用

状语的主要作用是对动作、性质、状态进行限制和描写。

1．限制性状语

从时间、处所、对象、范围、方式、目的、程度等方面对谓语中心语加以限制。

⑤我们明天早上六点就走。（时间）

⑥他们在操场上踢足球。（处所）

⑦她对谁　都　那么热情。
　（对象）（范围）（程度）

⑧我们电话联系。（方式）

⑨这位老师傅工作非常认真。（程度）

⑩为了这项实验，他两天没睡觉了。
　（目的）　　　　　（否定）

279

⑪沿着河边 往东走。
　　（路线）（方向）

2．描写性状语

对动作、性状或与动作、性状相关的人或事物的情态进行修饰和描写。

⑫大家把教室彻底打扫了一遍。

⑬小雨淅淅沥沥地下个不停。

⑭她一遍一遍地嘱咐我千万别忘了打电话。

练习一　指出下列短语中的状语部分，并指出是属于哪种类型的状语

（1）后半夜睡觉　　　　　　（2）跟张师傅学

（3）奶奶微微地笑着　　　　（4）用毛笔写

（5）在沙滩上坐着　　　　　（6）凭票入场

（7）她热情地迎上来　　　　（8）不告诉他

（9）东西很便宜　　　　　　（10）深深地挖了一个坑

练习二　在横线上填上适当的状语

（1）客人 _____ 来了。　　（2）大家 _____ _____ 尊重。

（3）_____ 看电影。　　　　（4）他 _____ 看着我。

（5）_____ 去爬山吧。　　　（6）孩子们 _____ 躺在草地上晒太阳。

（7）天色 _____ 暗了下来。（8）他 _____ _____ 喝酒。

二、状语的位置

状语一般出现在被修饰的中心语的前面。状语在句子中可以有两种位置：大多位于谓语前，少数位于主语前。

1．只位于谓语中心语前（主语后）的状语。这类状语有：

（1）绝大多数副词，尤其是单音节副词，意义比较虚，位置比较固定。

　我也听　冬天又来了　他还有两个　你才走啊　一班更突出

　这里经常出现小动物　客人们正在参观小花园　天渐渐暗了下来

（2）绝大多数介引对象、工具、方向、路线等的介词短语。

　　跟导游走　　向他学习　　把窗户关上　　被汽车撞倒

　　用剪子剪　　凭票入场　　往北开　　　　从这儿看起

（3）绝大多数描写性状语。

　　⑮姐姐默默地擦干了脸上的泪水。

　　⑯他狼吞虎咽地大吃起来。

（4）名词表方式的状语。

　　⑰大家掌声通过。

　　⑱他只是口头支持我。

2．主语前或主语后都可能出现的状语。

除了时间、处所等名词性短语作状语可位于主语前后外，还有以下两种类型需要注意。

（1）极少数副词：主观性较强的语气副词、少数时间副词，当它们作用于全句时，就会位于主语前，否则位于主语后、谓语中心语之前。

　　⑲也许我们（也许）说了也不算。（语气副词）

　　⑳其实我（其实）也不知道会是这样的。（语气副词）

　　㉑常常大家都睡了，她还在做活儿。（时间副词表频率）

　　㉒起初，我哥哥（起初）还不信……

可以这样用的副词通常还有：

　　的确　　确实　　简直　　偏偏　　原来　　正好

　　突然　　忽然　　回头　　一时　　顿时　　原先

（2）较复杂的介词短语，主要是条件性的、时间性的、根据性的等。

281

㉓随着天气的变冷，<u>爷爷</u>出门的次数也越来越少了。

㉔根据人口调查统计，个别城市人口<u>数量</u>略有下降。

要注意的是，用"关于"构成的介词短语做状语时，通常是话题性的，只位于主语前。

㉕关于下半年的工作安排，<u>我们</u>下次会议上研究。

● **练习三　括号中的状语可以放到句中哪个位置上？**

（1）_____ 他 _____ 劳动了一天。（跟农民一起）

（2）_____ 一个念头 _____ 出现在我的脑海里。（突然）

（3）活动是要组织的，至于什么时间 _____ 我们 _____ 商量。
　　　　　　　　　　　　　　　　　　　　　　　　　　　　（再）

（4）你看看，_____ 我 _____ _____ 搞糊涂了。（都　被你）

（5）_____ 我们 _____ 坐，好吗？（楼上）

（6）_____ 他 _____ 很负责。（对工作）

（7）_____ 我 _____ 思念家乡了。
　　　　　　　　　　　　　　　（随着时间的推移　越发）

（8）_____ 老奶奶 _____ 说："谢谢你！"（激动地）

（9）_____ 我 _____ 不认识他，_____ 这次 _____ _____ 认
　　　识的。（原先　才）

（10）_____ 我们 _____ 必须重视。（关于市场调查）

（11）_____ 他 _____ 这样安慰过妈妈。（的确）

（12）_____ 解说员 _____ _____ 解释着。(耐心地　向我)

（13）毕业十几年了，_____ 他 _____ 没有忘记老师和母校。
　　　　　　　　　　　　　　　　　　　　　　　　　　　（一直）

（14）_____ 时针 _____ 指向凌晨四点了。
　　　　　　　　　　　（当我写完最后一个字时　已经）

三、状语与"地"

状语后有时会用"地","地"是状语形式上的标志，但不是所有的状语后都要用"地"。大体规律如下：

1. 限制性状语后一般不用"地"。

　　㉖ 我马上就走。（时间）

　　㉗ 他在餐厅里陪客人吃饭。（处所）

　　㉘ 这孩子很有教养，对客人 很有礼貌。

　　　　（程度）　　　　（对象）（程度）

　　㉙ 同学们都到齐了，只差小李一个人。（范围）

　　㉚ 我的确 不饿，你自己吃吧。

　　　　（语气）（否定）

　　㉛ 我们一直书信联系。（方式）

2. 描写性状语后一般可以用"地"。

（1）描写动作者、描写宾语或主语事物状貌的状语，一定要用"地"。

　　㉜ 李丽很无聊地放下手里的书。

　　㉝ 孩子们目不转睛地盯着老师。

　　㉞ 我们幸福地沉浸在对往事的回忆之中。

　　㉟ 他清楚地写下了自己的名字。

　　㊱ 阿姨热热地沏了一杯茶端上来。

描写动作者的状语是描写动作者动作时的心情、态度、姿态、表情等。它跟描写动作的状语最简单的区分办法是：这类状语可以单独跟主语构成意念上的主谓关系。例如：

　　李丽很无聊（主谓关系）　　　　大家彻底（不是主谓关系）

　　我们幸福（主谓关系）　　　　她一遍一遍（不是主谓关系）

描写指向宾语或主语事物状貌的状语也可以单独与宾语或主语构成意念上的主谓关系。例如：

名字清楚（主谓关系）　　　　　　茶热热的（主谓关系）

（2）描写动作、变化的状语用不用"地"比较自由。突出状态描写时，用"地"；不突出状态描写时，不用"地"。

㊲她又把信仔细（地）看了一遍。（形容词）

㊳我们着重（地）谈谈这个问题。（动词）

㊴她轻轻（地）答道："好的。"（形容词的重叠形式）

㊵她一遍遍（地）嘱咐我："千万别忘了。"（数量词重叠式）

（3）形容词短语、动词短语、描写性名词及短语后一般要用"地"。

㊶从此，他更加刻苦地钻研起来。（形容词短语）

㊷他们有针对性地提出了几个问题。（动词短语）

㊸这些任务历史性地落在了你们肩上。（名词）

（4）需要注意的是，描写性状语中的单音节形容词后一般不用"地"。

㊹他只是傻笑着，一句话也不说。

㊺快说说吧，别让大伙儿着急了。

● 练习四　下面哪些地方上该加"地"？

（1）他不紧不慢 _____ 一件件 _____ 处理着。

（2）他非常自信 _____ 把零件 _____ 一件一件 _____ 拆了下来。

（3）她跟朋友们一起 _____ 愉快 _____ 度过了这个假期。

（4）我们明天下午两点 _____ 从学校 _____ 出发。

（5）老师要亲自 _____ 跟他 _____ 谈谈。

（6）这些都是易碎物品，要轻 _____ 拿轻 _____ 放。

（7）祝大会顺利 _____ 进行！

（8）他一下午 _____ 在那儿 _____ 来回 _____ 走了好几趟了。

（9）你看你，又 _____ 写错了。认真 _____ 写！

（10）一些人总是 _____ 形式主义 _____ 看问题。

（11）赶快 _____ 走啊！快 _____ 迟到了。

（12）她大大方方 ＿＿＿＿ 走上台去，很有礼貌 ＿＿＿＿ 朝大家 ＿＿＿＿
鞠了一躬。

四、多项状语的顺序

1．并列关系状语的顺序

并列关系状语一般来讲顺序排列比较自由，但有时受逻辑关系或习惯的影响，也会出现比较固定的排序。

㊻这样做对集体、对个人都有一定的好处。（从大到小）

㊼她认真、负责地管理着这个资料室。（从态度到工作）

并列状语的每一项都跟中心语存在着修饰关系，如果用"地"，一般只在最后一项状语后用，但是如果强调各项状语，也可以逐项用"地"。例如：

㊽她热情地、天真地、好奇地问这问那。

2．递加关系状语的顺序

递加关系状语是指几个状语修饰限制中心语时具有层次关系。

㊾他终于又一次登上了冠军的宝座。

㊿她很流利地用汉语说出了这句话。

递加关系状语的排列顺序也比较灵活，常常会根据说话人的意图、轻重缓急而加以调整。通常越是动作、性状本质特征及属性的修饰限制语，离动作、性状中心语越近；属于背景条件、依据、途径、时间、处所等外在性的修饰限制语，距离动作、性状等中心语越远。主要排序规律如下：

① 表示具体时间；

② 表示前提条件、根据、目的等；

③ 表示关联、语气、时间、频率、范围等副词（同时出现两个

以上副词时的一般排列顺序）；

⑤表示处所；

⑤描写动作者、事物；

⑥表示目的、依据、工具、对象等；

⑦表示空间、方向、路线等；

⑧描写动作、性状等；

⑨名词表方式；

⑩单音节形容词。

例如：

㊿为了我们的利益，一定要跟他们谈判。
　　　　②　　　　③　　　　　　⑥

52整整一个下午，他都　在操作台上　紧张地操作着。
　　①　　　　　③　　　　④　　　　⑧

53我兴奋地 把信 从信箱里抽了出来。
　　⑤　　⑥　　⑦

54他亲切地 跟我 慢慢地聊了起来。
　　⑤　　⑥　　⑧

55我们 总是 电话 联系，你们呢？
　　③　　⑨

56爷爷开心地 哈哈 大笑起来。
　　⑤　　⑧　⑩

状语语序安排技巧：

● 具体时间（实的时间）和表时间性（时间、频率等）副词（虚的时间）的基本语序通常为：

具体时间 ＞ 表时间性副词

例如：

57我刚才已经见过公司经理了。

58去年，他常常来我这儿。

● "被"类、"把"字介词短语同时出现时，顺序通常为：

"被"类短语 ＞ "把"字短语

⑤⑨ 他让那伙歹徒把眼睛打伤了。

● 状语排序的安排主要跟表达有关，但是为了让听话人清楚明确地了解话语的主要内容，主谓之间的距离就不宜过大，即主谓之间的状语不宜过长、过多。像表时间、条件、处所、对象等类型的复杂结构状语，在不影响表义的前提下，通常会被分配到句首；或者在状语个数较多的情况下，也会把具体时间状语分配到句首。

⑥⓪ 对于我们这些老华侨，政府还是 挺关照的。

练习五 用括号中的词语把句子扩写成含有多项状语的句子
（注意"地"的正确使用）

（1）我住在乡下。（就　跟奶奶一起　从小）

（2）他消失了。（已经　从门前　我睁开眼睛时）

（3）伯伯聊了起来。（非常亲切　慢慢　跟我）

（4）雪白的浪花涌来。（朝岸边　一个连一个）

（5）黑皮肤男孩儿一笑，……（憨厚　对我们）

（6）老妇人坐在窗前。（常常　清晨　独自）

（7）他们走过去。（从我身边　慢慢　不声不响）

（8）小男孩儿撬了出来。（把嵌在墙皮里的子弹　用小刀）

（9）友子寄了一件东西呢。（给她妈妈　还　在邮局里　刚才）

（10）我们打扫干净了。（终于　三个小时以后　彻底　把院子里
的草）

（11）我剪下来。（就　把邮票　小心翼翼　每当亲友来信时　从
信封上）

（12）他不会水，可是他跳到深水里去救人。（一下子　居然　不
顾一切）

练习六　改病句

（1）从早上八点到十二点我们每天上课。

（2）我这里剩下只一个苹果了。

（3）你跟他见面什么地方？

（4）这些日子，我陪着她一直。

（5）他一步一步在攀登着向上。

（6）我们走进剧场时，正在为他大家鼓掌。

（7）也他明天要去泰山。

（8）他不顾一切奔去朝前。

（9）一商量跟他，就他痛快答应了。

（10）为我们小红极不情愿唱了起来。

（11）书法时，紧地执住笔，慢地写。

（12）多地听，多地说，一定就能学好汉语。

（13）每当这种情况遇到，我们彻底就谈一次话。

（14）他一走进会场，大家都就站了起来。

（15）老师跟他在教室里正谈话呢。

（16）他发脾气常常一些小事。

（17）天色已晚，跟会计她在认真地还核算着。

（18）我看到了怎么样中国人民发展自己的工业和农业来到中国以
后。

练习七 用含有多项状语的语句描述下面两幅图中的人和事
（每幅图至少说出两个句子）

第九单元综合练习

一、下面句中哪条横线上可以加上"的"或"地"？

（1）我 ＿＿＿ 朋友有一个 ＿＿＿ 漂亮 ＿＿＿ 女 ＿＿＿ 朋友。

（2）他高兴 ＿＿＿ 向我 ＿＿＿ 讲了 ＿＿＿ 起来。

（3）她有一个 ＿＿＿ 刚刚 ＿＿＿ 满 ＿＿＿ 月 ＿＿＿ 儿子。

（4）阿姨亲切 ＿＿＿ 跟我 ＿＿＿ 慢慢 ＿＿＿ 聊了起来。

（5）他是一位 ＿＿＿ 著名 ＿＿＿ 京剧 ＿＿＿ 艺术 ＿＿＿ 家。

（6）几句话表达了他们 ＿＿＿ 真诚 ＿＿＿ 谢意。

（7）她常常 ＿＿＿ 耐心 ＿＿＿ 给我 ＿＿＿ 解答问题。

（8）大家把教室 ＿＿＿ 好好 ＿＿＿ 打扫一下。

（9）他是我 ＿＿＿ 来中国后 ＿＿＿ 认识 ＿＿＿ 第一个 ＿＿＿ 朋友。

（10）他们昨天下午 ＿＿＿ 在操场上 ＿＿＿ 踢足球了。

（11）风轻轻 ＿＿＿ 吹着，金黄金黄 ＿＿＿ 麦浪随风 ＿＿＿ 滚动着。

（12）我今天 ＿＿＿ 又 ＿＿＿ 见到了上次 ＿＿＿ 在火车上认识 ＿＿＿ 那位 ＿＿＿ 朋友。

二、在横线上加上适当的定语或状语。（注意"的""地"的正确使用）

（1）＿＿＿ 朋友　　　　（2）＿＿＿ 研究

（3）＿＿＿ 人们　　　　（4）＿＿＿ 学

（5）＿＿＿ 商品　　　　（6）＿＿＿ 欢迎

（7）＿＿＿ 方式　　　　（8）＿＿＿ 满足

（9）＿＿＿ 个子　　　　（10）＿＿＿ 批评

（11）＿＿＿ 我们 ＿＿＿ 有了 ＿＿＿ 房子。

（12）＿＿＿ 往事 ＿＿＿ 浮现在眼前。

（13）我 ＿＿＿ 懂得人世间 ＿＿＿ 有 ＿＿＿ 温暖。

（14）我们 ＿＿＿ 度过 ＿＿＿ 黄昏。

三、括号中的状语或定语可以出现在句中哪个位置上？需要加"的""地"的请加上。

（1）_____ 汽车 _____ 行驶 _____ 起来 _____。（飞快）

（2）_____ 学员们 _____ 提出了 _____ 建议。

（关于周末的安排 很好）

（3）_____ 你 _____ 说得 _____ 有 _____ 道理。（确实 很）

（4）_____ 我 _____ 想 _____ 打 _____ 电话。（给他 个）

（5）_____ 我 _____ 无法相信 _____ 这 _____ 消息。

（根本 突如其来）

（6）_____ 大家 _____ 请 _____ 坐。（上车后 里边）

（7）_____ 妈妈 _____ 嘱咐 _____ 道……（一遍一遍）

（8）_____ 你们 _____ 应该 _____ 进行调查。（有目的）

（9）_____ 大海掀起了 _____ 巨浪。（狂怒 惊天动地）

（10）_____ 她 _____ 那么 _____ 满腔热忱地 _____ 服务。

（总是 为顾客）

四、用括号中的词语把句子扩写成含有多项定语或状语的句子。（注意"的""地"的正确使用）

（1）她是姑娘。（具有青春活力 个 美丽动人）

_____

（2）植物吃光了。（各类 野生 岛上 ； 被动物 都 几乎）

_____

（3）我联系。（跟他们 直接 关于这个问题）

_____

（4）我说过了。（已经 跟大家 把你的想法）

_____

（5）人终于出现了。（年轻　有希望　一代）

　　　_____

（6）他是教师。（知识很丰富　一位　老　很有教学经验）

　　　_____

（7）他写了几个字。（草草　在那张画上　又）

　　　_____

（8）孩子们冲去。（向山头　都　兴奋）

　　　_____

（9）这里也流传下来故事。（美好动人　爱情　一些　带有血腥味）

　　　_____

（10）他们举行了晚会。（在这个广场上　去年　还　；　交谊舞　大规模）

　　　_____

五、改病句。

（1）那几件的礼品价钱还可以。

（2）他高的鼻梁、黑的头发，还有很有神的一双眼睛。

（3）我一定很认真做好那件事情。

（4）她有一岁半的一个女儿。

（5）我很高兴得到这样好机会。

（6）来中国的第一天就发生了让我深受感动的一件事情。

（7）她都每天生活得快快乐乐的。

（8）春节是对中国人来说最重要、最热闹节日。

（9）听说她有俩中学孩子。

（10）他常常过节的时候邀请我到他家做客。

（11）他们都每天在工作从年初到现在。

（12）她对我家庭印象特别好。

（13）从这里明天下午1点我们出发。

（14）她快地朝门外高兴跑去。

（15）语文的老师讲那些的感人故事。

（16）那是他的小的时候生活过地方。

（17）该书记载了我们公司的多年来的发展壮大的历史。

（18）那天中午，我吃到了好久没吃到酱汤，高兴极了。

六、模仿例句，将下列句子扩展成含有多项状语和多项定语的句子。

例：　　他看了书。

→ 他昨天下午看了一下午书。

他昨天下午在阅览室里看了一下午历史书。

他昨天下午在阅览室里跟我一起看了一下午中国历史书。

（1）我们参观海洋馆。

（2）雨下着。

七、用含有单项或多项定语或状语的语句描述下面两幅图。（每幅图至少说两个句子）

293

第十单元
补充语

补语	补语位于动词、形容词后，起补充说明作用。它可以补充说明动作、状态变化的结果、趋向、可能、程度、情状、数量和处所等。 在时间上，补语通常用来表示动作、状态变化的完成、实现、显现等情况。

　　补语句一部分是将原本可能需要用两句话来说的内容变成用一句话来说，即略掉重复的信息。例如：

　　　　①会议室打扫干净了。（会议室被打扫了；会议室干净了。）

　　　　②她难受得一口饭也没吃。（她很难受；她一口饭也没吃。）

　　补语句的表义重心大多在补语部分。

　　汉语补语句还有与某些状谓形式区分表达的作用。例如：

　　　　③写得很认真——认真地写

　　前者侧重结果，尤其是写完了的东西，看上去很认真，只能用补语句表达；后者侧重过程，是还在写的过程中的样子或要求以认真的态度来写（还未写）的情况。又如：

　　　　④到门口走（走）——走到门口

　　前者说话人重在确定"走"的地点，先确定地点再发生"走"，即在"门口"发生"走"的动作；后者则不同，得先发生"走"的动作，"走"的终点是门口，"走"的过程是从其他地方移动到门口，即移动到终点的过程。

　　汉语补语比较复杂，类型较多。主要有：结果补语、趋向补语、可能补语、程度补语、情态补语、数量补语、介词短语补语。

第二十六课 结果补语 趋向补语

一、结果补语

1. 结果补语表示动作、变化的结果，由动词、形容词充当。

动　词：打<u>开</u>了　　救<u>活</u>了　　记<u>住</u>了　　打<u>碎</u>了　　学<u>会</u>了

形容词：吃<u>饱</u>了　　喝<u>足</u>了　　睡<u>好</u>了　　玩<u>腻</u>了　　听<u>清楚</u>了

2. 对动作及其补语，可以从两个层面上来理解：

他<u>摔</u>了；他<u>倒</u>了——他<u>摔倒</u>了。

<u>救</u>他了；他<u>活</u>了——他被<u>救活</u>了。

他<u>吃</u>了；肚子<u>饱</u>了——他<u>吃饱</u>了。

衣服<u>洗</u>了；衣服<u>干净</u>了——衣服<u>洗干净</u>了。

3. 结果补语搭配组合上的特点

（1）充当结果补语的大多是单音节词，尤其是动词，基本上是单音节的。

砍<u>断</u>了/砍<u>裂</u>了　　　　　＊砍<u>断裂</u>了

做<u>完</u>了/做<u>成</u>了　　　　　＊做<u>完成</u>了

（2）结果补语紧跟在谓词性词语(动词/形容词)后，谓词与结果补语之间不能插进别的成分。

照<u>完</u>了相（＊照相完了）　　打<u>通</u>电话了（＊打电话通了）

打<u>碎</u>了（＊打了碎）　　　　救<u>活</u>了（＊救了活）

（3）在时间上，结果补语通常表示结果的完成、实现、显现，因此补语后可接"了"或"过"，但不能接"着"，句内也不能有"在/正在"等表示进行时态的副词等。

　　听清楚了　　　　治好过
　　＊听清楚着　　　＊在听清楚　　　＊正在治好

（4）否定形式一般用"没"。在表假设或意愿的情况下，可以用"不"。

　　他吃饱了。→他没吃饱。　　他学会了。→他没学会。
　　＊他不吃饱。　　　　　　　　　＊他不学会。
　　⑤下午还要走好长时间呢，不吃饱可不行呀。（假设）
　　⑥今天我非要学会它，不学会我就不走了。（意愿/假设）

（5）选择结果补语时，要注意它跟动词在意义上的协调一致。
　　例如：动词与补语都有"得到""附上"的意义，如：
　　买/得/拾/捡+着（zháo）　　　　看/听/得/找+到
　　合/贴/缝/穿+上

　　动词与补语都有"离开""分离"的意义，如：
　　卖/丢/扔/输+掉　　　　　　　拆/脱/放/丢+下

　　动词与补语都有"停留""固定"的意义，如：
　　记/停/抓/拉+住

　　动词与补语在意义上通常不可以相对、相反。例如：
　　＊得掉　　　＊合下　　　＊拆着　　　＊脱上

4．有的动词、形容词做补语，比原义要虚，要注意理解其意义。

　　例如，动词"住"原本是"居住"的意思，"居住"有"停留、不动"的意思，故引申为"停、牢、止"等意思。做补语的"住"往往是这种较为虚的引申义。例如：

　　站住/停住/打住（停止）　　记住/抓住（稳、牢）
　　问住了（停顿、静止）　　　坚持住（稳定在某状态上不变）

　　再如，形容词"坏"做补语时，可以表示某种实际变坏的情况，但更多的是表示某种深程度的意思，这种时候往往看不到某种坏的具体样子，所以意义比较虚。例如：

把相机用坏了（东西由好变坏、被毁，不能使用，可以看到）

他的腿摔坏了（人体受了损伤，不能正常行走，可以看到）

累坏了／气坏了／饿坏了／急坏了／忙坏了（多表示不良状况程度变深）

练习一　把下面每组两个句子组织成一个带有结果补语的句子

例：　A. 我学习写信。　　　B. 我会写信了。

　　　　⟶　我学会写信了。

（1）A. 他扫院子。　　　B. 院子干净了。

（2）A. 我看这篇文章。　　　B. 这篇文章我懂了。

（3）A. 我借那本书。　　　B. 我得到那本书了。

（4）A. 树上的树叶掉了。　　　B. 树上的树叶光了。

（5）A. 他被雨淋了。　　　B. 他的衣服全湿了。

（6）A. 他做米饭。　　　B. 米饭硬了。

（7）A. 他走路。　　　B. 他路走得不对。

（8）A. 他大声喊。　　　B. 他嗓子哑了。

练习二　根据动词，填上适当的结果补语

切 ＿＿＿ 了　　　　画 ＿＿＿ 了　　　　紧张 ＿＿＿ 了

洗 ＿＿＿ 了　　　　吓 ＿＿＿ 了　　　　打扫 ＿＿＿ 了

贴 ＿＿＿ 邮票　　　记 ＿＿＿ 生词　　　找 ＿＿＿ 钥匙

拆 ＿＿＿ 零件　　　卖 ＿＿＿ 房子　　　得 ＿＿＿ 机会

练习三　根据句义，填上适当的结果补语

（1）小红学 _____ 游泳了。　　（2）把瓶子灌 _____ 了水。

（3）他喝酒喝 _____ 了。　　（4）蚊子被打 _____ 了。

（5）狗自己跑 _____ 了。　　（6）汽车在路边停 _____ 了。

（7）她不一会儿就把书柜里的书摆 _____ 了。

（8）我好不容易才找 _____ 这把钥匙。

（9）A：你身上怎么这么脏呀？

　　　B：路太滑，摔 _____ 了。

（10）打 _____ 窗子透透空气吧。

（11）最近事特别多，我都快累 _____ 了。

（12）来，帮帮忙！把门扶 _____ ，我把钉子钉进去。

（13）你先睡吧，我看 _____ 电视再睡。

（14）看看你，这自行车不但没修 _____ ，反而修 _____ 了。

（15）把要求讲 _____ 、讲 _____ ，这样大家做的时候才能做 _____ 。

练习四　改病句

（1）风这么大，把树都刮了弯。

（2）你怎么把汽车停起来了？

（3）这几个单词我练了好几遍了，都记了。

（4）我们把大厅布置了，你来看看行不行。

（5）你把我的名字写不对了。

（6）吃饭完了以后，我们又聊了很长时间。

（7）同学们打扫教室干净了。

（8）忽然，我听有人叫我的名字，我就站了。

（9）早上妈妈不到六点就醒了我。

（10）我把铅笔都尖了，准备考试。

（11）我没清楚听广播里的话。

（12）别着急，等他们问路清楚了就走。

（13）她的汉语水平提高得很快，现在都能听见中文广播了。

（14）台风倒了许多树和房屋，造了很大的损失。

（15）我看他们那么亲切、热情地帮助别人，深受感动。

练习五　用合适的结果补语形式说明或描述下图（至少说三个句子）

二、趋向补语

（一）趋向动词及趋向补语

1．趋向动词是表示动作、状态发展方向的一种动词。分为单纯趋向动词和合成趋向动词两类。前者由一个趋向动语素表示，后者由两个趋向动语素合成表示。如：

	进	出	上	下	回	过	起	开
来	进来	出来	上来	下来	回来	过来	起来	开来
去	进去	出去	上去	下去	回去	过去		

2．单纯趋向动词表示的基本意义

"来/去"与"进/出/上/下/回/过/起"的不同之处在于：

"来/去"趋向的选择取决于说话人或叙述人立足点的认定，即说话人或叙述人以自己或某人为立足点，趋向立足点方向的为"来"，背离立足点方向的为"去"。

"进/出/上/下/回/过/起"等不同，它们的趋动方向是由客观实际空间类型确定的。例如，"进/出"取决于客观实际是否有围起来的空间，由外到里为"进"，由里到外为"出"，与说话人或叙述人的主观认定无关。

3．合成趋向动词表示双重方向

双重方向指既有说话人立足点决定的方向，又有实际空间类型决定的方向。例如：

　　　　走上来（由低到高；靠近说话人）

　　　　搬进来（由外到里；靠近说话人）

　　　　走下楼去（由高到低；离开说话人）

　　　　他回学校去了（到原处，即学校；离开说话人）

4．趋向动词可以直接做谓语。例如：

　　　　⑦我家来了一位客人。

　　　　⑧他们都出去了，你也快出去吧。

5. 趋向动词更多的是用在动词、形容词后面做趋向补语。

　　　跑进（教室）　　送回（家）去　　　想出（一个好主意）
　　　爬上（山顶）　　背起（唐诗）来　　发展起来

练习六　选用合适的趋向动词做补语表述下面各图

　　1　　　　　　2　　　　　　3　　　　　　4

　　5　　　　　　6　　　　　　7　　　　　　8

（二）部分趋向动词做补语时的意义及用法

1. 来　　去

通过动作使人或事物向说话人方向移动的，用"来"，离说话人而去的，用"去"。

　　　⑨我借来一本小说，挺有意思的。（我←—小说）
　　　⑩他给朋友寄去一封信。（他—→信）
　　　⑪狼向东郭先生扑来。
　　　　（叙述人立足于东郭先生的位置←—狼）
　　　⑫一群大雁向远方飞去。（叙述人位置—→远方）

如果接普通事物宾语，基本结构：动词+"来/去"+普通事物宾语

303

⑬小狗叼来一块骨头，高兴地叫着。

如果接处所宾语，基本结构：动词+处所宾语+"来/去"

不能构成：　＊动词+"来/去"+处所宾语

⑭＊我明天回去日本。

⑮＊他要把所有的书都运来美国。

⑯＊他跑去河边，还是找不到张明。

练习七　把"来"或"去"放到下列句子合适的位置上

（1）我看见他 ＿＿＿＿ 向我 ＿＿＿＿ 走 ＿＿＿＿ 。

（2）小男孩儿 ＿＿＿＿ 向远处的爷爷 ＿＿＿＿ 跑 ＿＿＿＿ 。

（3）看到大家都饿了，阿姨 ＿＿＿＿ 买 ＿＿＿＿ 一些饺子 ＿＿＿＿ 请
　　　大家吃。

（4）弟弟急匆匆地跑 ＿＿＿＿ 到 ＿＿＿＿ 我身边 ＿＿＿＿ ，气喘吁吁
　　　地说……

（5）政府给这个灾区 ＿＿＿＿ 运 ＿＿＿＿ 很多急用物资 ＿＿＿＿ 。

（6）她吃完饭就 ＿＿＿＿ 回 ＿＿＿＿ 学校 ＿＿＿＿ 了。

（7）老先生取 ＿＿＿＿ 一份报纸 ＿＿＿＿ 看了起来。

（8）小华 ＿＿＿＿ 给她的美国朋友 ＿＿＿＿ 寄 ＿＿＿＿ 自己精心制作
　　　的生日卡片 ＿＿＿＿ 。

2．上　　下

通过动作使人、事物由低位到高位用"上"，由高位到低位用"下"。

⑰房上有积雪，他爬上房顶扫雪。（由房下到房上）

⑱他跳下汽车就跑。（由车上到车下）

● "上"的引申义

（1）表示靠近或合拢、关闭。

⑲我快跑几步追上了他。（靠近）

⑳ 太累了，闭上眼睛休息一下。（合拢）

㉑ 时间不早了，关上电视睡吧。（关闭）

（2）使某物附着于、存在于某处或添加进去。

㉒ 在领带上别上一个领带夹就好了。（使附着）

㉓ 我想在这儿摆上一个花瓶。（使存在）

㉔ 这次活动一定算上我。（添加）

（3）表示达到一定目的（常指不太容易达到的目的）。

㉕ 经过几年的努力，我们总算住上了新房。

（4）表示动作已经展现并在继续。

㉖ 你们怎么刚写了一会儿作业就玩儿上了？

㉗ 从去年开始，我就喜欢上了集邮。

● "下"的引申义

（1）使固定下来。

㉘ 一定要打下牢固的基础。

㉙ 这件事给我留下了深刻的印象。

（2）使脱离或离开某处。

㉚ 他摘下帽子，脱下外衣，走进屋来。

（3）表示容纳一定的数量。

㉛ 箱子挺大的，估计这些衣服都能装下。

㉜ 这个体育场能容下两万人。

练习八　根据句义，判断哪一个义项符合句中趋向补语的意思

1. 上

    a. 展现并继续　　　　　　　b. 合拢、关闭

    c. 附着、存在　　　　　　　d. 达到目的

（1）风太大了，把窗户关上吧。　　　　　　（　　　）

（2）他们已经赛上了，我们快去吧。　　　　（　　　）

（3）我中上大奖了。　　　　　　　　　　　　（　　）

（4）这两封信还没贴邮票。来，帮我把邮票贴上。（　　）

（5）大家闭上嘴，从现在开始不要再说话了。　　（　　）

（6）我们在院子里种上几棵树吧。　　　　　　　（　　）

2．下

　　a．由高到低　　　b．容纳一定数量

　　c．使固定　　　　d．脱离、离开

（1）他暗暗地记下了这笔账。　　　　　　　　　（　　）

（2）这个书包能装下这些书吗？　　　　　　　　（　　）

（3）快坐下歇一会儿。　　　　　　　　　　　　（　　）

（4）他摘下眼镜，擦去上面的雨水。　　　　　　（　　）

（5）记者拍下了这个珍贵的镜头。　　　　　　　（　　）

（6）他一不小心滚下山坡，把腿摔坏了。　　　　（　　）

3．上来　　下来

通过动作使人、事物由低位到高位并向说话人靠近，用“上来”；由高位到低位并靠近说话人，用“下来”。

　　㉝小姑娘大大方方地走上台来。

　　㉞那个人把他从车上拽了下来。

● “上来”的引申义

（1）趋近目标。

多用于“追/赶/跟/凑/迎/递/挤/围”等动词后。

　　㉟后边的人逐渐赶了上来。

（2）成功地完成。

多用于“答/说/唱/写/学”等动词后。

　　㊱这么高的调她也能唱上来，真厉害！

● "下来"的引申义

（1）表示使分离。

㊲ 把邮票揭下来，保存起来。

㊳ 他把帽子摘下来，轻轻地拂去上面的尘土。

（2）表示使停留、固定。

㊴ 汽车在前面停了下来。

㊵ 我们就在这儿住下来吧。

（3）完成某动作。

㊶ 那么长的诗他都背下来了。

㊷ 你身体行吗？能顶下来吗？

（4）表示从过去继续到现在或开始出现并继续发展（由动态转为静态）。

㊸ 他终于坚持了下来。

㊹ 她渐渐地安静了下来。

● "下来"和"下去"的区别

在表时间的意义上，"下来"表示的是从过去继续到现在，"下去"表示的是从现在继续向将来。例如：

㊺ 把优良传统继承下来，发扬下去。

练习九　根据句义，判断哪一个义项符合句中趋向补语的意思

1. 上来　　a. 由低到高　　b. 趋近目标　　c. 成功地完成

（1）热情的歌迷们一下子围了上来。　　　　（　　　）

（2）大家终于爬上山来。　　　　　　　　　（　　　）

（3）都跟上来，别落下。　　　　　　　　　（　　　）

（4）不错，答上来了，都对了。　　　　　　（　　　）

（5）粉丝们挤上前来请他签字。　　　　　　（　　　）

2. 下来

　　a. 使分离　　　　　　b. 使停留、固定　　　c. 完成某动作

　　d. 由高到低并靠近　　　e. 开始出现并继续发展

（1）天渐渐地暗了下来。　　　　　　　　　　　（　　）

（2）从树上跳下来一只小猴子。　　　　　　　　（　　）

（3）把零件都卸下来，用油仔细擦擦。　　　　　（　　）

（4）生词都写下来了吗？　　　　　　　　　　　（　　）

（5）让我留下来照顾他吧。　　　　　　　　　　（　　）

（6）风停了，雨住了，海也静了下来。　　　　　（　　）

（7）不管遇到多大困难，我们也要把工程拿下来。（　　）

（8）她从本子上撕下来一张纸，写了一封短信。　（　　）

练习十　　根据句义，选择合适的趋向动词填空

　　　　来　　去　　上　　下　　上来　　下来　　下去

（1）朝我走 _____　　　（2）坐 _____ 汽车

（3）给她送 _____　　　（4）打 _____ 基础

（5）把枯枝剪 _____　　（6）走 _____ 楼

（7）弯 _____ 腰　　　　（8）停 _____ 脚步

（9）再难也要活 _____　（10）都读 _____ 了

（11）他冷静 _____ 了。（12）你看，他们都干 _____ 了。

（13）她蹦蹦跳跳地朝花坛那儿跑 _____。

（14）来中国不久，我就交 _____ 了两个好朋友。

（15）她决心一定要把这件事情做 _____，不能半途而废。

（16）鹅毛大雪一片一片地飘落 _____，把一切的一切都盖 _____
　　　了，整个世界变成了一片银白。

4．进　　出

通过动作使人、物由有围域的空间处所外到空间处所里为"进"；由空间处所里到空间处所外为"出"。

⑭他怀着激动的心情走进故宫博物院。（外——内）

⑪她从小包里取出一副眼镜戴上。（内——外）

● "出""出来"的引申义

"出"和"出来"的引申义用得较多的主要是从无到有、从隐蔽到显露的意义。

⑱先订出一个计划，再想办法实施。

⑲她的脸上露出了微笑。

㊿把这间屋子腾出来做客房吧。

51一定要把这件事情的真相查出来。

5．回

通过动作使人、事物再到原处（家、住处、单位、原来位置）。

52参观完后，用汽车把他们送回学校。

53这些东西用完后，都应该放回原处。

练习十一　根据句义，选择合适的趋向动词填空

进　　出　　出来　　回　　回来

（1）走 _____ 房间　　　（2）放 _____ 原处

（3）洗不 _____ 了　　　（4）拿 _____ 本事

（5）新图纸设计 _____ 了。　（6）脸上露 _____ 了笑容。

（7）是院长亲自去机场把老教授接 _____ 的。

（8）经过几次实践，他摸 _____ 了一点儿规律。

6．过

（1）表示随着动作通过或经过某处。

(54) 他穿过马路，来到书店门前。（通过）

(55) 美丽的小鸟从她眼前、身边、头上飞过，这儿真是鸟的世界。（经过）

（2）表示由一处到另一处。

(56) 她接过生日礼物，激动得流下了热泪。

（3）表示改变方向。

(57) 转过身子，让大家看看背面。

（4）表示超过了合适的点。

(58) 糟了，我们坐过站了。

(59) 使过了劲儿，把盖子给拧坏了。

7. “过来”的引申义

“过来”的意义与以上“过”的①②③意义相同，“过来”较多用到下列引申义：

（1）恢复到或变成正常状态。

(60) 外婆终于醒过来了。

(61) 糟了，资金周转不过来了。

（2）顾及到。

(62) 病人太多了，照顾不过来了。

练习十二 根据句义，判断下列哪一个选项符合句中趋向补语的意思

A. 经过、通过　B. 由一处到另一处　C. 超过合适的点

D. 改变方向　E. 恢复到或变成正常状态　F. 顾及到

（1）穿过一片小树林，来到一条小河旁。（　　）

（2）明天早上赶火车，千万别睡过了。（　　）

（3）病人已经抢救过来了，放心吧。（　　）

（4）在他回过头的一刹那，我就认出了他。（　　）

（5）这孩子总算明白过来了。（　　）

（6）他的嘴角掠过一丝微笑。（　　）
（7）汽车掉过头，朝北开去了。（　　）
（8）数字太多了，算不过来。（　　）
（9）姑娘接过老人的背包，扶着老人走下楼去。（　　）

8. 起　　起来

"起""起来"都可表示动作由低向高移动。

- "起"与"上"不同："上"有到达的位置，其后可接处所词，"起"没有。

(63) 他抬起头，向远方看去。
(64) 他鼓起嘴巴用力地吹。
抬上车　　走上前　　骑上马

- "起来"的引申义

（1）表示由分散到聚合。
(65) 把大家的意见集中起来。
(66) 把地上的雪都堆了起来。

（2）表示收存、隐藏。
(67) 把晾的衣服都收拾起来吧。
(68) 快躲起来吧。

（3）由凸起引申为发起。
(69) 他使劲儿地把嘴巴鼓了起来。（凸起）
(70) 把大家都发动起来。（发起）

（4）表示开始并继续。
(71) 大家热烈地讨论了起来。
(72) 她吓得叫了起来。

（5）表示从某方面进行估计、评价。
(73) 这些事说起来容易，做起来难。
(74) 看起来，他不会同意了。

● "起"和"起来"的区别

"起来"因为有"来"表示的过程相对长或完整，"起"不突出过程的延展，所以使用上，有宾语或有后续语句时多用"起"，无宾语尤其置于句末时多用"起来"。

⑦队员们升起队旗，唱起队歌。

⑦师傅端起保温杯，喝了口水，缓缓说道……

⑦队员们把旗子升了起来。

⑦把这两根绳子系起来。

● "想起来"和"想出来"的区别

"想起来"表示所想的内容是记忆中已有的，通过想使它凸显。"想出来"表示所想的内容是原来没有的，通过想创造出新的办法、主意等。

⑦我想起来了，你是小王。

⑧我想出来一个好主意。

练习十三　根据句义，判断句中趋向补语"起来"的义项是哪一个

a. 由低向高　　b. 由分散到聚合　　c. 收存、隐藏

d. 开始并继续　e. 凸起、发起　　　f. 从某方面估计、评价

（1）大家团结起来，一定能战胜困难。　　　　（　　　）

（2）几个姑娘情不自禁地唱起歌来。　　　　　（　　　）

（3）太阳升起来了，照得人们睁不开眼。　　　（　　　）

（4）她把工资都存起来了。　　　　　　　　　（　　　）

（5）这件衣服穿起来一定很漂亮。　　　　　　（　　　）

（6）我的话音刚落，大家就纷纷议论起来。　　（　　　）

（7）赶快把行李捆起来吧，一会儿就要出发了。（　　　）

（8）时间不早了，把风筝收起来吧。　　　　　（　　　）

（9）我们要帮助他重新振作起来。　　　　　　（　　　）

（10）这菜看起来差点儿，吃起来还是挺不错的。（　　　）

练习十四 根据句义，选择合适的趋向动词填空

过 过来 起 起来 出来 上 下 上去 下去

（1）掉 ＿＿＿＿＿ 头 ＿＿＿＿＿ （2）穿 ＿＿＿＿＿ 马路

（3）爬 ＿＿＿＿＿ 山顶 （4）把它藏 ＿＿＿＿＿

（5）直 ＿＿＿＿＿ 腰 （6）关 ＿＿＿＿＿ 电视

（7）从门前走 ＿＿＿＿＿ （8）提 ＿＿＿＿＿ 行李

（9）她抿 ＿＿＿＿＿ 嘴笑了。

（10）我想 ＿＿＿＿＿ 了，他姓张。

（11）把钱攒 ＿＿＿＿＿，留到有用的时候花。

（12）什么事都瞒不 ＿＿＿＿＿ 他。

（13）这个沙发看 ＿＿＿＿＿ 不太结实。

（14）文件都已经传达 ＿＿＿＿＿ 了。

（15）应该把大家的意见反映 ＿＿＿＿＿。

（16）她低 ＿＿＿＿＿ 头，脸上泛 ＿＿＿＿＿ 了红晕。

（17）她激动得站 ＿＿＿＿＿ 身 ＿＿＿＿＿，一句话也说不 ＿＿＿＿＿。

（18）他摘 ＿＿＿＿＿ 一片树叶，吹 ＿＿＿＿＿ 了一支动人的曲子。

9. 关于"（起）来／（下）去"的方向取向

由于"来"是趋近说话人立足点的，容易表达清楚的、显见的意义，因此它的方向取向多与积极的、正向的相联系，尤其与"起"向上的意义相结合更加明显。

"去"是离开说话人立足点的，容易表达模糊的、消隐的意义，因此它的方向取向多与消极的、负向的相联系，尤其与"下"向下的意义相结合更加明显。

例如：

清醒过来／早晨醒来时／想起来／发展起来／走起运来

昏迷过去／睡过去／死去／精神或身体垮下去／消沉下去

胖起来了（对胖是肯定的；希望胖）

这样胖下去可不得了（对胖是否定的）

再瘦下去可不行（对瘦是否定的）

硬下去不会有好结果的（对硬是否定的）

"下去""起来"用于形容词后，都有表示某种状态开始或继续的意义。"起来"多用于积极意义的形容词，"下去"多用于消极意义的形容词。例如：

好起来	坏下去	亮起来	暗下去
坚强起来	软弱下去	富裕起来	贫困下去

●**练习十五**　根据句义，选择"来 / 去"或包含"来 / 去"的趋向动词填空

（1）我们的日子一天天好了 ＿＿＿＿＿。

（2）看着他败 ＿＿＿＿＿ 阵 ＿＿＿＿＿，我很替他难过。

（3）这里的集市突然热闹 ＿＿＿＿＿ 了。

（4）他的口语越来越流畅 ＿＿＿＿＿。

（5）她昏 ＿＿＿＿＿ 了，快打120!

（6）他的身体一天天垮 ＿＿＿＿＿ 了，精神也越来越消沉了，我们不能就这样看着他倒 ＿＿＿＿＿ 呀。

（三）趋向补语与宾语的位置

趋向补语与宾语的位置关系比较复杂，主要受制于宾语的意义和结构类型。

1. 宾语是表示一般人或事物的名词，位于补语中间或补语之后都可以。

注意：语法上（结构上）都可以，语用上（意义上）是有差别的。

走进一个人	走来一个人	走进来一个人	走进一个人来
拿出一本书	拿来一本书	拿出来一本书	拿出一本书来

2．宾语是表处所的，只能位于空间性趋向动词之后，不能位于"来/去"之后。即：

动词 ＋ 空间性趋向动词 ＋ 处所宾语（＋"来/去"）

＊动词 ＋"来/去"（或复合趋向动词）＋ 处所宾语

走下楼　　走下楼来　　＊走来楼　　＊走下来楼

放回桌上　放回桌上去　＊放去桌上　＊放回去桌上

3．如果是离合动词，宾语位于复合趋向补语中间。

说起话来　　＊说话起来　　回过头来　　＊回头过来

4．表起始意义的"起来"，都要采用 动词＋"起"＋宾语＋"来" 的形式。

唱起歌来　　＊唱起来歌　　＊唱歌起来

讨论起问题来　＊讨论起来问题　＊讨论问题起来

练习十六　把括号中的趋向动词放到适当的位置上

（1）掏＿＿＿手绢＿＿＿（出）　　（2）爬＿＿＿山＿＿＿（上）

（3）下＿＿＿山＿＿＿（去）　　　（4）送＿＿＿温暖＿＿＿（来）

（5）放＿＿＿包袱＿＿＿（下）　　（6）回＿＿＿日本＿＿＿（去）

（7）谈＿＿＿话＿＿＿（起来）　　（8）游＿＿＿河＿＿＿（过去）

（9）举＿＿＿手＿＿＿（起来）　　（10）转＿＿＿身＿＿＿（过来）

（11）送＿＿＿家＿＿＿（回去）　　（12）走＿＿＿教室＿＿＿（进来）

（13）爬＿＿＿树＿＿＿（上去）　　（14）拿＿＿＿信＿＿＿（出来）

（15）还＿＿＿图书馆＿＿＿（回去）

练习十七　改病句

（1）她一步一步地向我走去。

（2）他快步走出去门。

（3）风一刮，尘土飞上老高。

（4）我又一次回来中国，心情很激动。

（5）远处传优美的歌声来。

（6）我一起完头儿，大家就一起唱了下去。

（7）外面下雨了，快把衣服收进！

（8）时间一分一秒地过了，她还是处在昏迷中。

（9）他跑去河边，还是找不到张明。

（10）她的话给我带一线希望来了。

（11）你已经错了，不要再坚持起来了。

（12）我们坐下，愉快地聊天儿起来。

（13）来中国以后，妈妈经常给我寄包裹去。

（14）我出车站，看见小王正快步向我走。

（15）他要把这里所有的书都运来美国。

（16）他看见我走进，立刻从病床上坐上来，我赶快走去扶住他。

练习十八　在下列句子中需要加趋向补语的地方加上趋向补语

（1）他从树上摘一片树叶。

（2）我们迎了今年的第一场春雨。

（3）她知道家里正需要钱，所以她把妈妈寄给她的钱又寄家里了。

（4）早晨，天边现了亮色，不一会儿，太阳就从地平线上跳了。

（5）她一个人在那里很孤单，我只能给她送欢乐，不能给她送悲伤。

练习十九 请选用合适的趋向补语描述下图中的情景（至少说十个句子）

1

2

3

4

5

6

第二十七课　可能补语
　　　　　　　程度补语
　　　　　　　情态补语

一、可能补语

可能补语主要表示是否有可能出现动作的结果或状态的改变。

可能补语分三种类型：

1．A式：　谓语动词 ＋ "得/不" ＋ 结果/趋向补语
这一类型的补语是在结果补语或趋向补语之前加上"得/不"表示可能或不可能。表示否定加"不"。

　　①电话打得通吗?（能打通吗）
　　②别看东西多，好好摆摆，肯定装得下。（能装下）
　　③生词太多了，记不住。（不能都记住）
　　④箱子太重了，拿不起来。（不能拿起来）

● 可能补语与"能"的区别
（1）表示有能力做某事，用"能"；针对已有的客观事实是否能出现具体结果，用可能补语。

　　⑤这篇文章一个小时就能打出来。（一种打字能力）
　　⑥A：这篇文章一个小时打　　　针对具体文章长度和"一小
　　　　 得出来吗?　　　　　　　　 时"的时间条件，认定"打
　　　 B：打得出来。　　　　　　　出来"这个结果是可能的

318

⑦饭太多了，实在吃不下去了。（针对已经吃了很多，肚子已经饱了的客观实际）

（2）表示情理上"不应该""不准许"意义时，用"不能"，这时不能用表示不可能的补语。

⑧他们正在开会，你不能进去。

＊他们正在开会，你进不去。

⑨你不能说出这种伤害人的话。

＊你说不出这种伤害人的话。

● 可能补语主要使用否定式，即不可能。肯定式用得很少，主要用于下列情况：

（1）回答有可能补语的问话。

⑩ A：你听得见听不见?

B：听得见。

（2）动词前有表示肯定或无把握语气的词语等。

⑪你去商店看看吧，也许还买得到。

（3）婉转地表示否定。

⑫她的病不是药能治得好的。

● 与结果补语相同，可能补语句的谓语动词多用单音节动词。例如：

回答——答得出 / 答不出　　考试——考得好 / 考不好

注意 可能补语一般不能用于下列句式中：

（1）句中带有描写性状语的句子。

⑬＊他拼命地做得完这项工作。

（2）"把"字句、"被"字句的谓语动词后，连动句的第一个动词后。

⑭＊吃饭前，我把作业做得完。

⑮＊敌人被战士们打得败。

⑯＊食堂没开门，我们进不去食堂吃饭。

（3）句子意思不在于表示可能或不可能。

⑰＊他打了几次电话才打得通。（才打通）

（4）动词前有"不能"时。（但是有"不可能"是可以的）

⑱＊她说的话我不能都听得懂。（不可能都听得懂）

● 表示不可能的程度差别时，可在补语中间加上"太""大"类的程度副词。

听不大清楚　　说不太准　　住不太惯

练习一　判断句子正误

（1）A. 你要好好学习，做不出让父母失望的事来。　　（　　）

B. 你要好好学习，不能做出让父母失望的事来。　　（　　）

（2）A. 这山不太高，登得上去。　　（　　）

B. 这山不太高，攀登得上去。　　（　　）

（3）A. 他找了小王几次才找得到小王。　　（　　）

B. 他找了小王几次才找到小王。　　（　　）

（4）A. 这封信你能亲自给他送过去吗？　　（　　）

B. 这封信你亲自给他送得过去吗？　　（　　）

（5）A. 作业太多了，今天晚上写不完了。　　（　　）

B. 作业太多了，今天晚上不能写完。　　（　　）

（6）A. 他汉语说得很地道，谁都不能听出来他是外国人。（　　）

B. 他汉语说得很地道，谁都听不出来他是外国人。　（　　）

练习二　用适当的可能补语填空

（1）书柜太重了，两个人搬 ＿＿＿＿＿＿ 。

（2）屋子太小了，住 ＿＿＿＿＿＿ 这么多人。

（3）A：老师的话你都听 ＿＿＿＿＿＿ 吗？

B：听 ＿＿＿＿＿＿ 。

（4）她的病很严重，恐怕治 ＿＿＿＿ 了。

（5）山太高了，孩子们实在爬 ＿＿＿＿ 了。

（6）人太多了，挤 ＿＿＿＿ 了。

2. B式：谓语动词＋"得／不＋了（liǎo）"

这种补语表示是否可能实现动作或变化。主要用于口语。

"得了"是肯定式；"不了"是否定式。

⑲ 他肚子疼，今天的参观去不了了。

⑳ 我们一定赢得了他们。

㉑ 天又晴了，看样子雨又下不了了。

㉒ 这小河，水深不了，过得去。（表示估计）

用在形容词后表示对性状、程度估计的可能补语，一般用于否定式或具有否定意义的句子。

B式与A式的不同在于：B式没有具体的结果、趋向，只表示该动作能否实现，性状能否改变。

3. C式：谓语动词＋"得／不得"

"得"是肯定形式，表示能够、可以；"不得"是否定形式，表示不能够、不可以。

㉓ 那个地方太偏僻，去不得。

㉔ 这个人你可小看不得。

㉕ 那简直是一颗老虎牙，拔不得。

部分结构形式跟这种补语形式相同的短语，由于动词和补语总在一起用，已经形成一种固定结构，成为一个词了。

怪不得	顾不得	恨不得	巴不得
值得/值不得	舍得/舍不得	记得/记不得	

在使用上，用这种可能补语构成的句子主要用于规劝、提醒、警告，所以一般只用否定形式，用来说明不要做某个动作或避免某种现象发生。

● 可能补语句的动词如果涉及人与事物，根据表达，可以有两种处理方式：

作为新信息的焦点成分，基本结构：　动词 ＋ 补语 ＋ 宾语

㉖我听得懂他的话。

作为话题成分，基本结构：　名词成分 ＋ 动词 ＋ 补语

㉗他的话我听得懂。

但不能构成"动词 ＋ 宾语 ＋ 补语"的形式。

㉘＊我听他的话得懂。

● 这三种可能补语都可以用肯定、否定相叠的形式表示疑问。

……买得起买不起？　……来得了来不了？　……看得看不得？

练习三　判断句子正误

（1）A. 墙太高了，没有梯子恐怕上不去。　　　　　（　　　）

　　　B. 墙太高了，没有梯子恐怕上不得。　　　　　（　　　）

（2）A. 看样子，这雨不能停下来，别等了，走吧。　（　　　）

　　　B. 看样子，这雨停不了了，别等了，走吧。　　（　　　）

（3）A. 没有多少人买，费不了多少时间。　　　　　（　　　）

　　　B. 没有多少人买，不能费多少时间。　　　　　（　　　）

（4）A. 这苹果还没有熟，不能摘。　　　　　　　　（　　　）

　　　B. 这苹果还没有熟，摘不了。　　　　　　　　（　　　）

（5）A. 那是很早以前的事了，记不了。　　　　　　（　　　）

　　　B. 那是很早以前的事了，记不得了。　　　　　（　　　）

（6）A. 水太深，下不得！　　　　　　　　　　　　（　　　）

　　　B. 水太深，下不了！　　　　　　　　　　　　（　　　）

练习四　用适当的可能补语填空

（1）他的电话号码你还记 ＿＿＿＿ 吗？

（2）车被撞坏了，开 ＿＿＿＿ 了。

（3）那家饭店太宰人了，去 ＿＿＿＿ 。

（4）糟了，脚崴了，走 ＿＿＿＿ 。

（5）下班的时候，路上的车太多了，大意 ＿＿＿＿ 。

（6）你比小王大 ＿＿＿＿ 几岁。

（7）这段话你用汉语说 ＿＿＿＿ 吗？

（8）你连十分钟的路都走 ＿＿＿＿ ，怎么爬八达岭长城呀？

练习五　改病句

（1）A：昨天的作业写完了吗？

　　　B：写不完。

（2）东西太多了，我不能拿。

（3）我办这件事得了。

（4）都两点了，怎么一个人也来不到？

（5）这箱子不重，你看，我拿起来。

（6）这件事太为难他了，我开口不得。

（7）外面太冷了，穿大衣也热不得。

（8）他们正在上课，你进不去教室。

（9）屋里太暗了，没有闪光灯，照相不了了。

（10）你连一块石头都不能搬动，怎么能搬走山呢？

练习六　将下列句子变换成带有可能补语的句子

例：　　路很滑，我虽然拉了闸，可汽车还继续向前行驶。

　　　　→ 路很滑，我虽然拉了闸，可汽车还是停不下来。

（1）雾太大了，我不能看清楚航标灯的位置。

（2）买票的人太多了，恐怕不能买到了。

（3）天气不好，今天不能去郊游了。

（4）那家宾馆，一般的人都能住，不会太贵的。

（5）刚跑完步，不要马上喝凉水。

（6）病刚好，需要好好休息，不要太劳累了。

二、程度补语

程度补语主要用在形容词、心理动词、感受动词等后边，用来表示某种性状所达到的某种程度。

（一）主要类型

1．用"极""坏""死""透"等做补语，动词和补语之间不用"得"，句末加"了"。

基本结构：形容词/动词 ＋ "极/坏/死/透……" ＋ "了"

㉙婚礼热闹极了。（＊婚礼热闹得极了。/＊婚礼热闹极。）

㉚把他高兴坏了。（＊把他高兴得坏了。/＊把他高兴坏。）

㉛这些孩子真是吵死了。

　　（＊真是吵得死了。/＊真是吵死。）

2．用"很""慌""要命""要死""够戗""不得了""不行"等做补语。

基本结构：　形容词/动词+"得"+"很/慌/要命/不得了……"

补语前必须加"得"，句末一般不加"了"。

  ㉜他最近忙得很，别去打扰他。

  ＊他最近忙很，别去打扰他。

  ㉝虽然只是一句话，却把他气得要命。

  ＊虽然只是一句话，却把他气要命。

  ㉞这个菜他觉得腻得不得了。

  ＊这个菜他觉得腻不得了。

3．用"多""远"等做补语，可用下述两种形式构成。即：

   形容词/动词+"多/远……"+"了"

   形容词/动词+"得+多/远……"

  ㉟兄弟俩的性格差远了。（差得远了）

  ㊱他的汉语比我强多了。（强得多）

表义上，句末的"了"带有夸大程度的语气。

用"远"做补语主要表示相差，所以谓语用"差"。

（二）色彩倾向

  表达的情感是积极的还是消极的、是正面的还是负面的、是如意的还是不如意的，涉及到对形容词或心理、感觉动词等的选择。程度补语要跟形容词等在色彩倾向上保持一致。据此，可以把程度补语分为三种情况：

  1．积极和消极、正面和负面、如意和不如意的情感色彩都可以用的，主要副词有"很""多""极""不得了"等。

  ㊲这种排场使他感到体面得很。（积极）

  ㊳这种场面使他感到狼狈得很。（消极）

  ㊴他的身体比前一阵子好多了。（积极）

  ㊵他的身体比前一阵子差多了。（消极）

2．倾向于消极、负面、不如意的情感色彩，主要副词有"死""坏""要命"等。

笨死了　担心死了　累坏了　忙坏了　丑得要命　困得要命

在少数情况下，这些副词也可用于"高兴""舒心""得意"等积极倾向的词语后面。

3．只用于消极、负面、不如意的方面，主要副词有"透""远""不行""得慌"等。

坏透了　糟透了　差远了　难受得不行　饿得慌

"不行"有时所接的词看上去是积极的，但表达的不是肯定的态度。例如：

你看，给她能得不行。（说话人不是肯定、赞赏的态度）

此外，还需注意词语的语体色彩："要命""要死""得慌""不行""不得了"等都是典型的具有口语色彩的词，要用于口语体；"很""极了"等词语，口语体、书面语体都可以用，所以正式场合用"很""极了"等更加得体。

练习七　用适当的程度补语填空

辣 _____	闷 _____	闲 _____	伤心 _____	舒服 _____
挤 _____	馋 _____	冻 _____	精神 _____	难看 _____
懒 _____	棒 _____	差 _____	淘气 _____	清楚 _____

三、情态补语

情态补语用在动词后，表示对动作和状态的描写、对情况的说明与评价。补语前要用"得"，补语一般由动词、形容词及其短语、小句充当。

㊶ 昨天晚上他睡得很晚。（说明动作）

㊷ 这篇文章写得很好。（评价主语）

㊸我忙得忘了吃饭。（说明、描写主语即动作者）

㊹这个小女孩儿长得真可爱。（描写主语）

㊺他把花瓶摔得粉碎。（描写"把"字的宾语）

● 关于形容词做补语

1. 单音节、双音节形容词都可以单独做补语。

玩儿得开心　　　　　　　收拾得干净

脸上布满了皱纹　　　　　写清楚每一个字

形容词单独做有"得"为标志的补语时，常具有暗比意味。例如：

㊻小李写得清楚。（别人写得不清楚）

㊼依我看，还是红队踢得好。（别的队不如红队）

没有比较意义，只做一般描写性补语时，形容词等前边一般要加程度副词。

㊽他讲得很明白。

㊾孩子们穿得很漂亮。

2. 重叠式或有重叠词缀的形容词做补语时，后面通常要加"的"。

㊿她把玻璃擦得亮亮的。

　＊她把玻璃擦得亮亮。

51 他长得傻乎乎的。

　＊他长得傻乎乎。

● 关于构句的几点说明

1. 补语描写的主语是动作者时，如表达需要，可将主语放到"得"后。

52 我忙得忘了吃饭。——忙得我忘了吃饭。

2. 描写"把"字宾语的补语句，补语不用否定形式。

53 他把花瓶摔得粉碎。（＊他把花瓶摔得没粉碎。）

54 我把椅子垫得很高。（＊我把椅子垫得不高。）

327

3．有宾语的句子同时有情态补语时，可以有两种处理方式：

（1）重复动作：他说汉语说得很流利。

（2）宾语放在动词前：他汉语说得很流利。

4．有情态补语的句子，全句的重心在补语部分，谓语动词、形容词前一般不再出现描写性状语和程度副词。

(55)＊他拼命地跑得很快。

(56)＊她很难过得流下泪来。

练习八　用适当的情态补语填空（注意"得"的正确使用）

（1）淋＿＿＿＿＿　（2）水清＿＿＿＿＿　（3）她感动＿＿＿＿＿

（4）口渴＿＿＿＿＿　（5）脸晒＿＿＿＿＿　（6）妈妈气＿＿＿＿＿

（7）信写＿＿＿＿＿　（8）想家＿＿＿＿＿　（9）听音乐＿＿＿＿＿

（10）我愁＿＿＿＿＿＿＿＿＿＿＿＿＿＿＿。

（11）太阳晃＿＿＿＿＿＿＿＿＿＿＿＿＿＿。

（12）累（得我）＿＿＿＿＿＿＿＿＿＿＿＿。

（13）这趟车人多＿＿＿＿＿＿＿＿＿＿＿＿。

（14）把孩子们高兴＿＿＿＿＿＿＿＿＿＿＿。

练习九　改病句

（1）昨天晚上，他睡觉得好极了。

（2）在桂林的那几天，我过了最愉快。

（3）我比王师傅可差极了。

（4）你太晚来了，他着急了，先走了。

（5）沙发很软，舒服透了。

（6）孩子们弄屋子得乱七八糟的。

（7）她作业很认真地写得很整齐。

（8）他汉语说得跟中国人不差。

（9）他没把汽车洗得干干净净的。

（10）我朋友听到这个消息，一夜高兴得没睡着觉。

（11）把老板生气得坏了。

（12）下雨越来越大了，我们等一会儿再走吧。

（13）她整整齐齐地穿衣服。

（14）一朵朵百合花开着很漂亮。

练习十　用可能补语、情态补语和程度补语句描述下列各图
（至少说六个句子）

第二十八课 数量补语
介词短语补语

一、 数量补语

数量补语表示动作和变化的数量或时量。数量补语有如下三种：动量补语、时量补语、比较数量补语。

（一）动量补语

表示动作行为进行的数量，用动量词语做补语。

　　　　①这部电影我已经看了三遍了。

　　　　②我拿不动了，请帮我一下。

　　　　③他很不满意地看了我一眼。

● 如果句中需要时态助词"了""过"等，要放在动词后、补语前的位置上。

　　　　④来中国后我去过两次长城。

　　＊来中国后我去两次过长城。/＊我去长城过两次。

● 宾语的位置：一般事物名词做宾语通常位于补语后；人称代词做宾语，通常位于补语前；人名、地名做宾语，根据表达需要，可前可后。即：

　　　　谓语动词 ＋ 数量补语 ＋ 宾语—般事物

　　　　⑤你帮我站一下队，我马上回来。

　　　＊你帮我站队一下，我马上回来。

　　　　谓语动词 ＋ 宾语人称代词 ＋ 数量补语

　　　　⑥那个司机骗过我一回了。

330

＊那个司机骗过一回我了。

谓词 ＋ 宾语_{人名/地名}＋数量补语　或　谓语动词 ＋ 数量补语 ＋ 宾语_{人名/地名}

⑦ 我去医院看过两次小王了。

我去医院看过小王两次了。

● 带动量补语的句子，一般不用否定式；表示辩白时，可在动词前加"没"否定。

⑧ ＊最近我很忙，没看过他一次。

⑨ 哪里，我只写了一遍，没写三四遍。

练习一　在适当的位置上填上适当的动量词语

（1）我朋友已经来 _____ 我家 _____ 了。

（2）我们周末要赛 _____ 篮球 _____ 。

（3）这水很甜，你 _____ 喝 _____ 试试。

（4）对于选谁，我们又交换了 _____ 意见 _____ 。

（5）今年很冷，已经下了 _____ 大雪 _____ 了。

（6）这篇课文我才 _____ 看了 _____ 就记住了。

（7）你在这 _____ 等 _____ 他们 _____ 。

（8）不经历 _____ 挫折 _____ ，你是不会长大的。

（9）他的拳击技术很差，连击 _____ 蓝衣运动员 _____ ，都没击中。

（10）房间钥匙不见了，小王帮我 _____ 找了 _____ 也没找到。

（二）时量补语

时量补语表示动作、状态时间的长短，由表示时段的词语充当。

⑩ 我喊了你半天。（持续时间）

⑪ 他比我早来一个月。（比较相差的时间）

⑫ 我在北京住了三年了。（动作开始持续到说话时的时间）

331

⑬ 他死了十年了。（动作结束后持续到说话时的时间）

● 宾语位置：一般名词通常位于时量补语后；人称代词或称呼通常位于时量补语前；处所宾语通常位于时量补语前。即：

谓语动词 + 时量补语 + 宾语一般事物

例如：⑭ 我们开了一晚上会。

＊我们开了会一晚上。

谓语动词+ 宾语人称代词 + 时量补语

例如：⑮ 老师等了你十多分钟。

＊老师等了十多分钟你。

谓语动词 + 宾语处所 + 数量补语

例如：⑯ 我来中国一年多了。

＊我来一年多中国了。

练习二　判断句子正误

（1）A. 累了吧？咱们坐下来休息一点儿。　　　　　　（　　）

　　　B. 累了吧？咱们坐下来休息一会儿。　　　　　　（　　）

　　　C. 累了吧？咱们坐下来一会儿休息。　　　　　　（　　）

（2）A. 大家帮了我一个多小时的忙。　　　　　　　　（　　）

　　　B. 大家帮了一个多小时我的忙。　　　　　　　　（　　）

　　　C. 大家帮了我的忙一个多小时。　　　　　　　　（　　）

（3）A. 朴英俊去年回了国一次。　　　　　　　　　　（　　）

　　　B. 朴英俊去年回了一次国。　　　　　　　　　　（　　）

（4）A. 他书房里的灯亮了一晚上。　　　　　　　　　（　　）

　　　B. 他书房里的灯一晚上亮了。　　　　　　　　　（　　）

（5）A. 她朝我摆了几下手，示意我不要说。　　　　　（　　）

　　　B. 她朝我摆手了几下，示意我不要说。　　　（　　　）

（6）A. 他的自行车坏了，他好长时间推着自行车走了。（　　　）

　　　B. 他的自行车坏了，他推着自行车走了好长时间。（　　　）

（三）比较数量补语

比较数量补语大多可以用在形容词后，表示比较相差的数量。

　　　⑰ 他们公司的产值比我们公司高好几倍。

　　　⑱ 他比我高一头。

　　　⑲ 这条路比那条路远一些／一点儿。

比较的数量不能放在形容词前。

　　　⑳ ＊姐姐比妹妹五岁大。

　　　㉑ ＊他的书比我的一些多。

练习三　将下列句子改写成带有数量补语的句子

例：　　整个上午，我都在跟医生谈话。

　　→　我跟医生谈了一上午话。

（1）你请朋友帮你买票。

（2）他以前有两次去中国的经历。

（3）狗朝他腿上咬去。

（4）这个问题至少有三次问过老师。

（5）这一年多来，她一直照顾我。

（6）他是一个多月前来这儿的。

（7）这里的房费8美元，别处10美元。

（8）去年来游客2000人，今年只有1000人。

练习四 改病句

（1）我每天用汉语跟朋友一个半小时交谈。

（2）这个房间大五平方米那个房间。

（3）我打算在这儿一年到两年学习。

（4）爸爸生气地瞪了一眼我。

（5）李明敲了门几下，屋里没人答应。

（6）阿姨每星期来一次我房间打扫。

（7）老板狠狠地一顿训了他。

（8）她很热情，我们用汉语聊天儿了半天。

二、介词短语补语

介词短语补语位于动词、形容词后面，由"于""自""在""到""向""往""给"等与其宾语组成的介词短语充当，补充说明动作发生的时间、处所、方向、对象、原因、来源或比较对象、数量等。

基本结构： 动词/形容词 ＋ 介词短语

1."于""自""在""到"都可介引时间、处所。

㉒马克思出生于1818年。（时间）

㉓疗养院坐落在半山腰。（处所）

㉔我们都来自五湖四海。（处所）

㉕他经常工作到黎明才睡觉。（持续时间）

"于"还能够介引对象、原因、比较对象等。

㉖政府部门就应该服务于老百姓。（对象）

334

㉗ 听说他最近正<u>忙</u>于购房呢。（原因）

㉘ 今年的总体情况<u>好</u>于往年。

（比较对象，"于"相当于"比"）

"自"还能够介引来源。

㉙ 这段文字<u>摘</u>自鲁迅的散文。（来源）

"于""自"书面语色彩很重，构成的语句具有书面语体风格。

2."向""往"主要介引方向。

㉚ 溪水欢快地<u>流</u>向远方。（方向）

㉛ 这趟航班<u>开</u>往加拿大。（目的地方向）

3."给"主要介引对象。

㉜ 把礼物<u>送</u>给她留做纪念。（对象）

介词短语做补语时，语音停顿在介词后。有表示完成意义的"了"时，要把"了"放在介词后，不要放在动词后。例如：

㉝ 我把那几本词典<u>放</u>在了你的桌子上。

＊我把那几本词典<u>放</u>了在你的桌子上。

练习五　用适当的介词短语做补语填空

（1）我把父母的嘱托都牢牢地记 ＿＿＿＿＿＿＿＿。

（2）清冷的月光洒落 ＿＿＿＿＿＿＿＿。

（3）这条小路通 ＿＿＿＿＿＿＿＿。

（4）景德镇瓷器驰名 ＿＿＿＿＿＿＿＿。

（5）他出生 ＿＿＿＿＿＿＿＿。

（6）这条消息摘 ＿＿＿＿＿＿＿＿。

（7）最近他正忙 ＿＿＿＿＿＿＿＿。

（8）我们的感谢是真诚的，是发 ＿＿＿＿＿＿＿＿。

（9）文章的字数不能少 ＿＿＿＿＿＿＿＿。

（10）我一直把他送 ＿＿＿＿＿＿＿＿ 才回来。

练习六　将下列句子变换成带有介词短语做补语的句子

例：　他是在北京出生的。

　　　⟶ 他出生于北京。

（1）这句话是从鲁迅小说中引出的。

（2）这些信都是往美国寄的。

（3）文学作品都应该从生活中来，但却又比一般生活高。

（4）他正在候车厅里坐着等火车呢。

（5）她高兴地叫着，向妈妈扑了过去。

（6）她的感谢是从内心里发出的。

第十单元综合练习

一、判断句子正误。

（1）A．他把全部精力都扑了在事业上。　　　　　　（　　）

　　　B．他把全部精力都扑在了事业上。　　　　　　（　　）

（2）A．我不能写汉字那么快，你慢点儿说。　　　　（　　）

　　　B．我写汉字不能写得那么快，你慢点儿说。　　（　　）

（3）A．他画得比我好多了。　　　　　　　　　　　（　　）

　　　B．他画得比我好极了。　　　　　　　　　　　（　　）

（4）A．他一次去了长城。　　　　　　　　　　　　（　　）

　　　B．他去了一次长城。　　　　　　　　　　　　（　　）

（5）A．上课完了，我就去找你。　　　　　　　　　（　　）

　　　B．上完了课，我就去找你。　　　　　　　　　（　　）

（6）A．这篇文章不错，争取在杂志上登出来。　　　（　　）

　　　B．这篇文章不错，争取在杂志上登起来。　　　（　　）

（7）A．在老师的耐心帮助下，我们很快提高了。　　（　　）

　　　B．在老师的耐心帮助下，我们提高得很快。　　（　　）

（8）A．时间来不及了，所以他走得很快。　　　　　（　　）

　　　B．时间来不及了，所以他走了很快。　　　　　（　　）

二、根据句义，选择词语的义项。

1．上　　a．开始并继续　　　　　b．合拢、关闭

　　　　　c．附着、存在　　　　　d．达到目的

　　（1）来，帮我把桌布铺上。　　　　　　　　　　（　　）

（2）他们已经干上了，咱们也开始吧。　　　　　　　（　　）

2．下来　a．由高到低并靠近　　　　b．使分离

　　　　　c．开始出现并继续发展　　d．使固定

　（3）快把湿衣服换下来吧。　　　　　　　　　　　（　　）

　（4）当时，我一感到有危险就立刻把车停了下来。　（　　）

3．起来　a．由低到高　　　　b．由分散到集中

　　　　　c．开始并继续　　　d．从某方面估计、评价

　（5）把一切人力、财力集中起来，支援灾区。　　　（　　）

　（6）会场这样布置起来，效果一定很好。　　　　　（　　）

三、把括号中的趋向动词填到合适的位置上。

（1）伸 ＿＿ 手 ＿＿（出）　　　（2）走 ＿＿ 楼梯 ＿＿（下）

（3）拿 ＿＿ 本事 ＿＿（出来）　（4）爬 ＿＿ 山 ＿＿（上去）

（5）转 ＿＿ 头 ＿＿（过来）　　（6）走 ＿＿ 一个人 ＿＿（进来）

四、按要求填空。

1．用适当的结果补语填空。

　（1）她不一会儿就把屋子收拾 ＿＿＿＿＿＿ 了。

　（2）打 ＿＿＿＿＿＿ 录音机，咱们听会儿音乐吧。

　（3）把这个歹徒捆 ＿＿＿＿＿＿，不要让他跑了。

　（4）大家听 ＿＿＿＿＿＿ 要求，记 ＿＿＿＿＿＿ 操作方法，一会儿好操作。

2．用适当的趋向补语填空。

　（5）有人在打雪仗，欢快地笑声、叫声远远地传 ＿＿＿＿＿＿。

　（6）衣服都干了，收 ＿＿＿＿＿＿ 吧。

　（7）我走 ＿＿＿＿＿＿ 游泳馆时，正好看到她从十米高台上做着优美的动作跳 ＿＿＿＿＿＿。

　（8）我亲眼看到这里的农民们一天天地富裕 ＿＿＿＿＿＿。

338

（9）丽莎拿 _____ 一副眼镜戴 _____ 试了试。

3．用适当的程度补语填空。（注意"得"的正确使用）

（10）她第一次上台表演，紧张 _____。

（11）今天真是糟 _____，什么事也没办成。

（12）今天的考试难 _____。

（13）人家多棒啊！我比他可差 _____。

4．用适当的情态补语填空。（注意"得"的正确使用）

（14）肚子疼 _____。

（15）她按要求做 _____。

（16）大夫检查 _____。

（17）天空蓝蓝的，雪白白的，这里的一切都美 _____。

5．用适当的数量补语填空。

（18）太累了，我们在这儿坐 _____，休息 _____ 吧。

（19）为了买这本书，已经往书店跑 _____ 了，总算买到了。

（20）就这一点儿作业，他竟做了 _____。

（21）晚会已经开始 _____，你们怎么才来？

6．用适当的可能补语填空。

（22）他才学了一个月的汉语，怎么听 _____ 呢？

（23）他住的地方你还记 _____ 吗？

（24）这个包太小了，装 _____ 这么多东西。

（25）连一碗粥你都吃 _____，身体怎么受 _____！

7．用适当的介词短语补语填空。

（26）我靠 _____ 看书，阳光照 _____，暖暖的。

（27）他毕业 _____。

（28）我们都来 _____。

（29）列车开 _____。

（30）他将自己辛勤的汗水洒在走 _____ 的道路上。

五、根据句义，将下列句子改写成带有补语的句子。

（1）我问那件事了。那件事我已经清楚了。

_____

（2）苹果已经变了。苹果的颜色红了。

_____

（3）他正在走。他向我这边走。

_____

（4）她哭了。她的眼睛红了。

_____

（5）我最近很忙。我没有聊天儿的时间。

_____

（6）为了了解中国文化源流，我去了敦煌，一共去了五次。

_____

（7）那是一家比较高级的宾馆，估计条件不会差。

_____

（8）这件事太复杂了，孩子又小，不能说清楚。

_____

（9）她从肺腑里发出来的歌声，感动了听众。

_____

六、改病句。

（1）孩子们在院子里堆雪人起来。

（2）开车太快了，出了交通事故。

（3）今天的中国发展了真快。

（4）我跟她很能谈，慢慢地就喜欢她了。

（5）来，你给大家说用法。

（6）那天，我给你打了好几次电话才打得通。

（7）他说话得很慢，很清楚地解释，我很容易就听得懂。

（8）我的话音刚落，大家就欢呼。

（9）她的话起初我不能都听得懂。

（10）这里的房租比别处10%便宜。

（11）我们汉语水平较低，心里虽然有很多话，却不能说。

（12）机器坏了，把材料印不了了。

（13）我跑了在前头，很有信心得第一。

（14）横幅上的字我不太看清楚。

（15）直到第二天中午，我才看得到有关地震的新闻。

（16）下午我有事，去不了商店买东西了。

（17）他倒了在草地上，高兴地打着滚。

（18）那种衣服只有大号的了，我不能穿，所以买不到合适的了。

第十一单元
句子的分类
及句子的语气表达

句子的分类	汉语根据句子的语气、语调，通常把句子分成四类：陈述句、祈使句、疑问句、感叹句。不同类别的句子常常会借助语气助词来表达各种不同的语气。
句子的语气表达	汉语中可借助语气助词表达种种语气，有的表达了很复杂的情感态度，有的相互间只有细小的差别，但在语用上会产生不同的效果，这属于汉语中很有特点的一种表达形式。

第二十九课 陈述句、祈使句及其语气表达

一、陈述句及其语气表达

陈述句是告诉别人一件事情、说明一个事实或道理的句子。句末用"。"表示停顿。

　　① 今天是明明的生日。

　　② 这个房间真舒适。

　　③ 他的病一定会好的。

陈述句有时会在句末附上不同的语气助词，表达各不相同的语气。常用的语气助词有：

　　　的　　呢　　啊　　吧　　呗　　嘛　　罢了

例如：

　　④ 你放心，这件事他会处理好的。（肯定、确定的语气）

　　⑤ 这里的夏天才热呢。（有点儿夸张的语气）

　　⑥ 这件事很重要，千万别忘了告诉他啊！（提醒等语气）

　　⑦ 走就走了吧，这种狠心的人不必为他难过。

　　　　　　　　　　　　　　　　　　　　（无可奈何的语气）

　　⑧ A：你怎么瘦了？

　　　 B：生活条件不好呗。

　　　　　　　　　　　　（显而易见，无须说，有不太满意的语气）

⑨ 这本来就是他的错嘛。（本来如此、显而易见的语气）

⑩ 他不是不会说，只是不想说罢了。（仅此而已的语气）

以上只是列举部分语气助词所表达的部分语气，不是全部类型。

练习一　选择适当的语气助词填空

> 　　　　的　呢　啊　吧　呗　嘛　罢了
>
> （1）他不会不打电话来 ＿＿＿＿＿＿＿。
>
> （2）A：这次竞赛没有你们班。
>
> 　　　B：没有就没有 ＿＿＿＿＿＿＿。
>
> （3）这件事是你的不对，作检讨是应当的 ＿＿＿＿＿＿＿。
>
> （4）没别的，他只是不想当兵 ＿＿＿＿＿＿＿。
>
> （5）他才不会同意 ＿＿＿＿＿＿＿。
>
> （6）你们说了那么多了，就这样 ＿＿＿＿＿＿＿。
>
> （7）A：你怎么不去看电影 ＿＿＿＿＿＿＿？
>
> 　　　B：不喜欢 ＿＿＿＿＿＿＿。
>
> （8）该他说的就让他说 ＿＿＿＿＿＿＿。
>
> （9）你要去就去 ＿＿＿＿＿＿＿，我才不管你 ＿＿＿＿＿＿＿。
>
> （10）你别忘了五点集合 ＿＿＿＿＿＿＿。

陈述句还可用双重否定形式来加强肯定语气或表达理应、必须的语气。

⑪ 刘先生德高望重，这里的人没有不敬重他的。（都敬重他）

⑫ 你放心吧，他不会不帮助我的。（一定会帮助我）

⑬ 都到这时候了，我不能不说了。（应该说/必须说）

练习二　把下列句子变成双重否定句

（1）这样做可以。

（2）你要听父母的话。

（3）我一定要打败他。

（4）这个地方谁都知道。

（5）我是班长，一定要为大家的利益着想。

（6）我一定要说说他。

二、祈使句及其语气表达

祈使句是要听话人做什么或不做什么的句子。句末多用"！"或"。"表示结句。句中主语大多是第二人称代词，常常省略不说。表示协同动作时，主语有时用"咱们""我们"等。

根据结构特点和语气表达，祈使句可以分为以下两大类：

1. 建议、催促、请求

表示建议、催促、请求时，语气要求委婉、客气，句末常用语气助词"吧""啊"。

⑭你跟我们一起去吧。（建议）

⑮快走啊！（催促）

⑯你帮帮她吧。（请求）

表示请求时，语气要恭敬、缓和，因此，句首常用"请""麻烦""劳驾"等敬词，谓语部分常用动词重叠式或"动词+一下"的动补式，句末常用语气助词"吧""啊"等。

⑰请您照顾照顾他吧。

　　　*请您照顾他。（语气比较硬）

　　⑱劳驾，让一下。

有时也可以在句后加上一个疑问形式，增强征求意见、商量的意味，能够更好地表达出对对方的尊敬，是一种更加客气的请求。

　　　⑲你顺便帮我发一封信，好吗？

　　　⑳我们走走，好吗？

● 语气词"吧"与"啊"的主要区别

用"吧"时，语气比较缓和、委婉、客气，具有一定征求意见、商量的意味；"啊"的语气通常不那么缓和，多用于催促，有时表达不解、不耐烦甚至指责等语气。

　　　快吃吧。（只是催促吃）

　　　快吃呀！（含有"你怎么不吃呢？"这种不解的意思）

　　　你怎么走得那么慢啊？快走啊！（催促，有不耐烦的语气）

● 请求的否定表达主要是劝阻式，句中常用"不要""别""不用""甭"等词语，句末常用"了""啊"等语气助词。

　　　㉑不要这么客气呀！

　　　㉒下雨呢，别走了，就在这儿住下吧。

● 劝阻与禁止有所不同。

结构不同：劝阻——"别"＋动词（＋宾语）＋"了"。／！

　　　　　　禁止——"别"＋动词（＋宾语）！

例如：

劝阻：别看了！／别写信了。／别哭了。／别调查了。／别渲染了！

禁止：别看！／别听他胡说！／别看电视！／别胡闹！／别找麻烦！

二者在表达的时间上、语气上也有所不同：

　　"'别'＋动词（＋宾语）！"表示动作要发生或已发生，说话人不许动作发生或继续，果断阻止，没有"了"，表示没有缓冲余地，所以语气较强，偏于禁止。

　　"'别'+动词（+宾语）+了。/！"表示动作已发生，说话人希望听话人变成"不做"的情况，加"了"后，语气比不加"了"缓和，有较强的规劝意味。

● 关于"啊"的音变现象[1]

语气助词"啊"受前一个音节韵母的影响，常会发生几种音变现象。

前一音节尾音	加"啊"变作	例字	例句
i、ü、a	i/ü/a+a→ya	呀	谁呀？快去呀！他呀！
u	u/ao+a→wa	哇	走哇！好哇！
n	n+a→na	哪	看哪！干哪！
前一个词	加"啊"合成	例字	例句
了	l+a→la	啦	这么高啦（了+啊）！
呢	n+a→na	哪	还早着哪（呢+啊）！

2. 命令、禁止

这类句子一般要求言词简短，语气坚决、直率，因此句末很少用语气词。

㉓ 下来！

㉔ 快吃！别说话！

㉕ 禁止吸烟！

㉖ 自己做，不许讨论！

　　表示禁止意义时，句中常用"不许""不准""不得"等词。这些词使禁止语气增强，不再具有征求意见、商量的意味，所以句末通常不能用语气助词"吧"。

　　＊不准大声喧哗吧！　　　　＊不得随地吐痰吧！

---

[1] 这里提到的"啊"的音变现象是比较典型的，"啊"有时还会因人、地、口语情况发生一些不同的音变情况，因为有差异，不典型，为学习简单，这里略去不提。

练习三　选择适当的语气助词填空

吧　　了　　啊

（1）别管他 _____，由他去 _____！

（2）快进来看看 _____，他病得太厉害了。

（3）这车不知怎么发动不起来了，你给看看 _____。

（4）别抽 _____！这屋子里全是烟了。

（5）你帮我劝劝他 _____。

（6）你怎么光在那儿看哪？快干 _____！

练习四　把下列句子变成命令句或禁止句

（1）你出去，好吗？

（2）不要说话了。

（3）这个地方不能拍照。

（4）你快点儿跑，行吗？

（5）劳驾，让一下！

（6）这个湖里的鱼是不让钓的。

（7）请把嘴闭上，你越说越不像话了。

（8）来上班，不能迟到。

练习五　根据句中"我"想表达的意思，写出相应的请求句

（1）我希望你作解释。

（2）我想跟小王借词典用。

（3）我想让朋友陪我出去散步。

（4）我想问去火车站的路。

（5）我希望爸爸同意我去旅游。

（6）我希望他认真听取大家的意见。

（7）大家都走累了，我想在这儿坐一会儿。

（8）我想让老师帮我练习发音。

练习六　改病句

（1）老师，我写了一篇作文，您给我看。

（2）我买了两张电影票，咱们一起去看呗！

（3）这么晚了，别写吧！

（4）什么时候去，我什么时候给你打电话呢。

（5）你到底来不来，快决定呢！

（6）人家都等急了，你还不赶快说吧。

（7）那家商店的东西才贵了。

（8）他已经很不容易了，不要再为难他吧！

（9）这是无烟车厢，这里禁止吸烟吧！

（10）这些老人都是为了锻炼身体才来爬山呢。

（11）他不是不会做，只是不想做的。

（12）走就走了的，人家不想在这儿，你也不能强留呢。

第三十课　疑问句、感叹句及其语气表达

一、疑问句及其语气表达

疑问句是带疑问语气的句子，句末用"？"作为语气停顿。根据使用功能，可以分为三类：有疑而问；无疑而问；推测问。

（一）有疑而问——一般疑问句

一般疑问句分为四种类型：

1．是非问

是非问是要求答话人作出或者肯定或者否定的回答的问句，句末大多用语气词"吗"表示，有时也可以直接用升调表示。

　　　①A：今天是星期二吗？

　　　　B：是。／不是。

　　　②A：你今年有休假吗？

　　　　B：有。／没有。

　　　③A：你们昨天看的那部电影好吗？

　　　　B：挺好的。／没意思。

　　　④A：你不喜欢这本书？

　　　　B：是的，不喜欢。／不，很喜欢。

2．特指问

特指问是说话人就某一方面提出问题，要求听话人作出回答。句中有特指问题的疑问代词，疑问代词问什么，听话人就答什么。因为疑问代词已表示疑问，所以句末不能再用"吗"，可以用"呢""啊"等语气助词。

⑤ A：你去哪儿了？

B：去邮电局了。

⑥ A：你跟谁一起去的？

B：跟朋友一起去的。

⑦ A：你怎么去的呢？

B：骑自行车去的。

⑧ A：你在那儿忙什么呀？

＊你在那儿忙什么吗？

B：我整理整理柜子。

3．选择问

选择问是问话人提出两种以上的选择项，希望听话人选择一种回答。常用"（是）……还是……"的方式表示。句末有时可以用语气助词"呢"，不能用"吗"。

⑨ 你想学习文学呢，还是想学习历史呢？

⑩ 咱们是走着去，还是坐车去？

＊咱们是走着去吗，还是坐车去吗？

4．正反问

正反问是将谓语的肯定形式、否定形式都提出来，让听话人选择一项回答。肯定、否定并用是一种疑问方式，句末不再用"吗"，可以用"呢""啊"等语气助词。肯定形式、否定形式不一定并列放在一起，也可以将否定形式放在句末。

⑪ 你有没有时间呀？（你有时间没有呀？）

⑫ 你要不要我们帮帮你呢？

⑬ 你去不去听他的竞选演说啊？

＊你去不去听他的竞选演说吗？

⑭ 你说是这个理儿不是？

双音节动词在口语中可以采用省略音节的表达形式。即：

参不参加　　讨不讨论　　休不休息

否定部分的谓语动词有时也可以省略。

⑮他们队参加这次比赛不（参加）？

练习一　判断下列句子是哪种疑问句

> A．是非问　　B．特指问　　C．选择问　　D．正反问
>
> （1）这孩子是不是矮了点儿？　　　　　　　（　　　）
>
> （2）今天是国庆，晚上会放焰火吗？　　　　（　　　）
>
> （3）这件事我来跟他说还是你来跟他说？　　（　　　）
>
> （4）你是怎么跟他说的？　　　　　　　　　（　　　）
>
> （5）我们去什么地方休假好？　　　　　　　（　　　）
>
> （6）学校关心你们的学习不？　　　　　　　（　　　）

练习二　针对句中带点的部分提问并回答

> 例：　　我们上午去展览馆了。
>
> 　　→ 你们上午去哪儿了？ —— 去展览馆了。
>
> （1）他正在教小李开车。
>
> （2）小朋友们唱着歌走来了。
>
> （3）赛场上，观众们的情绪热烈极了！
>
> （4）她从人群中挤了出来。
>
> （5）趁我不注意的时候，他悄悄地走了。
>
> （6）他们有的步行，有的骑马，踏上了征途。

（二）无疑而问——反问句

反问句形式上有疑问代词和用"？"表疑问语气，但是实际上是无疑而问、无需回答的句子。也就是说，反问句已经表达了说话人一种确定的看法。反问句总是从相反的方面发出疑问，所以反问句的否定形式表达的是肯定的意思，肯定形式表达的是否定的意思。

⑯ 既然不想去，还商量什么？（不用商量）

⑰ 你要回国了，我哪儿能不来看你呢？（我应该来）

⑱ 他北京来了七八次了，哪儿没去过呀？（哪儿都去过）

反问句也可以用是非问、特指问、选择问、正反问四种形式发问。例如：

⑲ 这件事是你经手办的，你会不知道？（一定知道；是非问）

⑳ 谁不关心他了？（任何人都关心；特指问）

㉑ 这么晚了，他还不来，你说急人不急人？

（真急人；选择问）

反问句还常用副词"难道""岂"等加强反问语气。例如：

㉒ 你难道能见死不救吗？

㉓ 这样做岂不害了孩子？

反问句表达的语气比较强烈，使用时需要注意交际对象和语言环境。

练习三　用反问句改写下面的句子

（1）他一定会去做。

（2）他什么都知道。

（3）你大老远来看我，我不会让你走的。

（4）朋友有困难应该帮助。

（5）他连自己都不会照顾，当然不会照顾别人。

（6）今天是你们俩大喜的日子，我当然要来祝贺。

（7）他跑的速度太快了，我当然追不上他。

（8）这么简单的活儿，没有人不会干。

（三）推测问——测度疑问句

测度疑问句是用推测的语气提出问题。问话人在提出问题时，已经根据某些条件、情况作出了自己的初步判断，但是因为不能确定自己的判断是否正确，于是用推测语气来试探发问，以求得到证实。当然，也有推测问是说话人本已知晓，却故意用推测问来表达自己对问题的不确定性，这属于语用策略问题。

测度疑问句主要用"吧"来表示测度语气，有时还用"大概""大约""也许"等副词来加强这种不确定的推测语气。句末用降调。例如：

㉔这里是留学生宿舍吧？

㉕你大概记错了吧？

㉖李力今天没来，也许是病了吧？

● **练习四　把下列句子改用测度语气进行表达**

（1）她的样子像是不高兴。

（2）考试成绩出来了，他却没有说，估计不太好。

（3）小李没有开车来，我猜是汽车坏了。

（4）从来没有男生找过她，她应该没有男朋友。

（5）她妈妈住院了，她还是那么高高兴兴的，估计她还不知道。

练习五 判断下列句子属于哪一种类型的疑问句

　　　　A．一般疑问句　　　B．反问句　　　C．测度疑问句

（1）刚才过去的那个人不是王老师吗？　　　　　　（　　）

（2）这件事不该是他的错吧？　　　　　　　　　　（　　）

（3）你晚上能来我这儿一趟吗？　　　　　　　　　（　　）

（4）星期天你还想出去逛逛吧？　　　　　　　　　（　　）

（5）他是这起车祸的当事人，处理结果怎么能不告诉他呢？（　　）

（6）看样子，你心里还有些不服气吧？　　　　　　（　　）

（7）你想妈妈不想？　　　　　　　　　　　　　　（　　）

（8）听说活动搞得不错，去的人不少吧？　　　　　（　　）

● 语气助词"吗"与"吧" 表疑问的区别

"吗"是无知而问，即说话人对所问问题不知晓，没有自己的推测。句末是升调。

"吧"是有所知而问，即说话人对所问问题有一定推测，但还不能十分确定。句末是降调。

㉗你身体恢复得差不多了吗？（不知道是不是这样）

　　你身体恢复得差不多了吧？（自认为可能是这样）

㉘ 车上没有座位了吗？（不知道有没有）

车上没有座位了吧？（自己推测可能没有）

二、感叹句及其语气表达

感叹句是用来表达夸奖、赞扬、感慨、意外、惊讶、愤怒等强烈感情的句子。句末用"！"表示强烈语气。常用的语气助词有：啊、了、啦（"了啊"的合音）、呢。

㉙ 这里的风景多美呀！

㉚ 这二十年来过得可真不容易呀！

㉛ 坏了！坏了！我怎么把那么重要的事情给忘了。

㉜ 小心！危险！

㉝ 简直太不讲理了！

注意　句中有副词"太"的，句末配合的语气助词应是"了"或"啦"，不是"啊"。

练习六　选择适当的语气助词填空

吗　吧　呢　啊　啦　了

（1）这点儿道理你不会不懂 ＿＿＿＿＿？

（2）这座楼真高 ＿＿＿＿＿！

（3）你怎么生气 ＿＿＿＿＿？

（4）咱们是去打球 ＿＿＿＿＿，还是去跑步 ＿＿＿＿＿？

（5）孩子这么小就知道努力，我真是太高兴 ＿＿＿＿＿！

（6）亲人的嘱托你都记住了 ＿＿＿＿＿？

（7）多么壮观的景色 ＿＿＿＿＿！

（8）我们两国友好的历史可长 ＿＿＿＿＿。

（9）我们到底去哪儿 ＿＿＿＿＿？

（10）事在人为 ＿＿＿＿＿！这不是自古就有的道理 ＿＿＿＿＿？

三、句中语气停顿及表停顿的语气助词

有时在句中，说话人常常借助语气助词稍作停顿，来引起听话人的注意，或起到提醒、列举等作用，有时也会通过假设的情况来表达一定的感情色彩。常用的语气助词有"吧、呢、啊、么"等。

1. 吧

（1）表示举例：通过列举一个实际的例子，来说明一种观点、看法等。

㉞就拿这个屋子来说吧，条件是不错，就是太小了。

（2）表示假设：连用正反对举假设句式，表示左右为难的意味。

㉟你说我没有朋友吧，我还有七八个；你说我有朋友吧，却没有一个知心的。

㊱不吃吧，人家请的我；吃吧，实在不喜欢。

2. 呢

（1）表示相对情况。

㊲我要去看电影，小王呢，却偏要去跳舞。

㊳他要啤酒，你呢？（你要什么？）

（2）提出一种假设的问题。

㊴去旅游只是我们自己的想法，要是他们不同意呢，我们怎么办？

（3）指明一种实际的情况或原因。

㊵她说她不会做，实际上呢，是她根本就不想做。

3. 啊

表停顿的"啊"可写作"呀、啦、啊"。

（1）表示打招呼。

㊶小李呀，咱们一起去阅览室吧。

359

（2）表示多项列举。

㊷房间里，电视呀，电话呀，电冰箱呀，各类电器还挺全的。

有时也可以用"啦"。例如：

㊸玛丽很活泼，唱歌啦、跳舞啦，样样都会。

（3）表示停顿，提醒注意，或说话人利用停顿进行思考。

㊹这个提议啊，可以考虑。

4．么

表示停顿，用停顿引起注意。

㊺今天的活动么，主要有以下几项内容：……

练习七　选择适当的语气助词填空

吧　　呢　　啊　　啦　　么

（1）这个问题 _____，还是让老林来说说 _____。

（2）就拿泡茶来说 _____，其中的窍门就很不少 _____。

（3）我 _____，当然喜欢唱歌 _____。

（4）去 _____，我没有那么多时间；不去 _____，实在觉得可惜。

（5）我要是不说 _____，你能把我怎么样？

（6）这里晚上尤其热闹，人 _____，车 _____，把几条街都塞得满满的。

练习八　改病句

（1）他一直一个人生活，真不容易吧。

（2）最后一班车已经过去了，我怎么办吗？

（3）这海滩躺上去多舒服呢！

（4）是你的信吗，还是你朋友的信吗？

（5）这孩子太聪明吧！

（6）你是不是觉得这儿很宽敞吗？

（7）难道你不相信我吧？

（8）他的脾气才怪呀！

（9）他的汉字写得可漂亮！

（10）你大概很不习惯这种场合吗？

（11）她是怕你担心，你难道不懂呢？

（12）要是明天下雨吗，我们还去呢？

（13）这里的风景太美啊！

（14）屋子里乱极了，废纸吧，果皮吧，鞋子吧，袜子吧，扔了一地。

第十一单元综合练习

一、判断疑问句类型。

1.　　A．是非问　　　B．特指问　　　C．选择问　　　D．正反问

（1）这份文件是发邮件还是发传真?　　　　　　　　（　　　）

（2）这种空调器的外壳是用什么材料制成的?　　　　（　　　）

（3）你的市场调查做完了吗?　　　　　　　　　　　（　　　）

2.　　A．一般疑问句　　　B．反问疑问句　　　C．推测疑问句

（4）你不敢向他承认错误,是怕他不原谅你吧?　　　（　　　）

（5）只要肯下工夫,什么困难会克服不了?　　　　　（　　　）

（6）喂,你测量好了没有?　　　　　　　　　　　　（　　　）

二、选择适当的语气助词填空。

　　　　　啊　了　吗　吧　呢　的　啦　么　呗　罢了

（1）我太佩服你 ＿＿＿＿＿!

（2）你不会对我说你不知道 ＿＿＿＿＿?

（3）这种事怎么会是他干的 ＿＿＿＿＿?

（4）一定是他告诉你 ＿＿＿＿＿。

（5）难道你就不能帮帮他 ＿＿＿＿＿?

（6）这个问题 ＿＿＿＿＿,还是让大家来说说 ＿＿＿＿＿。

（7）他不是什么肚子疼,只是找一个理由 ＿＿＿＿＿。

（8）老人 ＿＿＿＿＿,走得慢是可以理解的。

（9）咱们去医院看看他 ＿＿＿＿＿!

（10）要是借不到车 ＿＿＿＿＿,我们怎么去?

（11）我觉得他已经尽心 ＿＿＿＿＿,可以 ＿＿＿＿＿。

（12）输就输了 ＿＿＿＿＿,别难过 ＿＿＿＿＿。

（13）不是讲不过他，是不想讲 _____。

（14）要是每个人都能献出一点儿爱，这个世界将是多么美好 _____！

三、针对句中变色的部分提问并回答。

（1）你的一个朋友来找过你了。

_____

（2）小梅今天早上五点就起床了。

_____

（3）他查得太粗心了，连那么明显的错儿都没查出来。

_____

（4）他之所以汉语说得那么好，是他努力练习的结果。

_____

四、改病句。

（1）天已经那么黑，别走吧。

（2）老师，我身体有些不舒服，不能上课，请假。

（3）这点儿小事，我才不会往心里去呀！

（4）你怎么这么不了解他吗？

（5）他这个人呢，就是那样。

（6）你一定不会拒绝他嘛。

（7）我们这个周末搞，还是下个周末搞吗？

（8）人太多啊，我们走啊。

（9）你计划好了没有吗？

（10）他的态度怎么很差啊？

（11）他一定不会放过你了。

（12）不教就不教啊，我们自己学呗。

五、按要求改写句子。

（1）我想让别人帮我拍照片。

（改成请求句）_____

（2）现在正在考试，要求不能讲话。

（改成禁止句）_____

（3）时间快。

（改成感叹句）_____

（4）听音乐和聊天儿，我不知道他喜欢什么。

（改成选择问句）_____

（5）她可能是李明的女朋友。

（改成推测问句）_____

（6）我必须要说服她。

（改成双重否定句）_____

六、将下列句子改用反问句表达。

例：　这点儿小事，你不应该去麻烦他。

　　⟶ 这点儿小事，你何必去麻烦他呢？

（1）明知今天下雨，就该带上雨伞。

_____

（2）主动帮助同学解决困难是对的。

_____

（3）他不会，你就应该教给他，不应该看着不管。

_____

（4）你们取得这么大的成绩，得到荣誉是应该的。

_____

第十二单元
特殊句式

特殊句式

特殊句式是指谓语结构较为特殊的或有某个特殊词为标志的句子类型。本单元主要学习双宾语句、能愿动词句、主谓谓语句、连谓句、兼语句、存现句、"把"字句、"被"字句和"连"字句。

第三十一课　双宾语句
　　　　　　　能愿动词句
　　　　　　　主谓谓语句

一、双宾语句

　　双宾语句是指一个谓语动词连带两个宾语的句子，其中一个宾语指人，一个宾语指事物。例如：

　　　　① 他给我一张票。
　　　　② 我问老师几个问题。
　　　　③ 告诉大家一个好消息。

　　1．谓语动词的意义及其构成的关系

　　双宾语句的谓语动词都是具有方向性特点的动词，由"给予""取得"义或有认定性、方向性言语活动类动词担当。这类动词主要有：

　　● "给予"意义：给　送　卖　发　交　还　付　退　输
　　　　　　　　　　　赔　奖　赏　赠　托　喂　找(钱)　奖励

　　这类动词与主语、宾语构成的关系是：

　　即：事物从动作者（主语）这里通过动作移向接受者（表人宾语）。

　　　　④ 我还了他一本词典。（词典从我这儿通过"还"到他那儿）

　　● "取得"意义：拿　借　买　偷　抢　夺　收
　　　　　　　　　　　要　赢　罚　赚　骗　占　扣

这类动词与主语、宾语构成的关系是：

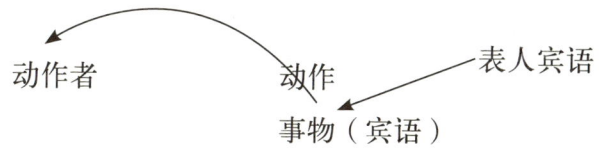

即：事物从表人宾语那儿通过动作移向动作者（主语）。

⑤<u>我</u>买了<u>她</u><u>一束花</u>。（花从她那儿通过"买"到我这儿）

● 方向性言语活动类动词：a. 教　骂　夸　告诉　嘱咐

教导　责怪　报告　麻烦

b. 问　求　请教

● 有称呼、称号等认定义的动词：叫　当

这类动词一般都跟言语活动有关，是通过说出来的话做事。说出来的话即信息，其传递是有方向的，或者说话人说出信息要传递到听话人那儿（a类），或者说话人想从听话人那儿获得信息（b类）。

这类动词连带的表事宾语或者是问题、消息、信息、事情等抽象名词，或者是话语内容，即小句。

⑥<u>班长</u>报告<u>大家</u><u>一个好消息</u>。

⑦<u>我</u>问<u>小王</u><u>下午几点出发</u>。

有称呼、称号等认定义的动词要联系两个人和一个称呼或称号。

⑧<u>孩子</u>叫<u>老李</u><u>爸爸</u>，他们是父子关系呀。

2. 述宾结构的特点

● 语序：双宾语句的表人宾语在前，表物宾语在后。

⑨他赠<u>我</u><u>一支钢笔</u>。　　＊他赠<u>一支钢笔</u><u>我</u>。

（人）（物）　　　　　　　　（物）（人）

● 无需用介词引出对象（宾语）。

⑩我请教老师一个问题。

＊我请教向老师一个问题。

● 两个宾语一个回答"谁"，一个回答"什么"。两者之间如果不是所属关系，不能加"的"；如果没有动宾关系，不能加动词。

⑪他送<u>我</u>一本<u>书</u>。

＊他送我的一本书。／＊他送我是一本书。

练习一　用下列词语造出完整的双宾语句

（1）老师　　教　　歌　　我们

（2）告诉　　大家　　事

（3）麻烦　　事　　你

（4）红队　　赢　　球　　两场　　蓝队

（5）想　　请教　　一个　　老师　　问题

练习二　把下列句子变换成双宾语句

（1）她正给孩子喂牛奶。

（2）刚才他输了两盘棋，是我赢的。

（3）老师给小王打来电话说：明天有考试。

（4）"你真是一个好孩子。"妈妈夸道。

（5）老师对我们说："你们要好好学习，天天向上。"

练习三　改病句

（1）我在哪儿上车问小李。

（2）管理人员罚了五元钱向他。

（3）他送了一支笔我。

（4）我告诉大家的一个喜讯。

（5）我能问一件事跟你吗?

二、能愿动词句

能愿动词句是用能愿动词做谓语动词构成的句子。

1．能愿动词主要有：

表示愿望的：要　想　愿　愿意　情愿　肯　敢

表示可能的：可能　能　能够　可以　可　会

表示必要的：应该　应　应当　该　得（děi）　要

2．能愿动词句的结构特点：

（1）能愿动词后边只能连接动词、形容词及其短语。

⑫ 他可能病了。

⑬ 这么晚了，你还不回去，你妈妈会着急的。

⑭ 你应该参加这次活动。

⑮ ＊我应该向他说明的理由。

⑯ ＊今天晚上你应该作业。

（2）能愿动词不能重叠，也不能带动态助词"了""着""过"等。

⑰ ＊你应该应该帮助我。

能愿动词后的动词仍可重叠。

⑱ 你应该帮助帮助我。

⑲ ＊她愿意了跟我一起去。

369

只要句子意义允许，可以连用不同意义的能愿动词。

⑳ 这个时候，他可能该回家了。

（3）能愿动词承担着句子的表义主体，所以肯定、否定并用疑问时，只能用能愿动词，不能用其后的动词或形容词。

㉑ 她会不会担心？

＊她会担心不担心？

㉒ 他能不能来参加比赛？

＊他能来不来参加比赛？

（4）表达意愿、可能等意义是能愿动词句的主体意义，所以回答问题时，可以单独用能愿动词回答，却不能只用动词部分回答。

㉓ A：你愿意参加吗？

　　B：愿意。（＊参加。）

（5）能愿动词做谓语时，前边不能用"把""被""向""给"等介词构成的状语，也不能用描写性状语，如果句子需要，这类状语可以放到后边的动词前。

㉔ 你今天应该把这项实验搞完。

＊你今天把这项实验应该搞完。

㉕ 图片有的不清楚，我们必须好好地选一选。

＊图片有的不清楚，我们好好地必须选一选。

练习四　**用下列词语造出完整的能愿动词句**

（1）今天　　晚　　可能　　一点儿

（2）捐赠　　给学校　　想　　一些钱

（3）到达　飞机　应该　了　吧

（4）很快　会　答复　给你

（5）说明　情况　向老师　能

（6）受累　情愿　帮他　要　也

3．"能""会""可以"意义比较

● "能"与"会"

（1）"能"和"会"都表示某种估计、推测。表示"有可能"时，用"能""会"都可以。用"会"估测的语气更强，所以肯定句句末常加"的"表示确信的语气。

　　㉖A：下这么大的雨，他能／会来吗？

　　　B₁：他已经说了要来，肯定能来。

　　　B₂：他已经说了要来，会来的。

　　㉗天上一点儿云也没有，不会／能下雨。

（2）表示主观上具备某种技能、客观上具备某种条件时，用"能"；表示通过学习做得怎样或掌握某种技能，用"会"。

　　㉘她能用汉语写日记了。

　　㉙最近我很忙，不能参加周末的活动了。

　　㉚她不怎么会说普通话。

　　㉛你会不会做中国菜？

（3）表示初次具有某种能力或技能，用"能""会"都行。"能"侧重具备的能力，"会"侧重由学习而获得。表示某种能力得到恢复，只能用"能"，不能用"会"。

㉜ 我儿子刚一岁就能 / 会走路了。

㉝ 她已经会用电脑了。

㉞ * 我的牙不疼了，会吃饭了。（能吃饭了）

㉟ * 他清醒过来了，会说话了。（能说话了）

（4）表示具备某种技能并达到某种效率、标准，用"能"，不用"会"。

㊱ 他开汽车每小时能走180公里。

　* 他开汽车每小时会走180公里。

（5）表示善于做某事，用"能""会"都行，前面都可以用"很""真"等程度副词修饰。但"能"侧重于"能量"，体现数字大；"会"侧重于"技巧"、有策略。

㊲ 她很能说，一说就是一两个小时。

㊳ 她很会说，三句两句就把人说通了。

（6）表示情理上不应该、不允许用"能"，不用"会"。

㊴ 你的身体很糟糕，再不能这样工作了。

　* 你的身体很糟糕，再不会这样工作了。

此外，"不能不"表示必须；"不会不"表示一定。

㊵ 这件事你不能不告诉她。（必须告诉她）

㊶ 我不会不帮她的。（我一定帮她）

● "能"与"可以"的区别

（1）"能"以表示能力为主，"可以"以表示可能为主。所以，"能"可以表示善于做某事，"可以"不行。

㊷ 他很能写，一写就是一个通宵。

　* 他很可以写，一写就是一个通宵。

（2）"能"可以表示某种推测、估计，"可以"不行。

㊸ 雨下得那么大，他不能来了，别等了。

　　　　＊雨下得那么大，他不可以来了，别等了。

　　　　㊹天阴得厉害，今天一定能下雨。

　　　　＊天阴得厉害，今天一定可以下雨。

　　（3）"能""可以"都可以表示情理上、环境上"许可"的意思，但肯定形式多用"可以"，否定、疑问形式多用"能"。"可以"能单独做句中谓语，"能"不行。

　　　　㊺我能看着他们有困难不帮助吗？

　　　　＊我可以看着他们有困难不帮助吗？

　　　　㊻这样做也可以。

　　　　＊这样做也能。

练习五　选择能愿动词填空

　　　　　　　A. 能　　　　B. 会　　　　C. 可以

　　（1）小孩一生下来就_____吃奶。

　　（2）A：明天下午有一场好电影，你_____去吗？

　　　　　B：明天下午没有事，_____去。

　　（3）听说你去学习班学电脑了，现在_____用了吗？

　　（4）她不但_____用电脑了，而且一小时_____打几千字呢！

　　（5）这次活动你如果愿意参加的话，也_____参加。

　　（6）他腿上的伤已经好了，_____走路了。

　　（7）你很_____说服人，连我这个顽固分子都被你说服了。

　　（8）我最近手头儿有些紧张，不_____付给你全部的房租，先付一半_____吗？

　　（9）他一个晚上就_____把这本小说看完。

　　（10）他很_____喝，一次_____喝一瓶白酒。

373

练习六　把下列句子变换成能愿动词句

（1）你在路口停车不对。

（2）我相信，他一定跟我说实话。

（3）屋里正开会呢，所有的人禁止进入。

（4）这里有病人，小声说话。

（5）您说得对，我一定牢记心里。

（6）她一次连续跳绳300个。

（7）张队长是工程的主要负责人，要求他来参加会。

（8）她剪纸剪得又细致又好看。

（9）妈妈眼睛治好了，看见东西了。

练习七　改病句

（1）我应该帮助他解决的问题。

（2）他愿意去不去那家公司工作？

（3）今天晚上不能别的事，只能学习。

（4）他想了去美国学习。

（5）A：他该来了吧？

　　　B：来吧。

（6）这个句子这样改也能。

（7）哟，我的钱不够了，不会买这件衣服了。

（8）你看他多会说，说了一个多小时了，也不嫌累。

（9）他的耳朵被那位名医治好了，会听见了。

（10）这个箱子会装下这些书。

（11）你应该不答应他。

（12）最近我身体不太好，不会跟你们一起去北京了。

三、主谓谓语句

主谓谓语句是用主谓短语做谓语的句子。句中有大主语、小主语两个成分，这是汉语中一种比较有特点的句子结构形式。例如：

㊼ <u>黄山</u> <u>景色很美</u>，假期我们去黄山吧。

基本结构：

<u>他</u>　　　　<u>个子　　　很高</u>。

　　　　　　（小主语　+　小谓语）———→主谓短语

<u>大主语</u>　　　<u>大谓语</u>

也就是说，"小主语+小谓语"构成的主谓短语做了整个句子的谓语，来描述全句主语"他"。所以，主谓谓语句的主要作用是大谓语在某方面（由小主语表示）对大主语进行描写、说明或评价。上例就是"个子很高"对大主语"他"从"个子"方面进行描写。

主谓谓语句大小主语之间主要表现为以下关系类型：

1．大小主语之间有领属或整体与部分之间的关系，小主语属于大主语的或是大主语的一个部分。

㊽ <u>田中</u> <u>工作很积极</u>。（这里的"工作"是属于田中的）

㊾ <u>弟弟</u> <u>身高一米七五</u>。（这里的"身高"是弟弟的身高）

(50) 这件连衣裙颜色很淡雅，样子很别致，就买这件吧。

（这里的“颜色”“样子”都属于这件连衣裙的一部分）

2．大主语是小谓语动作支配的对象，即宾语。

(51) 屋子我们收拾干净了。（收拾屋子）

3．大主语是谓语关涉的对象。

(52) 这个问题大家有不同看法。（对于问题有看法）

4．大主语或小主语表示“任何”的意义，由疑问代词充当。

(53) 她什么都不说。　　　　什么她都不说。

这里的“什么”指任何话。

练习八　把下列句子变换成主谓谓语句

（1）他的身材长得很高大，他的眼睛也很有神。

（2）没有人知道那件事。

（3）在学习方面他很努力，在工作方面他也很积极。

（4）中国在经济发展方面很迅速。

（5）马克最近有很大的进步。

（6）小王在这次考试中考得最好。

练习九　用主谓谓语句来描写、说明下列各图。（至少说五个句子）

练习十　根据本课学习的句式，用合适的词语填空

（1）他借了_____多少钱？

（2）我_____你一个好消息。

（3）我过生日，朋友送我_____。

（4）妈妈嘱咐我_____。

（5）这儿_____吸烟吗？

（6）我_____下个月回国。

（7）他遇到了麻烦，你_____帮帮他。

（8）我一定_____把这件事办好。

（9）这条河挺宽的，你_____游过去吗？

（10）你_____参加我们的活动吗？

（11）小丽_____，_____，长得很漂亮。

（12）这位服务员_____，_____，大家都很喜欢她。

第三十二课　连谓句
　　　　　　兼语句
　　　　　　存现句

一、连谓句

　　连谓句（又叫"连动句"）是由两个或两个以上的谓词性词语连用的句子，它们共同叙述、描写、说明一个主语。

　　①他去邮电局发信。（他去邮局，他发信）

　　②叔叔抚摸着我的头说："多聪明的小东西呀！"

　　连谓句中前后两个动词可以表示不同的意义关系。例如：

　　③他穿上衣服拉开门跑了出去。（动作依序发生）

　　④我们去医院看病。（目的关系）

　　⑤老李每天骑自行车上班。（方式关系）

　　⑥她听了这个消息很激动。（因果关系）

　　⑦大家都站着不动。（正反关系）

　　⑧我有理由这样做。（具有、存在某条件的关系）

　　连谓句中的谓语动词有时也可以用动词重叠形式，但一般要重叠后一个动词。

　　⑨我去外面散散步。

　　＊我去去外面散步。

练习一　下列连谓句前后动词间表示的是哪一种意义关系？

　　　　A．连续　　B．方式　　C．目的　　D．正反　　E．因果

（1）他去机场接客人了。　　　　　　　　　　　　（　　　）

（2）吃完饭去花园散散步，好吗？　　　　　　　　（　　　）

（3）她含着泪向朋友们道了别。　　　　　　　　　（　　　）

（4）我今天就赖在这儿不走了。　　　　　　　　　（　　　）

（5）不要躺着看书，那样对眼睛不好。　　　　　　（　　　）

（6）小时候，我们俩常去海边捡贝壳。　　　　　　（　　　）

（7）他走过来握住我的手说："坚强些！"　　　　　（　　　）

（8）大家听到这个噩耗难过极了。　　　　　　　　（　　　）

（9）那时，我们常常坐在葡萄架下海阔天空地聊天儿。（　　　）

练习二　将下列句子变换成连谓句

（1）他为游览八达岭来到北京。

（2）我买了一辆汽车，花了十几万。

（3）我有一件事情，我要跟老师商量商量。

（4）下课以后，同学们陆续走出教室。

（5）我在商店里买了些东西。

（6）妹妹一直紧紧地拉住我的手。

● **练习三　根据句子内容填空，构成连谓句**

（1）大家听了他的事迹＿＿＿＿＿＿＿＿＿。

（2）我们＿＿＿＿＿＿桂林＿＿＿＿＿＿漓江的风光。

（3）客厅里有位客人＿＿＿＿＿＿＿＿。

（4）球迷们一大早就来到售票口＿＿＿＿＿＿＿。

（5）大家听到明明失踪的消息都＿＿＿＿＿＿＿。

（6）你有权利＿＿＿＿＿＿＿＿。

二、兼语句

兼语句是由一个动宾结构和一个主谓结构套在一起构成的，前一个动宾结构的宾语兼做后一个主谓结构的主语。

⑩ 这个报告就让小孙起草吧。

⑪ 他的话使我十分生气。

基本结构：

主语 ＋ 动词₁ ＋ 宾语 ＋ 动词₂

如例⑩ 中，动词₁"让"是说话人的动作，动词₂"起草"是小孙的动作，所以"小孙"是"让"的宾语，又是"起草"的主语。"小孙"既做第一个动词的宾语，又做第二个动词的主语，是兼语。

1．兼语句中谓语动词的特点

（1）具有使令意义。常用动词有：

　　　使　　让　　叫　　派　　请　　令　　逼　　催　　求　　劝

　　　命令　　强迫　　吩咐　　打发　　促使　　要求　　发动

⑫ 我们请小孙唱支歌，好吗？

⑬ 首长命令你们停止这次行动。

（2）具有称谓、认定意义。常用动词有：

　　　叫　　称　　认　　拜　　选　　推选

381

兼语后面常用"当""做""为"等构成的动词结构。

⑭同学们一致选我当代表。

⑮我认您做老师吧。

（3）常用"有""是"做兼语的第一个动词。

⑯他有个中国朋友叫田辉。

⑰是他救了我的命。

2．兼语句的语法特点

（1）兼语句的第一个动词后一般不能带"了""着""过"。少数情况下可以，但必须有条件，如有说明原因、结果的上下文或有表示新情况出现的"了"等。

⑱厂长让工人们谈了各自的想法。

＊厂长让了工人们谈各自的想法。

⑲他知道我一个人很难按时完成实验，就派了一位同事协助我。

（2）能愿动词一般放在兼语句的第一个动词前。

⑳这件事会叫他感到十分为难。

＊这件事叫他会感到十分为难。

㉑胜利能使人走向成功，也能使人走向失败。

＊胜利使人能走向成功，也使人能走向失败。

3．"叫""让"各义项意义辨析

（1）叫：a. 招呼　　　　外边有人叫你。

　　　　b. 称谓　　　　我叫王力。

　　　　c. 使令　　　　叫他快来。

　　　　d. 被　　　　　窗户叫风刮开了。

（2）让：a. 退让　　　　他还小，凡事让着他点儿。

　　　　b. 转让　　　　这张票让给你吧。

　　　　c. 使令　　　　让您久等了，真对不起。

　　　　d. 被　　　　　钱包让他捡去了。

练习四　判断下列句中的"叫""让"是哪一种意义

1. 叫　　a．招呼　　b．称谓　　c．使令　　d．被

（1）好像有人叫我。　　　　　　　　　　（　　）

（2）这次乒乓球赛，我们班叫谁去了？　　（　　）

（3）游泳团体金牌叫广东队夺去了。　　　（　　）

（4）这种东西叫什么？　　　　　　　　　（　　）

（5）小王叫雨给淋病了。　　　　　　　　（　　）

（6）我们一定要叫这个穷山村彻底变个样。（　　）

2. 让　　a．退让　　b．转让　　c．使令　　d．被

（7）让他好好休息休息，他已经两天没睡觉了。（　　）

（8）这本书你已经有了，就让给我吧。　　　（　　）

（9）明明弄坏的那台相机让小陈修好了。　　（　　）

（10）让爸爸给我们讲个故事吧。　　　　　　（　　）

（11）应该把方便让给别人。　　　　　　　　（　　）

（12）他太懒散了，让公司开除了。　　　　　（　　）

练习五　根据句子内容，选择合适的词语填空，构成兼语句

（1）他请我＿＿＿＿＿＿＿＿。

（2）妈妈不＿＿＿＿＿＿＿＿那么晚＿＿＿＿＿＿＿＿。

（3）我们组派他＿＿＿＿＿＿＿＿。

（4）你怎么总让＿＿＿＿＿＿＿＿？

（5）不要＿＿＿＿＿＿＿＿接受自己的意见。

383

练习六　用下列词语造出完整的兼语句

（1）使　　不安

（2）叫　　等一等

（3）托　　寄信

（4）组织　　农村　　考察

（5）让　　代表　　致贺词

（6）催　　交房租

（7）推选　　队长

（8）逼　　说　　实情

三、存现句

存现句是表示什么地方存在、出现、消失了什么人或什么事物的句子。

㉒桌子上有几个苹果。

㉓前边开来一辆汽车。

存现句有别于普通句的最大特点是：句子的主语由表处所或时间的词语充当。基本结构：

处所词/时间词　＋　存现动词（＋定语）＋宾语

1．存现句的主要类型

存现句主要分为两大类型：存在句（有什么）；隐现句（出现、消失什么）。

（1）存在句——存在什么、有什么

有两种情况：

1）句中动词不表动作性，只表存在的状态。

● 由"有""是"构成。

⑳ 离海边不远有一个小村庄。

㉕ 河边是一片白色的沙滩。

● 由"动词＋'着'"构成。

㉖ 大厅的沙发上坐着几位客人。

㉗ 石碑上刻着几个大字。

2）句中动词表示正在持续的动作状态。

㉘ 空中飞着一架飞机。

㉙ 路上走着几个孩子。

（2）隐现句——出现、消失什么，增加、减少什么。

㉚ 路口走来一个人。

㉛ 屋里少了两张桌子。

2．存现句的主要语法特点

（1）关于存现句处所主语的表示方式

汉语中有些名词本身就有表处所意义，这样的词在适合表达需要时，可以直接做存现句的主语。例如"附近、周围、远处、后边、门口、学校、商店、火车站、餐厅、宿舍"等等。

㉜ 远处有一座山。

但是，普通事物名词本身没有处所意义，要表示处所，就需要与方位词、处所代词等结成处所短语。例如"黑板前""身上""桌子旁""他那儿"等。

㉝桥上站着一个人。（＊桥站着一个人。）

如果表示的是一个具体的位置，即使是处所名词，也应该加方位词或处所代词构成方位短语。

㉞餐厅里有很多人。

（2）存现句的处所是被陈述的部分，所以无需用"在""从"等介词引进。

㉟橱窗里摆着各种各样的商品。

（＊在橱窗里摆着各种各样的商品。）

㊱老李家昨天死了一个人。（＊在老李家昨天死了一个人。）

㊲前边来了一个人。（＊从前边来了一个人。）

（3）表示存在的状态、方式时，谓语动词具有持续意义，动词后大多需加"着"；表示出现、消失意义时，谓语大多是表示物体移动和隐现类的动词，动词后常加"了"。

㊳眼里闪动着激动的泪花。

㊴石碑上刻着几个醒目的大字。

㊵1919年，中国发生了"五四"运动。

㊶海面上升起了一轮红日。

（4）存现句的宾语大多是具体而不确指的事物，是句子传递信息的主要部分，所以宾语前大多有数量定语或描写性定语。

练习七　将下列句子变换成存现句

（1）白云在蓝蓝的天空上飘着。

（2）远远地一个人走了过来。

（3）刚才有个人走了，现在又有一个人来了。

（4）各种各样的文件、书摆了一桌子。

（5）人民英雄纪念碑矗立在天安门广场上。

练习八　完成下列存现句

（1）村口＿＿＿＿＿＿＿＿＿人。

（2）＿＿＿＿＿＿＿飞来＿＿＿＿＿＿。

（3）车厢里＿＿＿＿＿＿＿＿乘客。

（4）花坛里盛开＿＿＿＿＿＿＿。

（5）院子里种＿＿＿＿＿＿＿＿葡萄。

（6）＿＿＿＿＿＿增加＿＿＿＿＿刊物。

练习九　改病句

（1）她有两个孩子中学。

（2）我下决心中国的留学。

（3）他走去了学校。

（4）我们选了他班长。

（5）听到敲门声，我快走开门。

（6）他去去图书馆看书。

（7）今天天气不好，你要不出去。

（8）你教育他应该学会生活。

（9）这项工作使他能受到锻炼。

（10）过节的时候，他常常邀请他家吃饭。

（11）我短时间内就让她能说简单的汉语。

（12）在桌子放一个生日大蛋糕。

（13）屋子里住老太太。

（14）在上个月发生了一起坠机事件。

（15）会议室坐一些外国朋友。

（16）在食堂有各种各样的炒菜，很好吃。

（17）那天天津站还出麻烦事。

（18）在草坪有很多孩子在做游戏。

第三十三课 "把"字句
"被"字句
"连"字句

一、"把"字句

1. "把"字句在形式上是指这样一种句式：用介词"把"或"将"把动词支配或涉及的对象提到动词前做状语。基本结构：

<u>主语</u>　（＋"把"＋宾语）　＋　<u>谓语动词</u>　＋　<u>其他</u>

↓　　　　　　↓　　　　　　↓　　　　　　↓

多为动作者　　　多为受动者　　　多为及物动词　　多为补语

①屋里太热了，把窗户打开吧。（打开—窗户）

②玛丽把房间布置得漂亮极了。（布置—房间）

2. "把"字句主要表示：通过动作或影响，使涉及的某人或某事物产生某种结果、发生某种改变或呈现某种状态。

③把饭煮好了。（通过"煮"，使饭变熟）

④把花瓶摆到桌子上。（通过"摆"，使花瓶位置改变——到桌子上）

⑤接到通知，把儿子高兴坏了。（因为高兴，使儿子变为程度很深的状态）

如果不是动作涉及、影响或致使的直接对象，不要用"把"字句。例如：

＊我把饭吃饱了。　＊我把酒喝醉了。　＊我把路走迷了。

"饱/醉/迷"应是"我"的状态，而不是"饭/酒/路"的状态。把"饭/酒/路"作为"把"的宾语，等于是说通过动作使"饭/酒/路"具有了"饱/醉/迷"的状态，所以这时用"把"字句是错的。

比较　"他们把我灌醉了。"这里的"醉"是"我"的状态，所以正确。

"把"字句的作用在于：突出由动作带来改变的结果或状态。

把蚊子打死了。（主要是说：通过打而死，即打的结果怎么样）

打死了一只蚊子。（主要是说：打死了什么——一只蚊子）

3．使用"把"字句必须特别注意以下几个方面：

（1）"把"字句表示通过动作或影响，使某人、某事物产生某种结果或状态，所以"把"字句的谓语不能是孤零零的单个动词，一定要连接其他成分，以表现其改变。这类成分主要有各类补语、动词重叠式、动态助词"了"、宾语等。即：

（"把"＋宾语）＋谓语动词＋ 其他（补语／动词重叠式／"了"／宾语）

⑥＊把这些词记。

把这些词记住。（结果补语）

⑦＊你把教室打扫。

你把教室打扫打扫。（动词重叠式）

⑧＊把这件事告诉吧。

把这件事告诉他吧。（宾语）

一般动词只接"了"时，表示的结果、状态仍不清楚，所以"把"后不能只接这种结构。例如：

⑨＊她把教室打扫了。（她把教室打扫干净了。）

如果动作能表示使事物离开或消失的意义，接"了"后，离开或消失的结果或状态就会实现，结构上才允许只接"了"。这类动词不多，主要有"脱、拆、倒、扔、丢、寄、发、卖、吃、喝"等。例如：

⑩他把毛衣脱了。（＊他把毛衣穿了。）

⑪把这杯奶喝了吧。（＊把这杯奶喝吧。）

● **练习一　补出动词后必要的内容**

把车开＿＿＿＿＿＿＿＿　　　　　把错句都改＿＿＿＿＿＿＿＿

把湿衣服晾_____   把大桥架_____

把书买_____   把他们俩分_____

把钱数了_____   把刘师傅气_____

把衣服弄_____   把杂志还_____

把孩子吓_____   把工作安排_____

（2）"把"的宾语一般是确指、通指或有所指的，即听者知道具体所指或该类别所指，表现在形式上，名词前一般不接受不确指的数量限定。例如：

⑫把词典递给我。（说者明确指示了词典，听者知道所指）

　*把一本词典递给我。（听者不知道指的什么词典）

⑬他今天把衣服买回来了。（"衣服"是听、说双方之前谈论过的）

　*他今天把一件衣服买回来了。（听者不知道指的什么衣服）

⑭我看到他把一位老奶奶送上了车。（听话人虽不知"老奶奶"具体所指，但却知道是说话人"我"看到的那位，所以也就是有所指的）

有时"把"宾语多为实际的主语，多表人，此类句子多表示由某原因或影响使确定的"把"字宾语呈现出某种状态。谓语动词一般是心理动词或形容词。谓语动词后的其他成分往往是状态补语或程度补语。

⑮你生病的那些日子，可把你妈妈担心坏了。

　　　　　　　　　　　　　　（你妈妈——→担心）

⑯第一次到公路上驾车，把我紧张得手心直冒冷汗。

　　　　　　　　　　　　　　（我——→紧张）

练习二　根据所给部分，用"把"字句补出句子后边的内容

（1）屋子太乱了，你们_____。

（2）我太累了，碗还没洗呢，_____。

（3）他太不像话了，老师把他狠狠地_____。

（4）列车员开始查票了，请各位旅客＿＿＿＿＿＿＿＿＿＿。

（5）连续两天没睡觉，把他＿＿＿＿＿＿＿＿＿＿。

（6）试验成功了，把大家＿＿＿＿＿＿＿＿＿＿。

（7）这次走夜路＿＿＿＿＿＿＿＿＿＿，以后再也不敢走夜路了。

（8）找不到工作，＿＿＿＿＿＿＿＿＿＿。

（3）"把"字句的谓语动词应该是能够连带宾语、补语的表示具体动作的动词，不能使某人、某事物产生某种结果或状态的动词不能用于"把"字句。

不能用于"把"字句的动词主要有以下几类：

● 感觉、认知，如：

　　　感到　感觉　觉得　以为　认为　看见　听见　知道　懂

● 心理、意愿，如：

　　　讨厌　生气　关心　怕　相信　愿意　希望　要求　同意

● 存在、等同等，如：有　在　是　姓　像　不如　等于　属于

● 动作趋向，如：来　去　上　下　进　出　起来　过去　离开

例如：

⑰＊我把舒服感到了。

⑱＊大家把这个计划同意了。

⑲＊我把西安去了一次。

练习三　下列句子哪些可以变换成"把"字句？可以的请变换成"把"字句

（1）他抬起头来，眼里充满了自信。

（2）我走完这一圈就整整十圈了。

（3）他坐在沙发上抽烟。

（4）走的时候，我看见小王关上了窗户。

（5）这篇作文是他帮我修改的，改得好极了。

（6）老师话音刚落，我就高高地举起了手。

（7）我住在北京，弟弟去了美国，姐姐在日本定居了。

（8）这件事他从来没有放在心上。

（9）我看见小明摔碎了杯子。

（10）大家选他为班长。

（4）动词后带"到/在/给/成"等介引介词短语补语时，一般需用"把"字句表达。例如：

⑳ 把报名表送<u>到</u>办公室去吧。

＊送到办公室 报名表吧。

㉑ 帮我把这个句子翻译<u>成</u>汉语好吗？

＊帮我翻译成汉语 这个句子好吗？

㉒ 我把自行车放<u>在</u>车棚里了。

＊我放自行车在车棚里了。

（5）否定词、能愿动词或表示时间的副词通常要放在"把"的前边。即：

否定词/能愿动词（+时间副词）＋（"把"＋宾语）＋谓语动词＋其他

㉓ 我没马上把这件事告诉他。

＊我把这件事没马上告诉他。

393

㉔能把那个杯子递给我吗？

*把那个杯子能递给我吗？

练习四　根据句子内容，用"把"字句表述下列句子

（1）屋里太冷了，大张叫小李打开空调。

（2）路上车太多了，堵在路上不能开了。

（3）晚霞很红，整个西边的天空都红了。

（4）妈妈生病躺在床上，叫儿子拿药给她。（药在桌子上）

（5）下雨了，快打上伞，不要淋湿了衣服。

（6）这台电脑我正用呢，告诉他们不要搬走。

（7）他没有锁门就走了。

（8）旁边屋子大，这张桌子放那儿吧。

（9）照相机里照片满了，我移动到了电脑里。

（10）自己的痛苦不要传给别人。

（11）我太忙了，你送我妹妹去机场吧。

（12）这是Word文件，我要PDF文件，请改一下。

练习五 请用"把"字句描述下面几幅图（至少说六个句子）

1

2

3

4

5

二、"被"字句

　　"被"字句是一种以介词"被"为标志的典型被动句。它是依靠表示被动的介词"被""叫""让"引进动作者，并使它处于动词前做状语，使动作涉及的对象位于句首的一种句式。基本结构：

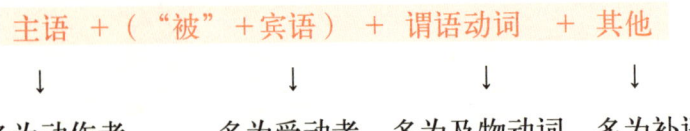

主语 ＋（"被"＋宾语）＋ 谓语动词 ＋ 其他
　↓　　　　　　　↓　　　　　　↓　　　　↓
多为动作者　　　多为受动者　多为及物动词　多为补语

　　㉕ 敌人被我们打败了。（我们——打败敌人）
　　㉖ 他被公司开除了。（公司——开除他）
　　运用"被"字句需注意以下几点：
　　1."被"字句的主语是受动者，是说话的出发点，是话题，由介词"被""叫""让"引进动作者，置于动词前做状语，全句构成被动句。"把"字句则不同，"把"字句的主语、话题是动作者，由"把"引进受动者，置于动词前做状语，全句构成主动句。即：

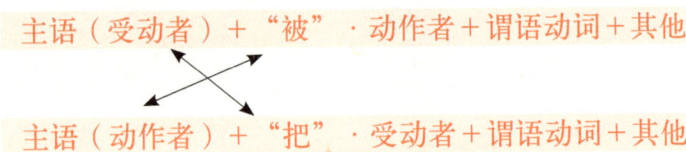

主语（受动者）＋"被"·动作者＋谓语动词＋其他

主语（动作者）＋"把"·受动者＋谓语动词＋其他

　　所以"被"字句的主语——受动者通常是确指的，其前大多不用数量词语修饰。"把"字句中，"把"字引进的受动者通常也是确指的，其前大多也不用数量词语修饰。有少量出现有数量词语修饰的情况，是因为引进的不是确指的，但却是说话人有所指的。
　　㉗ 那封信被李明取走了。
　　＊一封信被李明取走了。

　　　李明把那封信取走了。
　　＊李明把一封信取走了。
　　㉘ 电脑被李工程师修好了。
　　＊一台电脑被李工程师修好了。

李工程师把电脑修好了。

＊李工程师把一台电脑修好了。

练习六　把下列句子变换成"被"字句

（1）小强骑走了我的自行车。

（2）别人蒙上了他的眼睛。

（3）医生把她的病治好了。

（4）领导拒绝了他的要求。

（5）雷声把他从梦中惊醒。

（6）雨水把石级小路洗刷得分外明净。

（7）我从图书馆里借出来一本书。

（8）他把地图挂在墙上。

2．"被"字句和"把"字句一样，谓语动词都是具有处置意义的动词。能进入"被"字句的动词比"把"字句动词范围稍大一些，"看见""听见"等感觉类动词、"知道""认为"等认知类动词等可以进入"被"字句。例如：

㉙他们俩的话被老王听见了。　＊老王把他们俩的话听见了。

㉚那件事让他知道了。　＊他把那件事知道了。

但是，表示自身人体部位动作时一般不用"被"字句，如"举（手）、抬（头）、踢（腿）、睁（眼）"等，却可以用"把"字句。

㉛＊头被他抬了起来。　　　　他把头 抬了起来。

㉜＊手被我高高地举了起来。　我把手高高地举了起来。

练习七　本课练习三的句子哪些可以变换成"被"字句？可以的请变换成"被"字句

3．"被"字句谓语跟"把"字句谓语一样，通常不能是单个孤立的动词，动词后要有其他成分。但个别在有情态状语和书面语色彩较重的条件下，也可单用动词，这一点比"把"字句要宽一些。例如：

㉝ 他被敌人捆了起来。

　＊他被敌人捆。

㉞ 今天忘带伞了，我被雨淋湿了。

　＊今天忘带雨伞了，我被雨淋。

㉟ 突然被盗，他心里总感到有些蹊跷。

㊱ 被别人如此大声地训斥，这在他的记忆中还是第一次。

　＊别人把他如此大声地训斥，……

4．"被"字句多数用于不如意、不愉快的事情。（见上述例句）

5．同"把"字句一样，表示否定时，否定词应在"被"字前。

㊲ 困难没把他们吓倒。

　＊困难把他们吓不倒。

　＊困难把他们没吓倒。

㊳ 小树没被大风刮倒。

　＊小树被大风刮不倒。

　＊小树被大风没刮倒。

6. "被"与"叫""让"的差异

（1）"被"书面语色彩较浓，口语中常用"叫""让"。

（2）三者都多用于不如意的事情；"叫""让"还可用于中性的事情。

　　　　㉟电子文件叫小王整理好了。

（3）在句子结构上，"被"引进的动作者当说话人不想说和不能说出时，可以不出现，用"叫""让"时动作者则必须出现。

　　　　㊵他被老师批评了一顿。

　　　　他被批评了一顿。

　　　*他叫/让批评了一顿。

练习八　用"被"字句完成以下句子

（1）汽车＿＿＿＿＿＿＿＿＿，他很恼火。

（2）夜晚路很黑，她一个人走，＿＿＿＿＿＿＿＿。

（3）钱包＿＿＿＿＿＿＿＿＿，没有钱坐车回家了。

（4）刚穿的新衣服＿＿＿＿＿＿＿＿，她好心疼啊。

（5）工作没做好，＿＿＿＿＿＿＿＿。

（6）地上很湿，他不小心＿＿＿＿＿＿＿＿。

练习九　请用"被"字句描述本课练习五中几幅图的内容。
　　　　　　（至少说五个句子）

三、"连"字句

"连"字句是由介词"连"跟副词"都／也"前后呼应构成的一种句式。

基本结构：

　　　　　"连"……＋　"都／也"　＋　动词＋……

"连"字句在意义上的最大特点是隐含比较。

㊶ 连小孩子都懂得这个道理。（小孩子懂，大人更应该懂）

㊷ 连动物都知道关爱孩子，何况人呢？

（动物知道，人更应该知道）

1. 介词"连"介引的比较对象

用介词"连"介引的比较对象凸显的是一个极端事物或现象，即最不可能或最有可能具有某种特性的事物或现象。使用"连"字句的目的就是以此跟常情形成暗比，说明一个常理或表明一个观点等。

㊸ 他上大学时，连宿舍都要他妈妈来帮助收拾。

大学生自己住的宿舍当然要自己收拾，这是常情。那么大的人宿舍还要妈妈来收拾，是极端现象，是最不可能的事情。最不可能的事情发生在他身上，说明他不具有最起码的生活自理能力。

㊹ 怎么连梅梅也没来？

说话人认为，按常情，梅梅应是最有可能来的人。最有可能来的人没来，说明其他一些该来的人也没来。

不是极端的情况，不用"连"介引。例如：

㊺ ＊她学习努力，连作业都自己写。

㊻ ＊连所有的事我都处理完了。

2. 关于"都/也"的配合和选用

"连"字句通常要用副词"都/也"呼应一下，有突出极端情况的强调作用。

㊼ ＊她可真笨，连我的狗比她聪明。

（她可真笨，连我的狗都比她聪明。）

"都/也"在意义上稍有侧重："都"倾向于指向范围中的每一个；"也"倾向于指向相同点。

在使用上，"都"多用于肯定句；"也"多用于否定句。例如：

㊽ 连李老师都唱歌了。

说话人认为，李老师是最不可能唱歌的人，他唱了，就说明其他一些老师都唱了。

㊾ 连王老师也没唱。

说话人认为，王老师是最可能唱歌的人，可他竟跟别的老师一样没唱，说明没人唱。

练习十　下面几个"连"字句有没有问题？

（1）连蚂蚁保全性命，何况人呢？（　　）

（2）这里的土地很宝贵，山上盖上了楼房。（　　）

（3）他离开家十多年了，连妈妈的样子快忘记了。（　　）

（4）我在中国读书时，没看过连中国的电视剧。（　　）

（5）北京的冬天很冷，连雪都下了。（　　）

3．"连"字句主要的结构类型

"连"要放到表示极端点的那个词语的前面。例如：

㊿ 我连买菜都不会，更不用说做菜了。

（买菜—做菜形成对比）

＊我连不会买菜，更不用说做菜了。

"连"所连接的词语类型主要有：

a．"连"＋名词/短语/小句＋"都/也"＋动词（＋……）

51 连农民都用上了互联网，何况我们大学生呢？（名词）

52 连他叫什么名字我也想不起来了。（小句）

"连"附在小句前时，小句由疑问代词或不定数词构成。

53 连多少钱一斤都不知道，怎么算？

b．"连"＋动词A＋"都/也"＋动词A（＋……）

(54) 有这样的事？我连听也没听说过。

c. “连”+数量短语（数词多为“一”）+“都／也”+否定词+动词（+……）

(55) 他太霸道了，连一句话也不让别人说。

“连”附在动词、数量词前时，谓语部分大多是否定形式，数词一般用“一”。

(56) 他连看也不看我一眼。

(57) 我连一分钟也等不下去了。

练习十一　带“·”的部分为强调部分。请用“连”字句表述下列句子

（1）他不知道“鲁迅”是谁。

（2）老师参加了晚会。

（3）我没去过杭州。

（4）他没考虑过这件事。

（5）他没写过一封信。

（6）他整个假期没在家里待过一天。

（7）她顾不上打招呼，就跑下楼去了。

（8）他跟同学很少说话。

练习十二　用"连"字句完成句子

（1）李明＿＿＿＿＿＿＿＿＿，更不用说汽车了。

（2）你＿＿＿＿＿＿＿＿＿，怎么能会呢？

（3）他连坐＿＿＿＿＿＿＿＿就走了。

（4）连他住＿＿＿＿＿＿＿＿我都不知道。

（5）整个假期王老师＿＿＿＿＿＿＿＿休息。

（6）不用说你不了解我，＿＿＿＿＿＿＿＿不了解我自己。

（7）我睡着了，连＿＿＿＿＿＿＿＿也不知道。

（8）从昨天到今天，他连＿＿＿＿＿＿＿＿没睡。

练习十三　根据句义，用"连"字句表达下列句子

（1）他身体特别好，这几年没得过感冒。

（2）小王是小李的好朋友，他不知道小李结婚了。

（3）他不像个学生，不知道几点上课。

（4）这支足球队太差了，五场比赛没进一个球。

（5）他总是欺负人，在家里还欺负弟弟。

（6）老张从来都是支持我的，可是昨天反对我，我很伤心。

（7）报到时，没有问名字就发给我登记表了。

（8）他学了两年汉语了，会写的汉字不到五十个。

（9）小刘从来不大笑，昨天看电影时，笑得肚子疼了。

练习十四　用"连"字句造句，要求符合下列各句的内容

（1）莎莎汉语特别好。

（2）爸爸的工作特别忙。

（3）小王特别懒。

（4）马克对这里太熟悉了。

（5）他来中国后只在天津生活，没去别的地方。

（6）他是中文系学生，却没有读过《红楼梦》。

第十二单元综合练习

一、用本单元学习的句式完成句子。

（1）_____挂了_____山水画。

（2）妈妈紧紧地抱着我不肯_____。

（3）她_____，好像刚哭过。

（4）我想请教_____。

（5）寒假的时候，你_____组织_____吗？

（6）想了半天，_____没有写出来。

（7）她不会养鱼，_____。

（8）所有的人都对他失望了，_____对他失望了。

（9）这两个问题终于_____。

（10）美丽的油画_____吸引_____。

二、按要求变换表达方式。

（1）他有问题想问林老师。

　　（改成双宾语句）_____

（2）她为探望病人来到医院。

　　（改成连谓句）_____

（3）他的头脑很清楚，他的意志很顽强，一定能干成大事。

　　（改成主谓谓语句）_____

（4）我对他说："赶快去交学费吧。"

　　（改成兼语句）_____

（5）一群孩子围在他身边。

　　（改成存现句）_____

（6）她的菜做得很好吃。

　　（改成能愿动词句）_____

（7）她晾衣服，衣服晾在绳子上。

（改成"把"字句）_____

（8）困难没有吓倒他们。

（改成"被"字句）_____

（9）我兜里找不到一分钱了。

（改成"连"字句）_____

三、改病句。

（1）他停汽车在楼下。

（2）我写信告诉我的朋友自己一路上的感受。

（3）他们不但把一支歌唱了，还把舞也跳了。

（4）我很快就把这里的生活习惯了。

（5）通过在中国这几个月的生活，我已经把这一点感觉到了。

（6）在他头出了好多汗。

（7）他还这些书给老师。

（8）我们把这个问题研究吧。

（9）售票小姐还没来，他把票取不了。

（10）我感动了长城的雄伟。

（11）风刮了风筝，坏了。

（12）这种地毯被卖得很快。

（13）都大学生了，连信不会写。

（14）他出卖了亲兄弟，普通朋友又算什么？

（15）她时间抓得很紧，连休息一天不休息。

（16）困难终于让克服了。

（17）我来中国每天连水果也吃了。

（18）他把帽子戴着在头上。

（19）他陪我把他们学校参观一下。

（20）那个地方他去过游览，觉得很好。

四、用下列词语按要求造句。

（1）走　去　书店

　　（连谓句）_____

（2）送　礼物

　　（双宾语句）_____

（3）使　不放心

　　（兼语句）_____

（4）集邮册　夹　邮票

　　（存现句）_____

（5）重症病房　不　进

　　（能愿动词句）_____

（6）夜空　星星　月亮

　　（主谓谓语句）_____

（7）这件事　气　小王

　　（"把"字句）_____

（8）工作不好　开除

　　（"被"字句）_____

（9）忙得　忘记　吃饭

　　（"连"字句）_____

第十三单元
复句及其关联词语

复句	复句由两个或两个以上意义上密切相关、结构上互不包含的分句组成。 分句之间的语法关系、逻辑关系大多由连词或起关联作用的副词表示。 复句可分为两大类型：联合复句、偏正复句。

第三十四课 复句的特点 联合复句

一、复句的特点

1. 单句与复句

● 单句 单句只有一个句子，是结构相对独立的、表达完整意义的、有一定语气语调的最小的语言使用单位。

汉语单句的基本结构模式是：

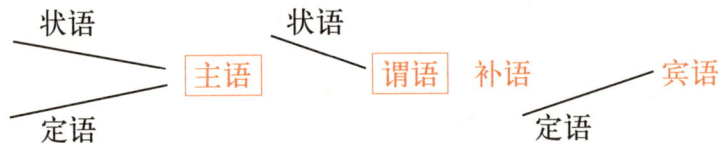

即构成单句的基本成分是：主语、谓语；宾语、补语；定语、状语。例如：

[昨天]（一向不起眼儿的）张伟 ‖ [倒] 做 <成>了（一件）（大）事。
　状　　　定　　　　主　　状谓补　　　　定　宾

● 复句 复句是由两个或两个以上意义上密切相关、结构上互不包含的分句组成的句子。

复句中的分句指的是结构相对独立的单句形式。复句由两个或两个以上的分句构成，所以分句间通常有"，""；"等语气停顿。复句中通常会有关联词语标示分句之间或复句之间的意义、逻辑关系。复句只有在全句句末才有较大的语气停顿，跟单句一样，用"。""？""！"表示。

①我 看到 树上绽开的花朵、从枝头飞过的小鸟和蓝天上白色的云朵。

（单句）

②让山区的孩子都念上书，是我们应尽的责任。（单句）

③门开了，里面走出来一个人。（复句）

④说的是高兴的事，倒流起眼泪来了。（复句）

2．复句的类型

复句通常分为两大类型：联合复句、偏正复句。

练习一　判断下列句子是单句还是复句

（1）关于这个问题，我们会召开专门会议研究的。　（　　）

（2）他不但知道，还知道得很清楚。　（　　）

（3）他知道我和小林是坐船来的。　（　　）

（4）我让他通知小李别来了。　（　　）

（5）朋友来看过我，我也去看过朋友。　（　　）

（6）天气不好的话，我们就改期。　（　　）

二、联合复句

联合复句中各分句间的语法关系是平等的，没有主次之分，处于同一层次。

按分句间的逻辑语义关系，联合复句可分为并列、顺承、递进、选择、补释五种类型。

1．并列关系

并列关系的复句各分句分别叙述、说明相关的几件事或一件事的几个方面。例如：

⑤这里的交通很方便，人也很热情。

⑥我们要改掉坏习惯，发扬好传统。

⑦这件事不是我不帮你，而是我没有能力帮你。

● 常用关联词语

单用：　也　　又　　还　　同时

合用：　也……也……　　　又……又……　　　既……又……

　　　　一边……一边……　　一面……一面……　　一会儿……一会儿……

　　　　有时……有时……　　是……不是……　　　不是……而是……

● 几组关联词语对比与应用

（1）一边……一边……

表示在同一时间或时期里同步做两个动作或两件事情。

　　⑧ 她一边倒茶，一边招呼客人坐下。

　　⑨ 他一边走，一边想着自己的发言稿。

　　⑩ 留学期间，同学们常常一边学习，一边打工。

只连接表示具体动作行为的动词，不连接无具体动作行为的动词，不连接形容词。

　　⑪ *我跟他一边用汉语，一边用日语，聊了半天。

　　　　　　　　　　　　　　（不是动作，是动作方式）

　　⑫ *他们一边进行比赛，一边加强友谊。

　　　　　　　　　　　　　　（动词无具体动作行为）

　　⑬ *她们一边说着、唱着，一边很愉快。

　　　　　　　　　　　　　　（不连接表性状的形容词）

在同一时间内，具体动作不是同步做的，不能连接。

　　⑭ *他一边骑自行车，一边开汽车。

练习二　用"一边……一边……"和下列词语构成完整的句子

　（1）说　　笑

　（2）观察　　记录

（3） 讲解　　演示

（4） 不许　　开车　　打手机

（2）A．又……又……　　B．既……又……　　C．也……也……

这三组关联词语都可以表示同时存在两种情况或状态。

● A、B的结构类型、格式通常要求基本相同，前后使用性质、语义相同或相近的词语。 细小的区别在于：

A的前后两个分句意义不分轻重，顺序可以互换。例如：

⑮ 这姑娘又聪明，又能干。　　 这姑娘又能干，又聪明。

B的前后两个分句意义有轻重之分，通常A轻B重。例如：

⑯ 这里的饭菜既经济，又实惠。（更加看重"实惠"）

⑰ 他们既有措施，又有要求，所以任务完成得很好。

（更加看重"要求"）

● A、C意义上都可以不分轻重，顺序可以互换。但是，前后两分句主语相同时，一般用A来连接；不同时，一般用C来连接。

A连接的句子因为主语相同，所以前后两个分句用"又"连接的形容词、动词及其短语是不同的。如果主语不同，谓语形容词也不同，也应该用A连接。C连接的句子主语不同，前后两个分句用"也"连接的动词、形容词及其短语是相同的。用"也"连接的主要是动作。

⑱ 他又会写诗，又会写小说，本事大着呢！（主语相同）

⑲ 屋里又闷又热，叫人喘不过气来。（主语相同）

⑳ 儿子也睡了，妻子也睡了，只有他还在灯下工作。

（主语不同）

㉑ 屋里也热，外头也热，跳到河里也还是热，真不知道躲
　　到哪儿才好。（主语不同）

413

㉒＊校园里也干净，也整齐。（主语相同；谓语形容词不同）

㉓＊这儿又发洪水，那儿又发洪水，到处是灾害。

（主语不同）

● **练习三　根据句义，选择下列关联词语构句**

　　　　一边……一边……　　又……又……　　也……也……

（1）兴高采烈的人们跳舞的时候还唱着歌，热闹极了。

（2）兴高采烈的人们不光跳了舞，还唱了歌，热闹极了。

（3）姑娘们、小伙子们、老人们都跳起了舞，热闹极了。

● **练习四　根据句义，选择关联词语填空**

　　　　A. 一边……一边……　　B. 既……又……

　　　　C. 又……又……　　　　D. 也……也……

（1）这个计划他们组_____不同意，我们组_____不同意，不能实施。

（2）这双鞋_____便宜，_____轻便，尤其是"轻便"，很适合老年人。

（3）山_____高，路_____滑，困难真不少。

（4）第一次参加这样的活动，孩子们_____紧张，_____兴奋。

（5）他_____修着自行车，_____哼着小曲。

（6）这种做法_____不利于人才流动，_____不利于调动学生的
学习积极性。

（7）我们大家围坐在火堆旁，_____烤肉吃，_____聊天儿。

（8）今天我们每个人做了一个菜，大家你_____做，我_____做，
热闹极了。

（3）关于"和"与并列连接

"和"在一般情况下只连接名词性词语。

> 书和本　　工人和农民　　思想和感情
>
> 教育领域和服务行业

"和"在一般情况下不连接并列做谓语的形容词或动词，不连接句子。

> ＊东西少和贵　＊她聪明和美丽　＊他们看和写　＊我走和跳
>
> ＊孩子们紧张和兴奋。　　＊大家吃烤肉和聊天儿。

如果连接的是并列关系的形容词，一般用"而"。

> 东西少而贵。　　　她是一位聪明而美丽的姑娘。

练习五　判断句子正误，错误的请改正

（1）他在运动场上跳和跑。　　　　　　　（　　　）

（2）她是一位温柔和贤惠的好妻子。　　　（　　　）

（3）风筝在空中飞和舞，很美。　　　　　（　　　）

（4）他终于实现了自己的理想和抱负。　　（　　　）

（5）他一直在那儿吃和喝。　　　　　　　（　　　）

（6）孩子们一边划船，和一边做游戏。　　（　　　）

（7）这部电影很有意义，和情节也很吸引人。（　　　）

（8）大家你也想说，和他也想说，踊跃极了。（　　　）

2．顺承关系

顺承关系的复句各分句按顺序、逻辑等先后说出连续的动作或情况。

常用关联词语：

> 单用：就　　才　　又　　于是
>
> 合用：一……就……　（开始）……接着……
>
> 　　　（首先/先）……然后……

㉔听了那些话，他一句话也没说，就转身跑了出去。

㉕我们先学习一会儿，然后上街买东西去。

比较　以后　　后来　　然后

"以后"是方位词，属于名词，表示时间。"以"有划界作用，单用"以后"是以现在为界限，跟"以前"相对，否则就应该跟划界词语结合表时间。

㉖那些事都过去了，以后别再提了。

三点以后　　元旦以后　　化冻以后　　毕业以后

"后来"是时间名词，跟"起初""起先"相对，只能单用，表示从早先的某时间起发展到说话前某时间的时间意义。

㉗起初他们以为人人都得查，后来才知道是有重点的。

"后来"没有上述"以后"的那些用法，只能用于过去时间。

＊那些事都过去了，后来别再提了。

＊三点后来　　＊元旦后来　　＊化冻后来　　＊毕业后来

"然后"是连词，连接依次发生的动作或情况，常常跟"先""首先"等前后配合。

㉘大家先谈谈情况，然后我们再具体分析分析。
　　　　①　　　　　　　　　　　②

练习六　根据句义，选择词语填空

A. 以后　　B. 后来　　C. 然后

（1）晚饭_____，我们常去校园里散步，_____回到房间里学习。

（2）今天没有时间了，这项计划_____再研究。

（3）开始他还给我来过几封信，_____就一点儿音信也没有了。

（4）练习写作先要认真思考，再列出提纲，_____动笔写。

（5）我们起初只是互相走走，_____干脆搬到一起住了。

（6）＿＿＿＿你再也不能这样任性了。

（7）老师先是仔细地讲解，＿＿＿＿又手把手地教，耐心极了。

（8）她们这几个人先后结了婚，＿＿＿＿像商量好了似的，又先后离了婚。

3．选择关系

选择关系的复句每个分句分别说出一种情况，要人从中选择或舍弃。通常有两种情况：

一是选取未定，即选择舍弃哪一项都行。常用关联词语有：

　　或者　　或者……或者……　　要么……要么……

　　是……还是……　　　　　　　不是……就是……

例如：

　　㉙你跟他联系一下，或者打个电话，或者发个邮件。

　　㉚他不是在会议室开会，就是在车间里工作。

二是选取已定，即说话人已经有了取舍意向。常用关联词语有：

　　　与其……不如……　　　　　宁可……也／决不……

例如：

　　㉛与其这样闲着浪费时间，不如找点儿事做。

● 三组关联词语的对比与应用

（1）（或者）……或者……　　　（是）……还是……

这两个复句都有任意选择的意思，"或者"句主要叙述、说明两项以上可供选择的情况、条件，用于叙述句。"还是"句则主要用于表疑问或疑惑的句子，让对方在两个或两个以上的选项中任选一项。多数情况下用于疑问句，如果用在陈述句中，句中应有表疑问或表疑惑的成分。

　　㉜或者你去，或者我去，不能再拖了。

　　㉝你是想说呢，还是不想说呢？

　　㉞我真搞不懂他是真不懂还是装不懂。

练习七　根据句义，选择"或者……或者……"或"是……还是……"填空

（1）你_____喝咖啡，_____喝果汁？

（2）这项工作_____你做，_____我做，总得有一个人做。

（3）我也不知道_____先去西安好，_____先去上海好。

（4）_____先参观，_____先座谈？

（5）这次会议_____你去参加，_____他去参加，去一个人就行。

练习八　根据句义，选择"或者"句或"还是"句构句

（1）我也不清楚他是不是姓王，也许姓李。

（2）你自己做也行，请别人帮你做也行，反正今天必须做完。

（3）跟他和解交朋友，跟他对立到底，我选哪一个？

（4）大学毕业以后，我要在参加工作、继续读书中选择一个。

（5）今天下午有两场比赛，篮球比赛和足球比赛，你看哪一场？

（6）晚上小林、小王过生日，我们给他们搞个生日晚会，可以在小林的房间，也可以在小王的房间。

（2）不是……就是……　　不是……而是……

"不是……就是……"属于非此即彼，二者必选其一的选择复句。即说话人提出两种情况，这两种情况到底是哪一种，并未确定，或者这一种，或者那一种，二者必居其一。

"不是……而是……"则不是，它不是提出两种未定的情况，而是确定地否定一种情况，再确定地肯定另一种情况，属于并列复句，不是选择复句。

练习九　根据句义，选择"不是……就是……"或"不是……而是……"填空

（1）捐这笔钱的人_____张师傅，_____赵师傅，他们俩平时都很照顾我们。

（2）开会的地点_____在会议厅，_____在小礼堂，你去看一下吧。

（3）做这件事的人_____我，_____要陷害我的那些人。

（4）他_____你的朋友，_____你的对手，不会有第三种情况。

（5）他们去考察的地方_____风景秀丽的景区，_____贫穷落后的山区，以前很少有大学毕业生去过。

（3）与其……不如……　　　宁可……也/（决）不……

这两个复句都是说话人假定出两种选择项，以其中的一项为衬垫，来确定选择另一项。有所不同的是："与其"句是先舍后取——选择后项；"宁可"句是先取后舍——选择前项。"宁可"句所做的选项同样是对说话人不利的，说话人以此来表明态度的明确和坚决。

（35）与其坐在这里闲聊，<u>不如</u>到外面走走。

（36）<u>宁可</u>站着死，也不跪着生。

练习十　根据句义，选择"与其……不如……"或"宁可……也/（决）不……"填空

（1）我_____多干点儿，_____不能累着你。

（2）_____说他们在评论学生，_____说他们在评论学生的老师。

（3）我们_____不用人，_____一定不要用错人。

（4）我______少睡点儿觉，______把这篇文章写完。

（5）______这样毫无把握地开始，______往后拖一拖，稳扎稳打。

（6）这样记录多麻烦呀！______这么麻烦地记，______弄台录音机来录。

4．递进关系

递进关系复句的后一分句在程度、数量、范围、时间等方面比前一分句在意义上推进了一层。

有两种方向的递进：一种是顺递；一种是反递。

（1）顺递

后一分句顺着前一分句的方向向前推进一层。常用关联词语：

不但……而且……　　不仅……还/也……　　甚至　　何况　　尚且

例如：　㊲ 他做的零件不但数量多，而且质量好。

㊳ 她不仅在学习上帮助我，还在生活上关心我。

㊴ 天冷得连大人都受不了，何况孩子呢？

（2）反递

后一分句不是顺着前一分句的方向向前推进，而是向相反方向推进。前一分句通常都是否定结构。常用关联词语：

不但/不仅不/没有……反而……　　反倒

例如：　㊵ 他迟到了，不但不检讨，反而理直气壮。

㊶ 下了一阵雨，天气不仅没有凉下来，反而更加闷热了。

练习十一　根据句义，选择合适的表递进关系的关联词语填空

（1）看到他这样，爸爸______生气，______笑了。

（2）他很聪明，______会作诗，______会谱曲。

（3）这算是朋友吗？我遇到困难他______帮助我，______看我笑话。

（4）连有工作的人生活起来都困难，_____他没有工作呢？

（5）老张_____讲原则，_____通情达理。

（6）这些活动_____会影响学习，_____还会促进学习。

（7）作家_____要深入生活，_____还要用艺术的手法表现生活。

5．补释关系

补释关系的复句后一分句对前一分句有所补充、总结或解释、说明。有两种类型：

（1）补充、总结

● 总分式：先总说，后分说。

　　㊷来的人很多，有的是我的朋友，有的是他的同事，也有的不知是通过什么关系过来的。

● 分总式：先分说，后总说。

　　㊸一个读了北大，一个去了美国哈佛，两个孩子都那么争气。

（2）解释、说明

　　㊹他把两只手举过了头顶，意思是投降了、服了。

　　㊺让孩子拾回童年，这也许是最好的教育改革。

　　㊻咱们立一条规矩：争吵归争吵，不许冷战。

● **练习十二**　根据所给词语，造出完整的补释关系复句

（1）新来大学生　　学经济　　学管理　　学法律

（2）刚才有人打电话　　是她男朋友

（3）李白　　杜甫　　白居易　　最喜欢的唐代诗人

（4）他有一个习惯　　紧张时搓手

练习十三　用适当的关联词语，将下列句子改写成联合关系的复句

（1）她穿衣服，习惯地照照镜子。

（2）你、我、他，去一个人就行。

（3）先读基础书吗？先读专业书吗？

（4）她把房子借给了我。她主动照顾我的生活。

（5）不懂的人多，我不懂，他不懂，许多人不懂。

（6）你们骑自行车去。你们走着去。

（7）她不低头。她不出声。她不流泪。

（8）武术队、网球队，你只能参加一个。

（9）她把笔纸准备好。她认真地写起来。

（10）你自己去吗？你跟同学一起去吗？

（11）我不休息。我一定要完成任务。

（12）今天天气很晴朗。今天天气很温暖。

（13）她总是吃饭的时候看电视。

（14）闷在心里难受，说出来痛快。

（15）这件事没把他打下去，他更加坚强了。

练习十四　改病句

（1）这次放假，我们打算去一处旅游，去八达岭长城，还是去颐和园。

（2）我不嫉妒，很高兴。

（3）谁说他没来？他来了，就来得很早。

（4）这个地方不但穷，但是文化方面也很落后。

（5）我一边生气，一边难过地离开了他家。

（6）星期六下午，我们常常去外边玩儿，还是去商店买东西。

（7）他问："打完电话我付钱或者对方付钱？"

（8）她不但不惊慌，坦然地笑了。

（9）当了妈妈然后我才懂得做妈妈的辛苦。

（10）第一次参加这样的活动，我一边紧张，一边兴奋。

（11）今天天气这么好，与其去公园玩儿，不如待在家里。

（12）第一次见面我就感到她是个好人，以后发生的事情证明我的感觉是对的。

（13）我宁可把这本书看完，也不吃饭。

（14）这里的服务也周到，也热情，深受顾客好评。

（15）我们把房间收拾好，以后去外面打球。

（16）这个钱包不是王立的，而是黎明的，这里只有他们俩来过，不会是别人的。

第三十五课 偏正复句
关联词语的隐现与位置
紧缩复句

一、偏正复句

偏正复句中分句之间的语法关系是不平等的，有主次之分。通常偏句在前，是从句；正句在后，是主句。按照逻辑语义关系，偏正复句可分为因果、条件、转折、让步、目的五种复句类型。

1. 因果关系

在因果关系的复句中，偏句提出原因，通常在前；正句说明结果，通常在后。

常用关联词语：

因为……所以……   由于……（因此……）

之所以……是因为……

例如：

① 因为要赶早上第一班汽车，所以天还没亮他就起来了。

② 由于大家的看法不同，因此很难形成一致的意见。

有时为了强调原因，会把原因分句放到后面，形成"之所以……是因为……"的形式。

③ 我之所以把这件事告诉你，是因为我相信你。

有时会根据一定事实或知识前提，推论或预测出某种结果。常用关联词语：

既然……就／那么……   可见

例如：

④ 既然她不喜欢，你就别买了。

⑤ 他在金钱面前并没有丧失原则，可见金钱也不一定是万能的。

"可见"句是属于根据结果推出原因的类型。

练习一　根据下列句子，造出完整的因果关系复句

（1）这里清静。　　她总来这里读书。

（2）老板批评他。　　他迟到了很长时间。

（3）他认真努力。　　他取得了好成绩。

（4）你跟老马是朋友。　　你应该去看他。

（5）她只知道给他做吃的。　　她从来不管他想什么。　　她不懂爱。

2．条件关系

在条件关系的复句中，偏句提出一种条件，正句说明由此而产生的结果。分三种情况：

（1）有条件句：明确提出特定条件，满足这个条件，就会产生相应结果。

有条件句又有两种类型：

A．表充足条件。关联词语：只要……就……

⑥ 只要有勇气、有信心，就一定能够克服困难。

B．表必要条件。关联词语：

只有……才……　　除非……才/否则……

⑦只有深入实际，才能真正了解情况。

⑧除非他表示不来，否则我一定请他。

"只有"句是从正面提出条件，"除非"句是从反面提出条件。

A、B两种条件句的条件与结果的关系是不同的。A句说话人认为，产生所说结果的条件是最充分、最足够的，但是并不排斥还可能有其他条件来满足这个结果。B句说话人认为，产生所说结果的条件是唯一的，不满足这个条件，就不会产生所说的结果。

（2）无条件句：表示在某个范围内的所有条件都会产生一个相同的结果。

典型关联词语：无论/不管……都/也……

基本结构：

$$\text{不管/无论}\begin{cases}\text{疑问代词，}\\\text{肯定＋否定，}\\\text{……"还是"……，}\end{cases}\text{"都/也"……}$$

例如：

$$\text{不管天气}\begin{cases}\text{怎么样，}\\\text{好不好，}\\\text{刮风还是下雨，}\end{cases}\text{我们都去。}$$

（3）假设条件句：偏句提出一个假设的情况，正句说明在这种情况下的结果。

常用关联词语：

如果……就……　　　要是……就……　　……的话，就……

假如……就/那么……　　倘若……

例如：

⑨如果生活上有什么困难，就跟我说一声。

⑩一个作家，假如他离开了真实的生活，那么他是不会写出感人的作品的。

427

练习二　根据句义，用合适的表条件关系的关联词语填空

（1）你放心，_____一有消息，我_____会立刻通知你。

（2）_____接到正式录用通知，才能确定你被录用了。

（3）_____肯于付出，_____能有所收获。

（4）_____领导亲自通知我，否则我不相信。

（5）_____她不答应你，你怎么办？

（6）_____她怎么决定，_____不会改变我的决定。

（7）_____你没有这本事，你_____不应该说这样的大话呀。

（8）_____这幅画是不是赝品，他_____决定买下来。

练习三　根据所给词语造出完整的条件关系复句

（1）天气不好　　我们改期

（2）有打工的地方　　他去

（3）工作怎么忙　　他抽时间来看我

（4）生病　　他从不缺席

（5）父母是否同意　　她要跟那个外国人结婚

3．转折关系

在转折关系的复句中，后一分句不是顺着前一分句的意思说下去，而是说出相对或相反的内容。

根据转折的程度，转折关系偏正复句分为三种类型：

（1）重转

常用关联词语：　虽然……但是……　　　　尽管……但是……

句中有"虽然""尽管"一类预示转折的连词。与"虽然""尽管"配合的关联词语还有"可是""却""然而"等。例如：

⑪她声音虽然不大，但是却很坚决。

⑫尽管多次失败，但是他却并没有灰心。

（2）轻转

常用关联词语有"但是""可是""却""而""然而"等。

句中没有"虽然""尽管"一类预示转折的连词。例如：

⑬她心里难过极了，但表面上还是装着笑脸应对客人。

（3）弱转

后一分句跟前一分句没有明显的语义对立，有轻微的转折意味，对前一分句往往起到补充修正的作用。常用关联词语有"只是""不过""只不过""倒"等。例如：

⑭我很想去看个电影，只是没有时间。

⑮他学习是很认真，不过还是要注意学习方法。

由于转折程度不同，表示重转的关联词语一般不能放到轻转句中。例如：

⑯*虽然对各种意见都要听，不过听了一定要作分析。

⑰*有时两人互相讽刺、互相攻击，但是这不是真的。

练习四　根据句义，造出完整的转折关系复句

（1）我在那儿住过，没住上几天。

（2）这人很面熟，我一时想不起来了。

（3）他走得不算太快，每一步都很坚实。

（4）文章不长，读起来意味深长。

（5）每天坚持写日记很有意义，很不容易。

（6）你说得很正确，不该用那种态度。

（7）他的发言简短，十分有感染力。

（8）我其实很想去看看，没有时间罢了。

（9）他的脾气一向很大，现在好多了。

（10）这菜看上去不怎么样，吃起来挺不错的。

4．让步关系

在让步关系的复句中，偏句提出一种假设事实，并退让一步承认这一事实，正句说明在让步条件下所产生的结果。正句在让步条件下产生的结果与偏句退让承认的事实是不一致的，有转折意味。

常用关联词语：即使……也……　　就是……也……　　哪怕……也……
固然……也……　　纵然……也……

例如：

⑱即使他的错是不可原谅的，你也不该发这么大的脾气。
⑲就是有天大的困难，我们也不能后退。

练习五　根据句义，造出完整的让步关系复句

（1）明天刮风下雨，我们准时出发。

（2）春天来了，这里到处冰天雪地。

（3）他发了些脾气，事出有因。

（4）前面有刀山火海，不能后退半步。

（5）他认为，在城里当小时工比在乡下务农强。

5．目的关系

在目的关系的复句中，偏句说明一种动作行为，正句说明这一动作行为的目的。

根据目的是想获得的（积极的），还是想避免的（消极的），目的关系偏正复句分为两类：

（1）积极目的：采取某种动作行为，即创造条件来实现某种目的。

常用关联词语：好　　以　　为了　　为的是　　以便　　用以　　借以

例如：

⑳ 你们把数据统计一下交给我，我好写报告。

㉑ 我就住在这儿，以便好好照顾她。

（2）消极目的：采取某种措施，来避免、阻止不希望发生的事情发生。

常用关联词语：免得　　省得　　以免　　以防

例如：

㉒ 到那儿就赶快打电话，以免/免得/省得我们担心。

（1）（2）两种目的句一个是希望发生，一个是不希望发生，需要特别注意区别。

㉓ ＊你们来之前，最好先打个招呼，以便认不出来对方是谁。

㉔ ＊我要作好充分准备，以免我很安心。

431

练习六　根据句义，造出完整的目的关系复句

（1）走小路，节省时间。

（2）经常联系，不要让家里人担心。

（3）把汽车检修一下，中途不要出现问题。

（4）有了消息赶快告诉我，我通知他。

（5）顺便帮我捎一份报纸，不然我再跑一趟。

练习七　用适当的可连接偏正复句的关联词语填空

（1）_____热爱工作的人，_____热爱生活。

（2）外面冰天雪地的，屋里_____温暖如春。

（3）_____明天不下雨，我们_____去公园划船。

（4）她_____嘴上没说欢迎，_____心里_____是欢迎的。

（5）_____有恒心，_____能取得好成绩。

（6）你把书分类整理好，_____我们分发。

（7）_____最近实在太忙了，_____直到今天才来看你。

（8）他_____对学习_____对工作，_____非常认真。

（9）_____让他来承担这项工程，工期和质量绝对不会有问题。

（10）多穿一点儿衣服，_____感冒。

（11）_____多花些钱请人来做，_____决不去麻烦他。

（12）_____这条道路并不平坦，我_____还是要走下去。

二、关联词语的隐现与位置

1. 关联词语的隐现

一般来讲，联合复句中并列关系、顺承关系等复句经常出现不用关联词语的情况，但如果后续句出现副词关联词语，则大多不能省略。其他复句的关联词语也可以不出现，但出现的概率较大。正句与偏句比，正句的关联词语大多要出现，偏句的关联词语有时可以省略。

㉕（就是）遇到天大的困难，我也不会停下来。

㉖他（不仅）是我们的好队长，也是我们的好朋友。

㉗（只要）你说得对，我们就改正。

㉘他（不但）会说英语，还会说德语和法语。

当然，偏句关联词语出现与否并不是完全自由的，要根据表达的需要。如果说话人强调偏句的条件、原因、情况，则偏句关联词语必须出现，否则可以不出现。假如偏句关联词语不出现会造成逻辑关系不清楚或表达有偏差，那么关联词语就必须出现。

㉙你同意，我马上就去。

假如／只要你同意，我马上就去。

㉚你不告诉我，我也会知道。

假如／即使你不告诉我，我也会知道。

2. 关联词语的位置

（1）第一个分句的连词，在两个分句主语相同时，多在主语后；主语不同时，多在主语前。

㉛他不但参加了会，还作了发言。

㉜不但他参加了会，我也参加了会。

㉝只要你说得对，我们就改正。

有时，连词位置不同会影响到逻辑关系，尤其是递进关系复句，这一点需要特别注意。

㉞ * 不但他参加了会，还作了发言。

㉟ * 他不但参加了会，我也参加了会。

（2）第二个分句的连词一定要放在主语前。

㊱ 因为说不好，所以我没敢说。

* 因为说不好，我所以没敢说。

㊲ 是叫他停下呢，还是我紧走几步赶上他呢？

（3）起关联作用的副词要位于主语后。

㊳ 如果你再不说，我就要生气了。

* 如果你再不说，就我要生气了。

练习八　将括号中的关联词语放到句中合适的位置上

（1）______天气______好，______我们______去。

（只要……就……）

（2）______外面______下雨，______他______没去跑步。

（因为……所以……）

（3）他儿子______成绩______过关了，______体检也过关了。

（不但……而且……）

（4）______你______这样讲，______不如______不讲。

（与其……还……）

（5）你什么时候______来______，我们______欢迎。

（不管……都……）

（6）______时间______很紧张，______我也______要把这份计划搞完。（尽管……都……）

三、紧缩复句

紧缩复句是一种用单句形式表达复句内容的句子。“紧”指的是结构紧凑，即取消了分句之间的语气停顿，看上去像单句；"缩"指的是减掉了一些关联词语。

㊴假如你不同意，那就算了。（假设条件一般复句）

你不同意就算了。（假设条件紧缩复句）

㊵他回来后洗了洗脸，然后就睡下了。（顺承关系一般复句）

他一回来就睡下了。（顺承关系紧缩复句）

紧缩复句的作用是，在表达需要时，能够简明、经济地进行表达。但紧缩复句更多的是一些约定俗成的凝固形式，不能任意创造。常用的形式有：

一……就……　　不……不……　　不……就……　　不……也……

再……也……　　越……越……　　非……不/才……

例如：

㊶不想说就不说。（如果不想说，（你）就不说。）

㊷困难再大也不怕。（即使困难再大，（我们）也不怕。）

有时紧缩复句只用单个关联词语连接。句中主语可以出现，也可以不出现。

㊸怎么说都不听。（不管你怎么说，他都不听。）

练习九　把下列紧缩复句扩展成一般复句

（1）你不说我也知道。

（2）睡多少也不够。

（3）一不高兴就摔东西。

（4）多听多说才能提高口语水平。

（5）（谁叫他是我孙子呢！）他长得再丑我也喜欢。

练习十　把下列一般复句改写成紧缩复句

（1）不管是谁来，我也不怕。

（2）他要是不想唱，你就别让他唱了。

（3）他刚刚拿起书来，马上就想睡觉。

（4）你就是说得再多，也是没有用的。

（5）如果你有理的话，那么不管走到哪儿，你都不怕。

练习十一　将下列各组句子改写成复句

例：　这两句话他背得很熟。　　他没有认真地想过这两句话。
　　　——→这两句话虽然他背得很熟，但是却没有认真地想过。

（1）这篇文章不长。　　这篇文章内容很丰富。

（2）他本来可以爬到山顶。　　他为了陪我没有爬上山顶。

（3）同学们都去春游了。　　校园里很清静。

（4）老人心里很明白。　　老人不愿意对别人说。

（5）你们真心相爱。　　你们的目的一定能达到。

（6）他坚持不肯离婚。　　他妻子只好上法院起诉离婚。

（7）这篇文章好还是不好?　　我要看这篇文章。

（8）事情已经这样了。　　你说这么多没有用。

练习十二　改病句

（1）学习重要，但是身体健康更重要。

（2）他的自行车虽然很旧，只是从来不出毛病。

（3）他学了两年多汉语，但是不会说。

（4）他们俩无论谁当代表，我赞成。

（5）既然你不喜欢他，不要跟他结婚。

（6）他比我大十岁，不过我们俩成了好朋友。

（7）小李为大家做了不少好事，他从来不说。

（8）虽然他已经六十多岁了，头发没有白。

（9）把手机充足电，以便不够用。

（10）你说今天没有时间，那么你在这儿闲着看电视?

（11）只要努力，多听多说，才一定能学好汉语。

（12）他做得不太好，尽了最大的努力。

（13）要是没有你们的帮助，就我无法生活下去。

（14）东郭先生救了狼，却狼没有感谢他，反而狼要吃他。

（15）我们去参观的时候，走到哪儿能看到热情的人们。

（16）试验被迫停止，我们不停止研究。

（17）他各方面都很好，只是身体却不大好。

（18）姐姐不光长得漂亮，也妹妹长得很漂亮。

第十三单元综合练习

一、选择关联词语填空。

1. A. 一边……一边……　　　　　B. 既……又……
   C. 又……又……　　　　　　　　D. 也……也……

　（1）你_____不去，他_____不去，谁去呢？

　（2）他_____抽着烟_____沉思着。

　（3）大家_____是唱，_____是跳，高兴极了。

2. A. 以后　　B. 来　　C. 然后

　（4）老牛来到河边，喝了些水，_____回到棚里。

　（5）开始她什么也不说，_____在大家的劝说下才说出了实情。

3. A. 或者……或者……　　　　B. 是……还是……

　（6）_____研究好了再干，_____干起来再说？

　（7）_____打电话，_____发传真，怎么样都行。

4. A. 与其……不如……　　　　B. 宁可……也不……

　（8）_____开这么多小公司，_____办一个联合的大公司。

　（9）我_____饿肚子，_____吃那种难吃的东西。

5. A. 不过　　B. 但是　　C. 然而　　D. 反而

　（10）我见过不少大树，_____像这样大的树却是第一次看到。

　（11）你别那么在意，我_____随便说说罢了。

　（12）这一急不但没使她糊涂，_____更加清醒了。

二、选择关联词语填空。（每个限用一次）

　　　　只有……才……　　　既……又……　　　因为……所以……

　　　　如果……就……　　　即使……也……　　　尽管……可是……

438

只要……就……　　　　不仅……而且……　　　　不但……反而……

虽然……但是……　　　无论……都……　　　　　先……然后……

（1）_____感到累，_____休息一会儿。

（2）候机大厅_____宽敞，_____明亮，使人感到格外舒服。

（3）星光在我们的肉眼里_____微小，_____它却使我们觉得
光明无处不在。

（4）集邮_____丰富了我的业余生活，_____培养了我对艺术
的兴趣和爱好。

（5）_____事物之间的联系是很复杂的，_____我们不能怕
麻烦。

（6）_____研究事物的内在联系，掌握它们的规律，_____能
把事情办好。

（7）这里一年四季都很温暖，_____是冬天_____不冷。

（8）你_____细心体味，认真思索，_____会理解这段话的意思
的。

（9）她早晨起来总是_____打扫屋子，_____再吃早饭。

（10）_____我说了许多好话，_____她一句也听不进去。

（11）这里的村民很喜欢唱歌，_____走到哪里，_____能听到
他们的歌声。

（12）她_____没有生气，_____温和地说："就依你吧。"

三、选择适当的关联词语（注意不能重复），将下列各组句子改写成复句。

（1）19岁那年我什么财富都没有。　　19岁那年我拥有青春。

_____

（2）我很想帮助他。　　我不知道该怎样帮助他。

_____

（3）这山很陡，失足的话，会掉下去摔死。

_____

439

（4）妈妈没有责备我。　　妈妈还来劝慰我。

_____

（5）你有兴趣游览。　　我给你当一回向导。

_____

（6）你说得没有错。　　你说得太直率了。

_____

（7）他已经七十多岁了。　　他身体一向很硬朗。

_____

（8）我几天不睡觉。　　我要把这次考试复习好。

_____

（9）我说不清楚，也许会议在会议室开，也许会议在礼堂开。

_____

（10）这种快餐经济、实惠、方便。

_____

四、改病句。

（1）不论我有多忙，他不帮我。

（2）只要抓紧时间，就你能按时完成。

（3）我没有病，但是身体有点儿不太舒服。

（4）对于我来说，请客不是一种负担，也是增进我和朋友友谊的桥梁。

（5）姑娘长得很清秀，眼睛什么也看不见。

（6）只有下水去实践，就能学会游泳。

（7）他身体虽然很瘦，不过却没有病。

（8）她一边伤心着，一边流泪着。

（9）来，谁来唱支歌还是讲个笑话什么的，活跃一下气氛。

（10）他接过录像机，调整了一下，以后交给小刘。

（11）读书是学习，使用是学习，是重要的学习。

（12）他又不说，你又不说，我怎么会知道呢？

（13）宁可我多受点儿累，找到他。

（14）我学习很忙，也没有给你写信。

（15）他们的文化水平很高，也生活不富裕。

（16）有时候人口多不是缺点，就是一种力量。

汉语语法水平测试卷

总分100分　得分：_____

（1）我好像从来也没看见_____这么美丽的彩霞。

    A．了　　　　B．着　　　　C．过　　　　D．的

（2）很快她们就忘了那些不痛快，_____说笑起来了。

    A．也　　　　B．又　　　　C．再　　　　D．还

（3）他没有其他人表现_____的那种急躁情绪。

    A．出来　　　B．上来　　　C．起来　　　D．过来

（4）这里的房费_____贵，我们看看别处吧。

    A．一点儿　　B．有点儿　　C．点儿　　　D．稍微

（5）她默默地看了他们一会儿，_____一横心，头也不回地走开了。

    A．然后　　　B．以后　　　C．后来　　　D．过后

（6）他是一个_____有经营能力的经理。

    A．真　　　　B．太　　　　C．很　　　　D．还

（7）上次活动你就_____参加，这次再_____来，大家会有意见的。

    A．不　　　　B．没　　　　C．未　　　　D．别

（8）他们整整一个上午都_____排练，花了不少工夫呀！

    A．正　　　　B．在　　　　C．正在　　　D．着

（9）多少年你都等了，这么_____天就等不了了？

    A．二　　　　B．俩　　　　C．两　　　　D．少

（10）奶奶一_____地嘱咐我："记着早点儿来信！"

    A．遍遍　　　B．遍　　　　C．次　　　　D．趟趟

（11）你知道他排了多长时间才买到这张票吗？整整三_____啊！

    A．钟头　　　B．小时　　　C．时间　　　D．时点

（12）他今天穿戴很讲究，尤其是那_____高级领带。

    A．条   B．根   C．支   D．片

（13）你们什么时候到达目的地_____？

    A．了   B．过   C．的   D．着

（14）我小学时，就是在这_____学校里度过了六年的美好时光。

    A．所   B．座   C．家   D．间

（15）那里的房间_____这里的小多少，价钱却便宜多了。

    A．没有   B．不比   C．不如   D．不像

（16）他详细地_____大家介绍了这里的情况。

    A．朝   B．对   C．向   D．往

（17）_____那些使用价值很高的书也_____他卖了。

    A．连   B．被   C．把   D．使

（18）_____同学们的热情帮助_____，她终于克服了困难。

    A．在……上   B．在……中   C．在……下   D．在……里

（19）我钱快用光了，不_____付房费了，得去找份工作了。

    A．能   B．会   C．可以   D．应该

（20）这儿离城里远得很，有三四十里地_____！

    A．吧   B．呢   C．啦   D．嘛

二、判断括号中的词语应该放在句中哪个位置上。（15分，每题1分）

（1）他打算 A 下 B 课 C 就去 D 图书馆 D 。（了）

（2）我 A 要 B 跟你们 C 一起 D 去。（也）

（3）她不说 A ，也不动 B ，两只眼睛呆呆地注视 C 屋顶 D 。

                              （着）

（4）他是这个 A 医院里 B 最有经验 C 老 D 大夫。（的）

（5）会议 A 结束后，B 我们 C 集合 D 出发。（就）

（6）我很喜欢北京，找机会 A 一定 B 去 C 一次 D 。（再）

（7）你 A 不要 B 把这件事 C 告诉 D 任何人。（千万）

（8）他 A 分析得 B 完全 C 正确，你看，这个地方就有漏洞。

（不）

（9）她 A 对学生 B 就像 C 对自己的孩子 D 一样。（简直）

（10）他自己的藏书已经有三 A 千 B 册 C 了。（来）

（11）虽然只离开了三天， A 可是 B 却 C 担心得 D 要死。

（把妈妈）

（12）刘秘书扶着老部长慢慢地 A 走 B 下 C 楼 D 。（来）

（13）我 A 就跟奶奶 B 一起 C 住在乡下 D 。（从小）

（14）我抬头望着 A 树上 B 火红火红的 C 红叶，激动极了。

（一簇簇）

（15）昨天晚上，我 A 跟他 B 聊了 C 天儿 D 。（两小时）

三、选择合适的词语填空。（每个限用一次）（25分）

1.（16分，每个空儿0.5分）

A.（副词） 不　又　都　才　也　更　只　刚
　　　　　终于　突然　刚刚　已经

B.（做补语）活　动　足　上　到　灭　红　进
　　　　　近　开　出　起　着（zháo）　出来　下来

C.（方位词）上　中　里　外　前

　　经过一阵搏斗，＿＿＿救出一个哇哇叫的孩子。看着这＿＿＿救
＿＿＿＿的孩子，我心＿＿＿想：＿＿＿救＿＿＿你家大人，谁养活你呀？
这时候，屋里的火＿＿＿大了，家具好像也＿＿＿烧＿＿＿了，噼噼啪啪
作响，我鼓足勇气＿＿＿一次踹＿＿＿了门，一头钻＿＿＿火门里，在烟
＿＿＿摸索着。＿＿＿我摸到了＿＿＿看＿＿＿的那个大人，就使＿＿＿
了劲儿拉，可是一点儿＿＿＿拉不＿＿＿。我凑＿＿＿一看，＿＿＿见她
脸上流＿＿＿的血＿＿＿把胸＿＿＿的衣服染＿＿＿了，眼睛也闭＿＿＿
了，鼻孔里一点儿气也没有了。我知道她不行了，＿＿＿赶忙跳＿＿＿门

_____，扑_____身_____的火苗，抱_____这个无父无母的孩子。

2．（3分，每个空儿0.5分）

　　　　了　　着　　过　　正在　　在　　就要

（1）这座桥已经有一千多年的历史了，到现在还保持_____原来的雄
　　　姿。虽然曾经有_____残损，但是经过彻底修整，这座古桥又恢
　　　复_____青春。

（2）战士们_____出发了，汽车缓缓地动起来了，可是亲人们还
　　　_____拉着战士们的手，舍不得放开。

（3）广阔的田野里，几个农民_____辛勤地劳动着。

3．（6分，每题1分）

　　　……只是……　　无论……都……　　即使……也……

　　　……所以……　　不但……而且……　　与其……不如……

（1）好像她老是在微笑着，_____是生气的时候_____掩盖不住她那
　　　美丽的影子。

（2）我和他是大学同学，_____我对他很熟悉。

（3）他比先前没什么大的改变，_____老了些。

（4）_____整天这么闲着无聊，_____先凑合找点儿事做。

（5）十年不见，他_____变了，_____变得很厉害。

（6）_____什么时候，社会_____需要有知识、有文化的人才。

四、改病句，并指出错在哪里。（20分，每题1分）

（1）她每天中午都是边吃吃饭，边看看电视。

（2）这几份纪念品都是很好，都我想买。

（3）天津里马路上多自行车，使我感到惊讶。

（4）我觉得这里的老师都非常热情我们。

（5）这个饭店的饭菜比我们食堂的不贵。

（6）北京大学比我们学校很大。

（7）现在她一点儿累了，想休息一次。

（8）来中国学习是我最大的希望，现在我的希望终于实现了。

（9）她怎么非常痛苦？你知道什么事吗？

（10）听说她喜欢只外国电影。

（11）那次见面后，再我们俩也不联系过。

（12）这个旅馆离学校稍稍远，换一处近吧！

（13）在这里，我遇见真多好心人。

（14）这个问题我还不太懂，你能说明我吗？

（15）昨天的晚会是在哪儿举行了？

（16）在中国的这两年，我过了最愉快。

（17）你会不会帮我把这些东西给小林捎去吗？

（18）你放心，一个月以后，我还会回来中国。

（19）他从来没抽烟、没喝酒了。

（20）随着学习汉语，我越来越喜欢汉语了。

五、按要求，用括号中的词语改写句子。（20分，每题1分）

例如：　老师批评了我一顿。（被）

　　 ——→ 我被老师批评了一顿。

1．用单句表示

（1）我昨天读完了一本10万字的小说。（把）

_____

（2）我从来不喝酒，可是今天晚上我却喝了。（连）

_____

（3）五楼最西头儿有个房间，它是我的房间。（那）

_____

（4）他的汉语表达能力差点儿，我比他要好些。（不如）

_____

（5）他考上大学，步入新的生活里程。（使）

_____

2．用复句表示

（6）雨下得大了起来，天也暗了下来。（越……越……；越来越）

_____

（7）这两本书我看过，别的还没看呢。（除了……都……）

_____

（8）他不光对学习认真，对工作也很认真。（无论……都……）

_____

（9）她不想去，不要勉强她。（既然……就……）

_____

（10）生命是一种自然现象，生活是具有深刻的社会意义的。

（而……却……）

_____

主要参考文献

陈昌来（2002）《介词与介引功能》，安徽教育出版社。

房玉清（1992）《实用汉语语法》，北京语言学院出版社。

侯学超（1998）《现代汉语虚词词典》，北京大学出版社。

黄伯荣、廖序东主编（2002）《现代汉语》（增订三版），高等教育出版社。

金立鑫（2002）词尾"了"的时体意义及其句法条件，《世界汉语教学》第1期，
　　　34—43页。

李临定（1990）《现代汉语动词》，中国社会科学出版社。

李晓琪（1991）现代汉语复句中关联词的位置，《语言教学与研究》第2期。

李晓琪（2005）《现代汉语虚词讲义》，北京大学出版社。

李英哲等（1992）《实用汉语参考语法》，北京语言学院出版社。

刘勋宁（2002）现代汉语句尾"了"的语法意义及其解说，《世界汉语教学》第3
　　　期，70—79页。

刘月华（1983）动词重叠的表达功能及可重叠动词的范围，《中国语文》第1
　　　期，9—19页。

刘月华主编（1998）《趋向补语通释》，北京语言大学出版社。

刘月华、潘文娱、故韡（2004）《实用现代汉语语法》，商务印书馆。

卢福波（2000）《对外汉语常用词语对比例释》，北京语言大学出版社。

卢福波（2002）重新解读汉语助词"了"，《南开语言学刊》第1辑，109—118页。

卢福波（2002）"了"与"的"的语用差异及其教学策略，《暨南大学华文学院学
　　　报》第2期，59—65页。

卢福波、吴莹（2005）"请求"句中"V"、"V一下"与"VV"的语用差异，
　　　《语言教学与研究》第4期，40—45页。

卢福波（2010）《汉语语法教学理论与方法》，北京大学出版社。

陆丙甫（2005）语序优势的认知解释（上）：论可别度对语序的普遍影响，《当代
　　　语言学》7卷第1期，1—15页、93页。

陆俭明（2002）动词后趋向补语和宾语的位置问题，《世界汉语教学》第1期，5—17页。

陆俭明、马真（1999）《现代汉语虚词散论》，语文出版社。

吕叔湘主编（1981）《现代汉语八百词》，商务印书馆。

吕文华（1999）《对外汉语教学语法体系研究》，北京语言大学出版社。

吕文华（2008）《对外汉语教学语法探索》，北京语言大学出版社。

马庆株（1992）《汉语动词和动词性结构》，北京语言学院出版社。

马庆株（1998）《汉语语义语法范畴问题》，北京语言大学出版社。

马　真（1997）《简明实用汉语语法教程》，北京大学出版社。

缪锦安（1990）《汉语的语义结构和补语形式》，上海外语教育出版社。

齐沪扬（2009）《对外汉语教学语法》，复旦大学出版社。

邵敬敏（2000）《汉语语法的立体研究》，商务印书馆。

邵敬敏主编（2007）《现代汉语通论》（第二版），上海教育出版社。

沈家煊（2002）如何处置"处置式"——试论把字句的主观性，《中国语文》第5期，387—399页、478页。

石毓智（2001）表物体形状的量词的认知基础，《语言教学与研究》第1期，36—43页。

史金生（2002）《现代汉语副词的语义功能研究》（南开大学博士论文）。

史锡尧（1991）副词"才"与"都"、"就"语义的对立和配合，《世界汉语教学》第1期。

宋玉柱（1986）《现代汉语语法十讲》，南开大学出版社。

宋玉柱（1991）《现代汉语特殊句式》，山西教育出版社。

王维贤等（1994）《现代汉语复句新解》，华东师范大学出版社。

邢福义（2001）《汉语复句研究》，商务印书馆。

张斌主编（2008）《新编现代汉语》，复旦大学出版社。

张斌主编，方绪军著（2000）《现代汉语实词》，华东师范大学出版社。

张谊生（2000）《现代汉语副词研究》，学林出版社。

张志公（1956）《语法和语法教学》，人民教育出版社。

赵金铭（1997）《汉语研究与对外汉语教学》，语文出版社。

赵金铭（2004）《对外汉语教学概论》，商务印书馆。

赵世开（1999）《汉英对比语法论集》，上海外语教育出版社。

赵元任（1979）《汉语口语语法》，商务印书馆。

周小兵（1995）谈汉语时间词，《语言教学与研究》第3期。

周小兵（2007）《外国人学汉语语法偏误研究》，北京语言大学出版社。